创业管理系列

创业融资

股权设计与模式融合

陈伟俊　马飞　詹嵘　李奕徐◎著

企业管理出版社
ENTERPRISE MANAGEMENT PUBLISHING HOUSE

图书在版编目（CIP）数据

创业融资：股权设计与模式融合 / 陈伟俊等著. —北京：企业管理出版社，2024.4

ISBN 978-7-5164-3043-9

Ⅰ. ①创… Ⅱ. ①陈… Ⅲ. ①企业融资—研究 Ⅳ. ①F275.1

中国国家版本馆CIP数据核字（2024）第054690号

书　　名：创业融资：股权设计与模式融合
书　　号：ISBN 978-7-5164-3043-9
作　　者：陈伟俊　马　飞　詹　嵘　李奕徐
责任编辑：张　羿
出版发行：企业管理出版社
经　　销：新华书店
地　　址：北京市海淀区紫竹院南路17号　　邮　　编：100048
网　　址：http://www.emph.cn　　电子信箱：504881396@qq.com
电　　话：编辑部（010）68456991　　发行部（010）68701816
印　　刷：河北宝昌佳彩印刷有限公司
版　　次：2024年4月第1版
印　　次：2024年4月第1次印刷
开　　本：710mm × 1000mm　1/16
印　　张：17.75
字　　数：280千字
定　　价：78.00元

前　言　PREFACE

创业是当代人实现梦想的一条重要途径，更是一个影响因素众多的复杂实践活动，充满荆棘和坎坷。

人人都道创业难，创业难体现在很多方面，融资是其中最难的事情之一。想创业的人很多，但投资人和资金是有限的资源，如何让投资人选择自己而不选择别人是创业者必须深刻思考的问题。创业活动不可能不需要资金，招募员工、研发产品、开拓市场等，每一项活动都离不开钱，企业要想做大，资金必须充足。因此，融资是绝大部分创业企业必须经历的过程，如何获取融资、获取多少融资、怎么运用获取的融资成为创业者的必修课。

创业者在开始创业之前必须充分了解当前的时代环境，认识创业中的机遇和挑战，了解创业过程中可能存在的思维误区，做好创业的心理准备和知识储备。明确企业定位、设计盈利模式、资源整合、创业融资是创业者首先要掌握的四大创业技能，这是将创业想法转化为创业实践的过程。创业者要制定自己的发展方向和竞争策略，找到企业的利润来源，整合所有可利用的资源，构建创业企业的价值，吸引创业融资，支持创业企业的发展。

创业融资和股权是两个息息相关的话题。创业企业一般是用股权换资金，伴随着融资的进入，创业企业就要面临股权的相关问题。如何搭建企业的股权架构，平衡创始人和投资人之间的利益是创业者要考虑的核心问题。股权设计包括进入机制、退出机制、继承机制、控制权设计等主要内容。

资本运营和企业的经营管理相辅相成、相互作用，构成企业价值实现的两个方面。资本运营是对企业的资本进行运作，包括并购、资本收缩、风险投资等，有些是促进企业的扩张，有些是缩小企业的规模，但都能够帮助企业实现资本增值，提高资本利用效率。

股权可以用来吸引投资，也可以用于激励员工。股权激励是解决委托代理问题的有效途径，是对人力资本价值的认可。可以从激励模式、激励数量、激励来源、股权定价等要素入手，进行股权激励方案的设计。

创业企业的最终目的是变现，获取利润。要实现变现，可以从商业模式、创业团队、运营管理、创新变革 4 个方面开展工作。设计成功的商业模式并优化是企业变现遵循的逻辑，组建合理的创业团队并进行激励是执行企业变现的人员力量，科学的运营管理并不断学习是实践企业变现的组织支撑，多方面的创新并持续变革是帮助企业变现的瓶颈突破。

以上就是本书探讨的主要问题，从创业融资的角度切入，详细讲解了创业企业的股权设计、资本运营、股权激励、模式变现等内容，希望能在理论和实践两个方面为创业者提供指导和帮助。

陈伟俊

2023 年 12 月 31 日

目　录　CONTENTS

第一章 创业融资

第二章 股权设计

第三章

资本运营

第四章

股权激励

第五章

模式变现

第一章

创业融资

创业在市场经济中扮演着至关重要的角色，国家大力支持、鼓励创业活动，而创业融资能够为创业企业注入新鲜血液，是创业企业生存和发展的必要支持。因此，如何帮助创业企业进行科学的创业融资，制定有利的融资方案，确定合理的融资规模，促进创业活动的繁荣和创业企业的持续发展是一个重要问题。

创业的“魔鬼三角”是：团队、融资、商业模式。

——百度创始人、首席执行官　李彦宏

开篇案例

中科闻歌：创业成功之道

1. 企业简介

北京中科闻歌科技股份有限公司（以下简称中科闻歌），成立于2017年。中科闻歌孵化于中国科学院，是技术领先的数据与决策智能服务商。基于数据智能、人工智能以及运筹学的智能计算技术是中科闻歌的核心技术，可以为企业、政府提供大数据、人工智能平台和解决方案。中科闻歌成立后增长迅速，累计完成6轮融资，投资机构包括深创投、中科院资本等。

2. 创业之路

虽然中科闻歌成立较晚，但在成立之前，其核心创业团队就在中国科学院参与了许多项目。在此期间，团队获得了多项重要的知识产权，承担多项国家级科研项目，积累了大量的产品技术和商业服务经验，因此，中科闻歌与其他众多创业企业相比，可以说是赢在了起跑线上。

2017年，中科闻歌正式成立，其创业历程大致经历了3个阶段。第一个阶段是感知智能，主要挑战点在于增强数据的获取能力，包括多模态数据、全媒体数据等；第二个阶段是认知智能，考验对数据的理解和对行业的认知，这也是与该领域客户合作的关键；第三个阶段是决策智能，这也是中科闻歌目前正在努力的方向，通过对数据的抓取和分析，结合领域智算模型，为客户在决策方面赋能。以数智媒宣领域为例，国内传统做媒体的技术厂商有很多，最终成果是生产工具的相加，但中科闻歌的红旗融媒体智能操作系统依托大数据和人工智能技术，服务于媒体“策、采、编、发、管、馈、评、控”全周期生产环节，真正实现了技术与业务的相加相融。

在创业历程中，中科闻歌遇到的最大挑战就是将科研的思维转变为商业运营的思维，将科研成果与企业经营思维相结合解决市场化难题。在中科闻歌成立之前，团队专注于课题组的工作，将课题研究的成果以论文或项目报告的形式呈现出来，而创业使团队的工作导向转变成了给股东、投资人创造更多的价值。在中科闻歌的初创阶段，企业从零开始探索了从产品的市场定位到如何获得市场的产品运营方式，在科研成果与行业应用场景之间建立联系，真正做到解决行业痛点和客户核心诉求，成功完成了这一转变。

3. 创业优势

（1）创业背景。

2020 年 4 月，《中共中央 国务院关于构建更加完善的要素市场化配置体制机制的意见》正式公布，文件中首次明确数据成为五大生产要素之一。这表明数据作为企业核心资产的定位越来越明晰。2021 年 12 月，中科闻歌董事长王磊在中科闻歌首届大数据与决策智能生态发布会上做出了这样的判断：数字经济的核心驱动是数据智能技术，百行万业对数据、信息、知识到决策的数据智能技术具有强需求。

毫无疑问，中科闻歌的创业时机正处于时代的风口，并且中科闻歌在风口来临前进行了充分的技术积累，这才使它在风口来临时能一飞冲天。作为一家科创企业，中科闻歌创业团队早在 2006 年就在大数据与智能计算领域开展研究。这一时期，数字化转型如水银泻地般渗透到千行百业，海量的行业数据在这一进程中快速积累。浪潮之下，越来越多的企业面临两个矛盾的现实：一方面是数据中蕴藏着巨大的价值正在成为行业共识，另一方面是大部分企业缺少能够充分挖掘数据价值的数字化工具。困局之下，中科闻歌聚力打造数据与决策智能引擎，为行业带来破局答案。

（2）地区优势。

不同地区有不同的市场、政策、人才等资源优势，中科闻歌在全国设置了多个总部，由点及面，由经济区和经济带的中心城市辐射周边，充分发挥地区优势。中科闻歌围绕北京、深圳、上海、重庆 4 个总部，布局京津冀、粤港澳大湾区、长三角、成渝双城四大经济区和经济带，在总部周边成立了一些以职能型发展为主的子公司和合资公司，使业务范围逐渐扩大到全国。

（3）创业团队。

实力强大的创业团队以及良好的团队氛围、团队精神也是中科闻歌成功创业的一大原因。中科闻歌的核心科研团队主要来自中科院的互联网大数据研究中心，创始人大部分都是行业内的资深专家，董事长王磊、首席执行官罗引以及首席科学家曾大军都是原中国科学院研究员。中科闻歌创业团队的核心成员从科研院所继承了严谨的科研精神，保持了创业团队的良好氛围。

中科闻歌从科研院所实验室孵化而来，根正苗红，结合产业化资源，不断吸纳行业科学家和领域工程师加入，创业团队学习能力和市场环境适应能力非常强。在大数据、人工智能等对安全性要求较高的项目中，需要企业提高政治站位，培养大局意识。中科闻歌拥有一流的人才队伍，紧密围绕国家人工智能战略做相关布局。中科闻歌创业团队风格务实，不讲浮夸故事，做事风格稳健，踏踏实实站在客户立场来做项目和产品，赢得了百余名头部客户的认可，依靠口碑效应获得了很好的客户转化。基于一流的人才队伍，以及在大数据、人工智能领域积累了10余年的技术实力，中科闻歌可以通过人工智能技术谱系解决数智复杂系统场景问题。中科闻歌坚守国家安全底线，提供优质、可靠的产品与服务，企业的客户包括中共中央宣传部、公安部等国家部委，新华社、人民日报等中央媒体等。此外，中科闻歌创业团队拥有宽广高远的世界眼光，高素质、高水平的人才队伍，使企业可以面向全球赛道，形成持续敏锐的感知力，所以企业不仅聚焦于国内市场，同时发力海外市场，具有全球化的竞争格局和视角。

除了打造高质量科研人才队伍，中科闻歌也在不断完善市场化营销体系的搭建，包括营销队伍组建、产品审核机制优化等。目前，团队营销人员占比达10%，未来随着产品成熟度的不断提高，营销人员占比将进一步扩大。市场化营销体系的完善有利于提高中科闻歌的营销能力、服务能力等，有可能进一步优化企业的业务，进而提高企业的市场渗透率和盈利能力。

4. 发展与总结

把握风口时期的创业机会、助力数字化转型以及科学布局应对创业过程中的挑战，这是中科闻歌创业的3条成功经验。中科闻歌所在的行业是一个数万亿元规模的大赛道，产业数字化和数字产业化具有非常广阔的市场前景，而数字经济的核心驱动是数据智能技术，需求非常大。目前，中科闻歌基于“行业数据＋行业知识＋行业决策全链条构建”的战略思想，推出的数据与决策智能引擎，响应了时代发展的主旋律。未来，中科闻歌凭借雄厚的技术实力以及高质量的产品和服务、口碑等优势，将成为该领域的佼佼者，为产业赋能，帮助各行业实现数字化、智能化的转型升级。

资料来源

1. 白玉杰．大数据企业中科闻歌逆势增长背后的故事 [J]. 中关村，2020（4）：82-84.

2. 袁晓东，曲宝玉．务实的数智行业将迸发更大价值 [J]. 数据，2022（1）：30-33.

第一节　大众创业的时代

在大众创业的时代，创业成为许多人实现人生价值的选择。创业是将创业机会转化为创业实践的过程，这一过程充满挑战和风险，创业者需要解决大量的难题，掌握丰富的知识，同时抓住好的机遇，才有可能创业成功。在创业之前，创业者应当清晰创业的内涵，了解创业的挑战，结合新时代的市场环境，识别创业机会，避开创业思维误区，以创新引领创业发展。

一、创业的基本概念

1. 创业的概念与内涵

学术界对于创业的研究经历了不同的发展阶段。最早的创业研究是基于企业家的特征来定义创业，例如学者奈特（Knigh，1921）认为创业者的特征就是有成功预测未来的能力，这是影响创业结果最重要的因素。为了更好地研究创业的发展路径，系统地研究影响创业的因素，学者们开始从组织行为的角度研究创业，认为创业就是新组织的建立。学者多林格（Dollinger，2003）指出创业是在特定环境下建立的新经济组织。随着人们对创业研究的深入，越来越多的创业新模式开始涌现，创业的主体和形式发生了变化，不仅仅将创建新企业作为创业行为，成熟的企业也可以进行内部创业。学者高克（Gawke，2019）、戈尔杰耶夫斯基（Gorgievski，2019）和巴克（Bakker，2019）将内部创业解释为创业者在原组织内部自己的工作岗位上发挥创新和突破思维，帮助组织开拓新业务，提高组织的应对风险能力和自我更新能力，增强原组织盈利水平的行为。还有观点认为创业就是让产品进入市场。学者伦普金和德思（Lumpkin 和 Des，1996）提出创业的本质就是“开创新事业”，让产品进入市场。这类观点虽然扩大了创业的范畴，但是也将一些常规的市场营销行为纳入了创业的概念，导致概念过于宽泛。

目前主流的创业研究是从“什么是创业机会”的角度来理解创业，学者艾肯哈特和谢恩（Eckenhart 和 Shane，2003）提出，创业机会是通过新的目的、手段或“目的—手段”关系引入新产品、新服务、新材料、新市场或新的组织方式，创业就是发现并利用这些有利可图的创业机会。从艾肯哈特和谢恩的观点可以看出，创业的重点在于挖掘并开发新的创业机会以创造价值。

2. 创业的类型

以创业动机为分类原则，可以将创业分为生存型创业和机会型创业。生存型创业是创业者由于失业，为了维持生计而进行的创业。这类创业行为刚开始主要是在小市场寻找机会，资金投入少，往往没有经过复杂的创业设计。机会型创业是指创业者个人有强烈的创业意愿，自己发现了市场中的新机会，然后付诸行动创造价值。一般来说，机会型创业有更大的概率开辟新市场，具有更大的价值，但也需要更多的资源投入，需要更为复杂的创业设计。而生存型创业也可能“无心插柳柳成荫”，使创业者白手起家。

以创业主体为分类原则，可以将创业分为个体创业和企业创业。个体创业是以创业者个人为主体进行的创业活动，不依附于特定的组织，创业者个人主导创业的相关事务，保持领导地位，同时承担创业风险。个体创业能够发挥个体的智慧和创新思想，决策效率高，创业成败与创业者个体有很大关系，创业者也需要承担更大的风险。企业创业就是依附于组织进行的创业活动，创业活动由团队的工作推动，企业承担风险，企业中的每一个成员负责一部分工作，有明确的规章制度，决策周期较长但稳定性较好，较个人创业有更强的抗风险能力。

3. 创业的方法

创业的方法大体上可以分为 3 种，如图 1–1 所示。

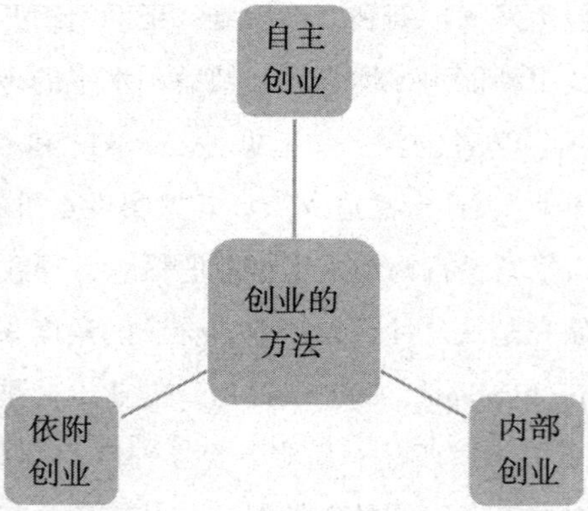

图 1–1　创业的 3 种方法

（1）自主创业。自主创业是创业者独立将创业机会进行开发，创建企业进行创业。由于创业者自身资源的限制，缺少合作谈判筹码，自主创业的难度一般较大。所谓白手起家就是这种创业方法，创业者从零开始努力，逐渐积累实力，需要艰苦卓绝地奋斗。

（2）依附创业。依附创业是指依附一个已经成熟的企业，通过特许经营、获取经销权、直销、加盟的方式进行创业，其中加盟是最常见的依附创业模式。依附创业能够利用已经成熟的品牌、渠道等，减小创业的困难和阻力，但这种创业模式自主性差，依附的对象发展前景难以甄别，创业者要慎重地做出选择。

（3）内部创业。内部创业是指在企业的支持和帮助下，一些有创业能力的员工会根据企业现有的商业项目进行改善和革新，并将其结果与企业共享。内部创业是一种企业与员工互利共赢的创业模式，大企业的员工利用这种形式来发挥自己的才能更为常见。这种创业模式既能让员工的才能得到充分发挥，又能最大限度地激发员工的积极性，实现个人追求，优化企业的价值分配模式。

二、创业与创新

创业与创新这对词语总是同时出现、形影相随，创新点燃创业梦想，创业促进创新落地实现。创业的开始需要挖掘并开发新的创业机会，或是开辟新市场，或是开发新产品，或是开拓新服务等，这个过程离不开创新。创新的精髓就在于“新”，是指人们通过智慧和研究，创造出以前不存在的思想、观念和事物。这些新的思想、观念和事物要想实现、落地，就需要通过创业。因此，创业和创新之间既有区别又有联系，二者相辅相成、相互作用。

1. 创业、创新之间的区别

创业、创新在实践过程中的运用和互动存在一定程度的重合，但二者的概念有明显的区别，不能简单地混为一谈。创业是一个过程，重点在于整合资源、寻找有利可图的创业机会，最终创建一个新企业或开辟一块新市场。创新的重点在于推陈出新，是从产生新思想、新想法到付诸实践的一系列行动。因此，严格来说，创新不是创业，创业也不是创新，创新不一定导致创业结果，创业也可能不涉及创新。创新的应用不仅仅在创业过程中，在日常生活、工作中都需要保持创新精神、发挥创新思维，一道工序的改进、一个新功能的发明、一件新产品的创造、一种新方法的运用都涉及创新，但不一定都涉及创业。拥有创新也不代表创业一定成功，创业过程包括多个环节，是多种因素共同作用的结果。有些创业者选择跟风创业，并没有涉及创新，由于市场尚未饱和、热度较大也可能创业成功。

2. 创业、创新之间的联系

创业和创新虽然有概念上的明显区别，但二者之间更重要的是相互融合、相互作用的联系。大多数时候，创业起源于创业者萌生了新的创业想法和对市场、产品的新见解、新理念，没有创新的创业很容易被替代从而导致创业失败。在创业的实践过程中主体的主观能动性得到充分发挥，体现了创新性特征，创业从一定程度上可以当作一种创新性实践活动。因此，创新是创业的关键，创业推动创新实现。

创新是理论向实践的转变，实现这一转变的主要途径是创业，创业是创新思维的载体。创业者并不一定是创新者，但是一定具有发现潜在机会的洞察力、果断的判断力和敢于冒险的执行力；创新者并不一定是企业家，但往往需要通过企业家推动创新成果进入市场，创造价值，获取利益。

新的需求推动着新产品和新服务在创业过程中不断涌现，新产品和新服务又会产生新的需求，形成一个源源不断的循环过程，促进创业的成功。在这个过程中，创新和创业是相辅相成的关系。

三、创业的机遇和挑战

时代的发展进步以及科学技术的不断创新，为创业带来了众多机遇，但竞争也更加激烈，加上创业本身的不可预测性、过程的复杂性、影响的多样性，也让创业充满了挑战，机遇和挑战并存成为创业过程的主旋律。

1. 创业的机遇

互联网打破了时间、空间和地理位置的限制，使资源整合、信息共享变得空前高效，商业模式、盈利模式也迎来重大改变，创业的门槛降低，创业模式更加多元，创业的机会和选择更加多样。

（1）物联网技术的应用颠覆了传统的工作模式与工作逻辑。爆发式增长的物联网设备和不断进步的相关技术使得万物互联成为可能，其中蕴含着巨大的市场机会，值得创业者们的视野进一步开拓。物联网技术可以提供个性化、定制化的客户体验，降低运营成本，提高员工生产力，提升业务效率等，既能成为创业的方向，也能有效提高创业企业的运营水平和管理水平。

（2）海量数据的涌现和处理技术的提升，使得现在的众多业务都是由数据驱动。如今，大多数企业都将数据和业务相结合，以增强消费者体验，创新营销方式，优化运营。数据还可以和云计算、物联网、人工智能等其他数字化技术相结合，它就如同数字化技术的土壤，数字化技术的创新、应用都离不开数据的支持。由此，产生了整个社会的数字化转型浪潮，改变了传统的价值创造方式，消费者以及利益相关者都可以参与到企业的价值创造过程中，其中就可能会产生很多创意、想法等，有助于企业的再创业以及创业者的灵感迸发。数字化转型是企业目前重要的发展方向，这一领域还有很多需要探索的东西，因此，这一过程中也包含了丰富的创业机会。

（3）人工智能和机器学习技术的应用在许多领域产生了影响，包括生产制造、营销服务、欺诈检测、投资服务和贷款审批等。越来越多的企业将人工智能技术应用到工作中，降低人工成本，从而降低创业成本，并且人工智能能够提供更高效、随时随地的服务，这对创业者来说是潜在的商业机会。

2. 创业的挑战

创业是一个极其复杂的过程，外部环境因素和企业内部因素都会对创业的成功与否产生重大影响，这些因素可以概括为“天时、地利、人和”。创业时机、创业地区和创业团队是创业必须面临的挑战，如果创业者将这3个方面的挑战处理好，那么创业成功率将大大提高。

（1）天时，即创业时间和时机的选择。创业时机对创业成功与否影响很大，具体的影响在于每一个不同的时间点都会有不同的创业环境，同样的商业模式在不同的创业环境中产生的效果是完全不同的。对创业时机的选择就是选择合适的创业环境，当创业环境恰好处于一个创业难度低、有利于创业的状态下，就意味着好的创业时机近在眼前，创业者应当立刻把握“天时”，果断开启自己的创业之路。一般来说，一个行业或产品往往会经历4个发展周期——开始阶段、上升阶段、鼎盛阶段和衰退阶段，创业者在开启一段创业之前应该详细了解所在行业的发展阶段，可以选择开始阶段和上升阶段的行业，避免进入走下坡路的行业。

国家政策也会影响创业时机，例如受到政策扶持的产业会享受税收优惠、行政审批简化、财政补贴等帮助，有效降低创业难度，使产品或项目可以快速落地。国家的政策导向预示着未来一段时期的主流发展方向，其中蕴藏了无限的商机，例如“十四五”规划中提出大力发展数字经济，将数字经济的增加值提升至国内生产总值的10%，显而易见这包含了非常好的创业机会，是数字产业领域的关键创业时机。

（2）地利，即创业地域和地区的决定。任何创业企业都要选择一个地区作为企业的安身之地，制造型企业需要选择工厂的位置，服务型企业需要选择业务地点，平台型企业也要选择运营人员的办公地点。创业地点影响了创业成本的高低水平、人员的招募难度以及与外界沟通的便利程度，一旦做到“地利”，那么整个创业活动就如同顺水推舟，效率会大幅提升。在创业成本方面，发展水平较高的地区用地成本、人员成本等一般会比发展水平较低的地区高，但是这类地区的优点在于可招聘的人员质量更高，有更多的业务机会、投资机会等，市场也会更加广阔，因此，创业者需要在地区发展水平与创业成本之间寻求一个平衡。在人员招募方面，产业园区、科技园等地聚集了大量的企业，创业氛围浓厚，产业聚集效应明显，容易吸引求职者慕名而来，降低了创业者招贤纳士的难度，创业者可以选择这类地区作为创业企业的工作地点。在与外界沟通方面，创业企业从产品的研发到销售，每一个环节都需要与外界进行沟通，因此，企业地点的选择要尽可能融入商业生态，拉近与消费者的距离、与上下游合作企业的距离。

（3）人和，即创业成员和团队的构建。创业团队的组建是创业过程中至关重要的环节。很多时候，在竞争对手众多或是发展前景一般的领域，能够使投资人坚定地做出投资选择的，往往在于创业者及其背后的团队，团队的出身、经历、人脉背景和团队的配置分工、团队的激励机制都会影响创业的难易程度以及成功与否。一个和谐的创业团队往往要具备共同的价值观和一致的愿景，创业者要在创业过程中塑造创业精神，完善利益共享机制，与创业团队保持合作与信任，激发团队活力，发挥团队力量，促进创业的成功。

创业融资专栏 1-1

乐庚：数字科技赋能教育变革

1. 企业简介

广州乐庚信息科技有限公司（以下简称乐庚），成立于 2007 年。乐庚聚焦教育信息化行业，以数字经济发展浪潮为导向，以“沉浸式、无边界、智慧 +、个性化”为产品理念，围绕“算法、算力、数据、场景”四大要素建立数字教育赋能引擎，打造“教、学、测、评、管、服”全场景的数字校园信息系统，为各级教育主管部门与学校提供未来教育整体解决方案。

2. 创业历程

互联网、云计算、大数据等数字科技的发展，改变了人们的生产、生活方式，数字经济正逐步发展为主要的经济形态。国家在“十四五”战略规划中将数字经济置于重要地位，大力推动数字经济的健康发展，为从事数字经济领域的企业提供了重要机遇。乐庚于 2015 年全面转向教育信息化领域。2018 年，推出智慧校园整体解决方案。2020 年，推出数字科技赋能业务，上线了小乐 AI，打通了“教、学、测、评、管、服”全场景。2021 年，成立教育研究院，推出全国首创无感知数据采集分析设备——小乐秒阅。2022 年，乐庚以数字科技赋能，致力于筑牢国家教育数字基座。乐庚积极响应“十四五”战略规划，聚焦数字科技赋能，围绕“算法、算力、数据、场景”四大要素发展数字教育，取得了丰富的成果。此外，教育部多次发布加快推进教育现代化、促进教育信息化改革相关政策。在此背景下，乐庚基于教学变革需求，研发多款产品和提供优质解决方案。目前，乐庚的服务区域立足广东，辐射全国各地，已开发 50 多家渠道商，建立了稳定的客户群，产品已被 3000 余所学校成功使用，应用领域涉及普教、职教、高教等。2021 年，乐庚互动教育软件被评选为 2020 年广东省名优高新技术产品。2021 年，乐庚的营业收入为 1.29 亿元，2022 年营业收入为 1.88 亿元，预计 2025 年将达到 8.6 亿元。

3. 研发成果

10 多年来，乐庚一直努力地在教育信息化领域研究开发、耕耘开拓，每年投入总收入的 5% ～10% 进行技术研究和创新。面向教育行业，以建立教育信息化产品生态体系为目标，先后研制出多款功能定位不同的教育系统产品，并依托教育管理及学校教学的实际需要，开发了多个相关教育应用平台。乐庚通过整合行业骨干企业的应用资源，建立了面向全省乃至全国的智慧教育服务体系（平台）。该服务体系平台包括技术研究、平台资源研究建设、教育资源库建设、营销服务体系建设 4 个方面。在技术研究方面，主要是基于云计算、物联网、大数据应用等新技术的驱动，进行面向教育信息化领域新模式、新标准、新体系的研究和创新；在平台资源研究建设方面，进行教学管理平台、在线教育平台、家校互动平台的研究整合，以及教学质量测评体系的开发建设，打通不同平台之间的连接；在教育资源库建设方面，主要是结合新的需求开发新的教学素材，借助大数据分析及云计算等技术，形成一个相对完善的、素材丰富的、开放共享的教学资源知识库体系；在营销服务体系建设方面，依托自身优势，整合多方力量和资源，与各地市教育部门及行业骨干企业合作，促进教育信息化产业链的技术合作和资源共享，形成覆盖全省乃至全国的服务网络体系。

4. 发展与总结

乐庚的发展是顺应时代，抓住创业机遇的成果。在国家大力发展数字经济以及教育现代化、数字化步伐加快的背景下，乐庚应用数字科技赋能教育行业，促进教育行业改革优化，研发出多款功能定位不同的教育系统产品并开发相关教育应用平台，促进信息技术与教育教学深度融合，推动教育行业信息化、数字化进程加快。数字科技的发展也在乐庚的业务升级中发挥了重要作用，借助大数据、物联网、人工智能等新技术，乐庚实现了对教育信息化领域的研究创新，促进了教育信息化服务能力的提升。

资料来源

1. “十四五”数字经济发展规划 [J]. 中小企业管理与科技，2022（11）：1–8.

2. 杜延镇 . 教育技术在高校数字化建设中的应用探微 [J]. 中国多媒体与网络教学学报（上旬刊），2020（8）：1–3.

四、创业的思维误区

创业是一件千人千面、变幻莫测的事情，一不小心就会落入各种思维误区，如果不加以重视和纠正，很容易导致创业失败。常见的创业思维误区有 5 种：经验主义、盲目跟风、线性思维、本末倒置、忽视因素，如图 1–2 所示。

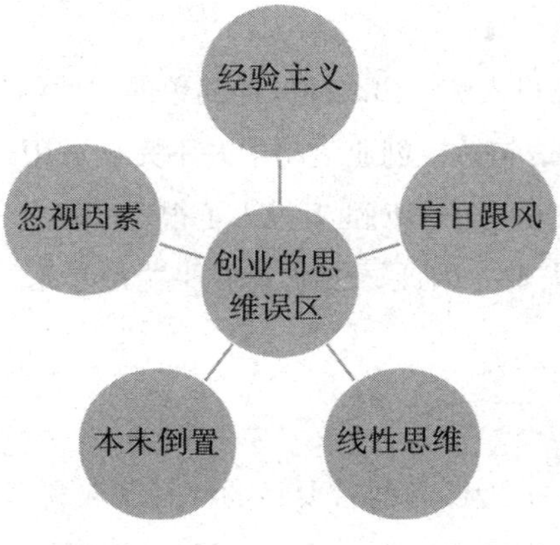

图 1–2　创业的 5 个思维误区

1. 经验主义

创业是一个风险性极高的过程，其中存在一些固有的商业法则，有些创业技巧的使用会让创业者事半功倍，因此，一些创业者会寻求之前的创业者经验，进行学习和模仿，以获得一定的创业指导，但是过于相信经验也可能适得其反。许多创业者喜欢学习那些成功企业家的经验，用过去的经验和思想来武装自己，但是市场环境、创业环境每天都在变化，过去的经验可能不一定适合现在的创业活动。创业者需要及时发现环境的变化，因势利导，顺势而为，不能拘泥于以前的成功经验。

2. 盲目跟风

在创业初期，大部分创业者都会下意识地把目标放在热门行业，进行跟风创业，因为它们的流量比其他行业要大得多，利润也大，但这也意味着竞争更为激烈，创业之路更加不可预测。热门行业经过一段时间的发展，行业内的竞争将会从所有从业者转移到行业内为数不多的领头羊之间，强者和弱者之间的差距会越来越大，后来者想要分一杯羹是难上加难。所以，创业者们不应该盲目跟风，迷信热门行业，而是要做好定位调研，了解市场，了解竞争对手，了解自己的优势和劣势，然后再慎重决定创业方向。

3. 线性思维

创业者要明白创业投入和产出之间并非简单的线性函数关系。我们常说“一分耕耘，一分收获”，这句话在创业活动中并不完全适用。有时候，创业并不是投资越多，收获越多，也有很多创业者投入了很多的资金、精力和时间，但效果微乎其微，甚至创业失败。因此，创业者需要端正心态，时刻准备面对挫折和危机。

4. 本末倒置

无论在哪个行业，企业经营的首要目的都是获取利润，简单地说就是赚钱。只有资金充足，企业才有资本运作。那么，利润来自哪里？对于绝大多数企业来说，最根本的利润来自产品的售价和成本之间的差价。因此，企业赚取利润的方法要么是提高价格、降低成本，加大两者之间的差价，要么是通过增加销量来提高利润，也就是营销。一般来说，创业企业刚开始时很难给产品定高价，降低成本的能力也比较有限，营销成为创业企业增加收益、提高利润的重要方法。营销能够提高产品的知名度和影响力从而增加销量，但企业的“本”还是要回归产品和服务本身。从长远的目光来看，企业想要实现长期的稳定经营，就必须根据不同的产品特性来制定相应的计划，在确保产品质量的情况下加大宣传力度，这样才能取得较为理想的效果。弄清楚什么是“本”、什么是“末”是创业者必须重视的问题，本末倒置往往会导致事倍功半，可能出现创业企业一时繁荣，而后迅速衰败的现象。

5. 忽视因素

影响创业的因素有很多，包括宏观的经济环境、政策导向，微观的行业发展、企业自身的优劣势等。有时候创业企业和创业团队投入了大量的人力、物力、财力去支持某个项目的实施，却始终没有任何进展，或许就是因为创业团队忽略了一些限制因素。这就需要创业团队共同找出问题所在，确认环境信息是否准确、团队内部是否和谐、项目目标与战略方向是否偏离、项目规划是否合理等。在制定每个目标和计划时，都要尽可能多地收集信息，考虑所有相关因素，同时为可能发生的意外做好准备。

第二节　企业定位：开启成功之门

当创业者下定决心要开始创业时，第一件事就是要找准企业定位。一个清晰明确的定位可以帮助创业者快速树立企业目标，清楚地规划好未来的战略方向和发展路线。定位决定了企业的战略决策、产品类型、企业形象、品牌形象等，结合环境因素和自身因素做好企业定位是创业成功的第一步。

一、企业定位的概念和作用

1. 企业定位的概念

美国著名营销专家里斯（Ries，1995）与特劳特（Trout，1995）最早提出了定位理论，他们指出，定位是通过一定的方法在潜在顾客的大脑中占据一席之地。此后，这一概念逐渐受到营销专家们的关注，并在企业实践中上升到战略的高度。哈佛商学院大学教授波特（Porter，1979）提出，定位是企业竞争战略的核心内容。当确定好企业的定位之后，企业就可以据此开展业务活动。企业定位是一个宽泛的概念，包含市场定位、消费者定位、价格定位、人才定位等，如图1–3所示。

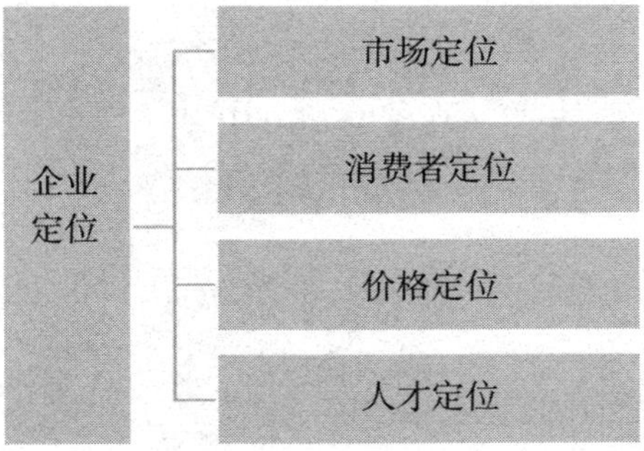

图1–3　企业定位的概念

（1）市场定位。市场定位是定位中的首要环节，因为企业在经营过程中必然要面对市场这一大环境，这是企业销售产品的地方。市场定位要求创业企业知道自己的产品在什么样的市场上受消费者欢迎、有什么样的产品消费者想买却买不到，深入了解市场需求，发掘有消费需求、有消费潜力的市场，保证企业的产品有销路，企业才能拥有最基本的生存能力。

（2）消费者定位。创业者一定要明确企业产品的消费群体。消费者的购买是企业最直接、最根本的收入来源。因此，创业企业要定期进行市场调研，打通和消费者沟通的渠道，与消费者建立良好的关系，分析消费者需求，充分了解消费者喜好，知悉消费者的想法，听取消费者的有益建议。

（3）价格定位。产品的价格在一定程度上决定了企业的品牌形象，也限制了企业的消费群体，因此，创业企业的产品定价需要经过慎重考虑。最简单的定价方法是根据产品的成本来定价，但是成功的定价还要考虑更多因素，尤其是市场上同类产品的价格、所处行业的竞争格局，从而找到适合自己的定价，在定价方面建立优势。

（4）人才定位。人才是企业的关键资源，企业的人才队伍对企业的未来走向起到至关重要的作用。企业用人的原则是以事定人，而非以人定事。在创业初期，要特别注意这一点，选择有能力、有意愿的人才，组建高水平的创业团队，为创业企业创造价值。

2. 企业定位的作用

企业定位有三大突出作用，如图 1–4 所示。

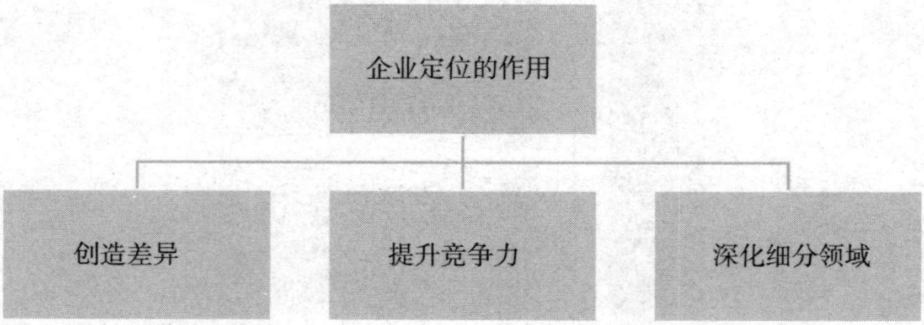

图 1–4　企业定位的作用

（1）创造差异。一个清晰明确的定位能够决定企业和竞争对手的差异。创业企业要想打入市场，必须有其独特之处，也就是差异化竞争优势。同一细分市场上的竞争者很多，如何吸引消费者，从众多竞品中脱颖而出，就需要创业企业做好定位。同时，随着消费者的消费倾向越来越向个性化、定制化转变，差异化的企业定位将会发挥更加突出的作用。

（2）提升竞争力。做好企业定位也是创业企业扬长避短、提升竞争力的重要途径。每个创业企业都有自己的优势，企业定位就是突出自身的优势，掩盖自身的弱势，从而放大创业企业的竞争力。例如，有些创业企业擅长营销，在产品质量符合基本要求的前提下，没有考虑突出的产品质量优势，创业企业明确了这一优势，就可以在营销方面多下功夫，提高产品的曝光度、知名度，在产品劣势以外的方面多加渲染，找准这类消费群体，也能开辟一片市场。

（3）深化细分领域。创业企业的资源、精力有限，不可能覆盖到整个市场，广而不精的创业企业往往也难以长久。企业定位可以明确创业企业要进入的细分领域，确定创业企业的经营范围和经营目标，集中创业企业的资源和精力“攻克”某一细分领域，有效提高创业成功的可能性。

二、创业企业实施企业定位的方法

创业企业实施企业定位的方法有 4 种，如图 1–5 所示。

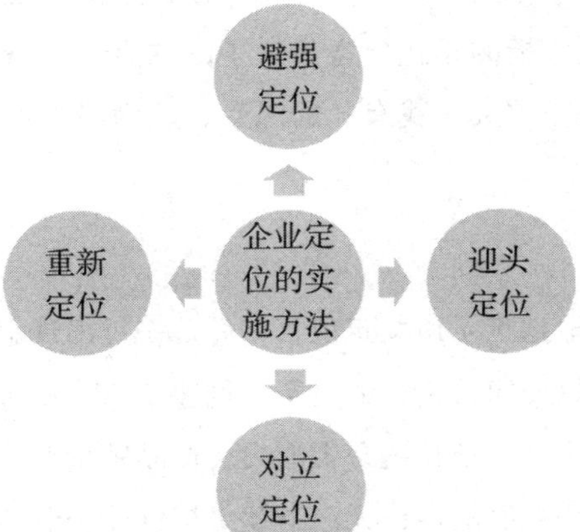

图 1–5　企业定位的 4 种实施方法

1. 避强定位

避强定位是指不与同一领域市场上的强有力竞争对手正面冲突，避开其锋芒，另辟蹊径，寻找其不强势的方面，在这些方面培养、发展、超越，从而占据市场，形成自身特色，再逐步扩大市场范围。创业企业避开锋芒的途径有挖掘细分市场、开发新功能、开发新产品等。避强定位的优势在于避开竞争对手的关注，出其不意，培养自己的消费者群体，在消费者心目中树立独特的企业形象，迅速在市场上站稳脚跟。避强定位法的市场风险较低，成功率高，适用范围广泛。

2. 迎头定位

迎头定位又称对抗性定位，与避强定位相反，迎头定位就是要与市场上的强有力竞争对手正面竞争。在自身实力允许的情况下，迎头定位能够给市场上的竞争者以极大冲击，通过打败对手来取代其市场地位。如果这一战略能够成功，就能帮助创业企业快速提升品牌知名度和市场占有率，取得巨大的市场优势，但是这种定位方法的风险性较高。创业企业采取迎头定位的前提是足够了解竞争对手，并且自身的产品、服务或其他方面有显著的优势，有可能超越竞争对手，同时要有承受竞争失败带来后果的能力。

3. 对立定位

对立定位是强竞争导向的定位，适用于在行业饱和度较高的情况下后进入创业的企业。对立定位指的是找出竞争对手的弱点，打造与自身产品相对应的优势，即向消费者灌输“人无我有”的思想，从而吸引消费者购买，获取市场份额。

4. 重新定位

重新定位是指企业选定了市场定位目标后，一旦出现定位不准确或是后续市场情况发生变化，对原先定位进行的更新。创业企业需要重新定位的情况可能是竞争者侵占了企业的市场，使得消费者流失、产品销量低、市场反响差等，遭遇以上几种情况时，如果原有的定位无法继续维持创业企业的运转，那么创业者就要考虑进行二次定位，摆脱困境，重获新生。

三、战略定位

战略定位是企业的顶层设计，在企业定位中占有关键的一席之地。战略定位决定了创业企业提供什么样的产品和服务、采取什么样的经营方式、通过什么样的途径创造价值、打造什么样的竞争优势、实现什么样的战略目标，使创业企业自身的条件和外部环境因素相匹配，在创业企业发展过程中发挥着巨大作用。科学、准确的战略定位能够为创业企业带来以下价值：指引创业企业的发展方向、提升创业企业资源利用效率、提高创业企业决策的准确性。

1. 指引创业企业的发展方向

创业就像一艘船要穿越茫茫大海到达彼岸，罗盘、指南针指引了航行的方向，如果没有方向，就很难到达目的地，或者需要花费巨大的时间、精力、资源才能到达目的地。很多创业企业失败的原因就是发展方向不明确，虽然有足够的资源，但不能与目标消费者、产品相结合，在错误的道路上浪费了大量资源。创业企业发展方向不明确，容易导致员工没有目标，盲目工作，影响员工的积极性和主动性。发展方向不明确也会使消费者、合作伙伴对创业企业的专业性和稳定性产生怀疑，导致消费者、合作伙伴流失。战略定位为创业企业指明了发展方向，明确了创业企业的目标消费者、经营范围、业务领域，明确了什么事情应该做、什么事情不应该做。一旦有了明确的目标，创业企业领导者和管理者就能够更轻松、更有目的性地引导员工，实现企业上下同心，朝着共同的理想前进。

2. 提升创业企业资源利用效率

创业企业的资源非常有限，企业领导者要考虑好如何将有限的资源最大化利用，即有取舍地将资源聚焦在能产出最大回报的项目上。一家创业企业拥有的资源通常包括资金、设备、厂房、合作伙伴以及人才资源等。在任何一方面不适当的资源投入都会对创业企业的发展造成严重的负面影响，而战略定位的介入就帮助创业企业解决了资源如何合理分配的问题。战略定位包括目标市场定位、产品定位、商业模式定位，其中目标市场定位决定了营销方面的投入，产品定位决定了研发和生产方面的投入，商业模式定位决定了价值创造环节的投入。基于战略定位，创业企业就能合理地分配资源，提升资源利用效率。

3. 提高创业企业决策的准确性

战略定位指引了创业企业的发展方向，创业企业必须根据企业的发展方向进行重大决策。因此，战略定位是创业企业决策的基础和前提，正确的战略定位能够帮助创业企业提高决策的准确性和有效性。如果创业企业进行决策时没有参考战略定位，很可能做出偏离创业企业发展道路的决策，影响创业企业的业绩，甚至危及创业企业的生存。

第三节　盈利模式：识别企业价值

盈利模式决定了企业的利润来源，是识别、决定企业价值的核心因素。盈利模式的构建是所有创业企业都必须进行的活动，盈利模式首先决定了创业企业能否存活，其次影响创业企业的发展前景。

一、盈利模式概述

创立企业最主要的目的是赚取利润，因此，创业企业如何挣钱盈利是创业者必须思考和规划的事情。盈利模式，简单来说就是企业在市场中如何挣钱获利的方式方法。在市场经济中，盈利模式被普遍认为是企业或团队整合已有资源及合作者的资源，打造一种获得利润、分配利润的商业架构。对投资者来说，企业的盈利模式在很大程度上影响了投资回报率的大小。目前对企业盈利模式进行的分析，比较有代表性的是学者斯莱沃斯基（Slywotzky，2002）和战略大师哈默尔（Hamell，2002）的理论。

斯莱沃斯基提出的“1个中心，5个要素”理论，是指以“价值创造”为中心，以“利润对象、利润点、利润来源、利润杠杆和利润屏障”为五要素，较为全面地展示了企业是如何获取利润的。利润对象明确了企业的目标客户群体，利润点明确了企业的盈利产品或项目，利润来源表明了企业获取收入的途径，利润杠杆是企业以较少的投入获取超额利润的手段，利润屏障是企业的保护措施，防止竞争对手掠夺企业利润。通过明确企业的这五大要素，企业的盈利模式就清晰可见了。

哈默尔认为盈利模式的构成部分包括核心战略、战略资源、客户界面和价值网络，这些构成部分互相作用，形成了分析盈利模式的体系。核心战略指引企业选择什么样的竞争方式；战略资源是企业竞争的基础和关键优势，是帮助企业在竞争中发挥独特价值、凸显优势的资源；客户界面是企业和客户联系、互动的渠道；价值网络是包含供应商、合伙人等众多能帮助企业创造价值的资源集合。这4个部分能够较为完善地展示一个企业的盈利模式。

1. 常见的盈利模式

常见的盈利模式有以下5种。

（1）关系价值化。企业和客户如何建立一种长久稳固的伙伴关系，核心在于企业为客户提供满足需求的产品和服务，甚至是超出客户预期的产品和服务。创业企业可以将企业和客户之间的良好关系转化为企业的价值，客户越认同、越依赖创业企业，就越会重复消费行为。通过关系价值化，可以提升创业企业的品牌知名度、美誉度和影响力，提高创业企业的营销效率，从而扩大创业企业的收益。

（2）客户解决方案模式。随着行业的不断发展，客户的需求越来越多元、丰富，单一的产品已经无法满足客户的需求。因此，创业企业可以提供组合式、个性化的综合性服务，即客户解决方案。在这种模式下，创业企业需要洞察客户需求，为客户提高全方位的服务，切实帮助客户解决问题，提升客户体验感，获得客户的青睐。

（3）速度领先。速度领先是在客户需求不断变化的情况下，创业企业以比其他竞争对手更快的速度做出反应，满足客户的需求。速度领先能让创业企业快速抢占市场，争夺客户资源，从而获取收益，这要求创业企业对于客户需求和市场变化有着高度敏感。

（4）成本占优。成本占优要求创业企业通过对资源的整合、再分配以及各种节约成本的措施，降低经营成本、产品成本等，从而获取价格优势，吸引目标客户。

（5）中转站模式。中转站模式是通过同时对接企业和客户，成为他们沟通、成交业务的桥梁，以实现资源的高效配置，提高双方的业务效率、降低运营成本，从而赚取服务费。典型的中转站模式就是快递行业。

2. 盈利模式的转型

创业企业的盈利模式并不是一成不变的，当创业企业所处的内外部环境发生变化时，创业企业要及时反应，对旧的盈利模式进行调整和升级。盈利模式与创业企业效益息息相关，如果不对盈利模式做出及时的创新和变革，创业企业就很可能被快速变化的商业环境所淘汰。创业企业可以借助斯莱沃斯基的理论，结合当下的商业环境和自身的条件，对盈利模式进行优化，保障创业企业的长期、可持续发展。

二、创业企业的盈利模式设计

创业企业的盈利模式设计是识别企业价值的过程，是创业企业商业模式设计的一环，决定了创业企业能否获得源源不断的收入。创业企业可以从定价权、多元获利、终身锁定客户、盈亏平衡点、刚需、高频6个方向进行盈利模式的设计，如图1–6所示。

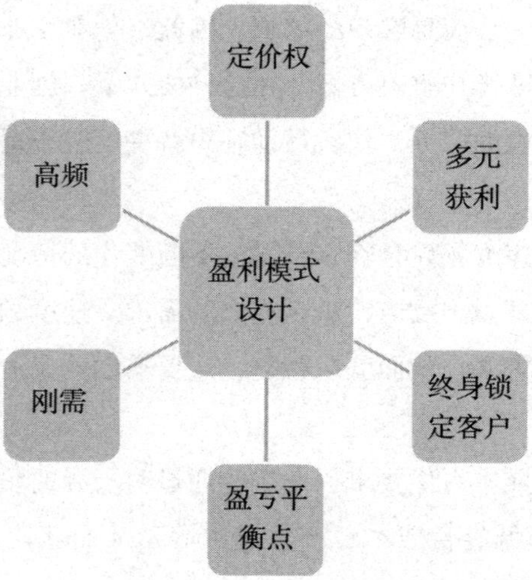

图1–6　盈利模式设计的6个方向

1. 定价权

定价权是指企业凭借某种优势对产品的价格制定拥有主动权。定价低能够保持市场份额，吸引更多客户；定价高能够保证利润率，企业更有利可图。创业企业的定价权主要受4个因素的影响：资源、技术、品牌、供应链。创业企业具备其中一项或多项优势，在行业中就会占据较高地位，拥有稳定的客户群体。以品牌因素为例，奢侈品的定价往往远超同类产品，但是凭借其极高的品牌知名度和影响力，依然有众多消费者愿意买单。对创业企业来说，如果是自主创业，短期内形成较高的品牌知名度和影响力难度较大，创业企业可以选择从其他因素入手。若创业企业能够在某一方面形成较大优势，就可能将价格制定的主动权把握在自己手中。

2. 多元获利

多元获利并不是指企业在创立之初就要进入多个市场，这样会分散创业企业的资源和创业者的时间、精力，容易导致满盘皆输。创业企业需要先在一个细分市场站稳脚跟，培养自己的目标客户，建立客户的品牌依赖和品牌信任，形成创业企业的私域流量，再围绕客户的多元需求提供多重服务，拓展业务领域，实现客户全生命周期管理，这样就能从单一客户身上获取多元收入。例如，目前的互联网巨头企业，从最初的单一业务发展到现在覆盖客户工作、学习、生活、娱乐的各个领域，在巨大的客户流量基础上，丰富收入来源，极大地降低了企业的经营风险。

3. 终身锁定客户

随着流量红利的逐渐消失，企业逐渐由流量思维转向存量思维，拥有锁定客户的能力成为企业重要的盈利来源。创业企业需要将消费过的客户锁定到自身的私域流量池中，圈定客户的长期价值甚至终身价值，提高客户的转换成本，一旦客户更换品牌就会产生一定损失，从而保障企业稳定的客流量，获得稳定的收入。创业企业要想获得终身锁定客户的能力，需要培养技术、品牌等难以被其他企业替代和模仿的核心竞争力。

4. 盈亏平衡点

盈亏平衡点指全部销售收入等于全部成本时的产量，盈亏平衡分析的作用是判断各种不确定因素的变化对企业经济效益的影响，由此，企业的决策就有了科学的、量化的参考依据，有利于企业找出正确的发展方向、投资方向。创业企业通过对盈亏平衡点的计算和预测，可以获知创业企业的利润率水平，保证创业企业的现金流充足。

5. 刚需

一款销量好的并且能够在市场上经久不衰的产品一定是符合了客户的刚需，切中了客户的痛点。有些产品一经推出迅速成为爆款，但是一旦热度过去，就“查无此人”，只能昙花一现，撑不起创业企业的长期发展。因此，创业企业不能过于追逐热点，要善于挖掘客户的痛点和刚需。刚需也会随着时代的改变而改变，例如，对Z时代的消费者而言，拍照和打卡已经成为刚需。针对这类人群创业时，就要注重产品的颜值、可分享性、故事感等特征。掌握目标客户的刚需，提供符合刚需的产品和服务是创业企业设计盈利模式的核心点。

6. 高频

高频指的是产品或服务被客户使用的频率较高。刚需保证了产品有长期的销路，高频保证了产品有较强的客户黏性，都对企业的盈利模式产生了深刻的影响。有些产品作为必需品，客户使用频率天然较高，然而有些产品的高频是可以创造的。创造高频需要让客户形成对产品的依赖，达到即使非必需也常常使用这个产品，例如抖音、小红书、游戏等，占据了客户大量的时间，不看抖音、小红书等App，不打游戏不会对生活产生影响，但是客户已经养成习惯、形成依赖，一有时间就忍不住打开看看、上号玩玩。对创业企业而言，这些都是非常成功的产品，能够为企业创造源源不断的收入，保障了企业的生存和长期发展。创业企业要想保持客户依赖和长期竞争力，就需要走在客户前面，发掘客户潜在需求，挖掘更多客户使用场景，培养客户使用习惯。

三、盈利模式创新

随着时代的发展和科技的进步，人们的消费观念、消费习惯逐渐发生转变，创业企业需要进行创新，才能把握住快速变化的市场，创造出符合消费者需求、适应时代发展的盈利模式。创业企业进行盈利模式创新主要包括 7 个方面：产品盈利创新、渠道盈利创新、场景盈利创新、服务盈利创新、金融盈利创新、品牌盈利创新、生态盈利创新，如图 1–7 所示。

图 1–7　盈利模式创新的 7 个方面

1. 产品盈利创新

随着人们生活水平的提高以及 Z 时代的消费者逐渐成为消费主力军，人们对产品的颜值要求越来越高。此外，由于信息的丰富和随处可得，“货比三家”可以轻易实现，产品性价比也成为消费者考量的重要因素。创业者在设计产品时需要考虑到目标消费者的消费倾向，如果是针对年轻群体，就需要突出产品的颜值和性价比。创业企业也可以挖掘新的消费需求，例如现在有很多消费者注重养生，但又不精通养生，懒得花时间和精力研究，所以可以开发一些方便的养生产品、无糖饮料、轻食等作为创业项目。

2. 渠道盈利创新

传统的产品销售需要经历从生产厂家到经销商、批发商、零售商等多个环节，响应速度慢并且渠道层层加价。但在现代社会，随着互联网科技的发展，线上直销成为应用广泛的销售方式，不受时间、空间的限制，使企业的产品销售范围大大增加。同时，社交圈裂变也成为重要的销售渠道，现代社会，每个人的ID和IP都具有价值，每个人都能成为产品推广官，赚取佣金，极大地提高企业的产品营销效率。创业企业可以通过这些方式实现渠道盈利创新。

3. 场景盈利创新

由于经济的快速发展，人们的物质需求很容易得到满足，因此精神需求、情感满足越来越受到消费者的重视，体验式营销逐渐成为主流。体验式营销增强消费者体验感的途径之一就是创造丰富的场景，站在消费者的角度，挖掘消费者的痛点，将产品融入消费者的使用场景，为消费者提供全面的服务，可以起到事半功倍的效果。

4. 服务盈利创新

服务已经逐渐成为企业的重要竞争力，由于市场竞争越来越激烈，企业只卖产品已经很难俘获消费者的心，服务是一个重要的突破口。同时，数字化技术越来越强大，大数据、云计算、物联网等技术使得人与人、人与物、物与物之间的连接越来越紧密，企业掀起向服务商转型的浪潮。创业企业可以通过提供解决方案的模式，在一个消费者身上挖掘多元价值，实现服务盈利创新。

5. 金融盈利创新

数字经济以及数字科技的发展促进了金融产品、金融技术、金融模式等的创新，为企业提供了更加便利的融资渠道，也为企业提供了相关的创业机会。例如供应链金融，依托供应链上核心企业的信誉资质，为上下游的企业提供金融服务和金融产品；再如消费金融，面向广大消费者，企业可以向消费者提供小额、灵活的金融产品，获取利息收入。

6. 品牌盈利创新

俗话说“二流企业做产品，一流企业做品牌”，一旦品牌建立起来，企业的知名度和影响力大幅提升，企业运营更加高效，用户流量和营业收入的增加就是水到渠成的事情。但品牌建设是一个长期的过程，对创业企业而言，刚成立就做出品牌效应是非常难的事情。创业企业需要做好品牌定位，明确自身的优势和竞争力，打好未来的品牌基础。此外，由于营销渠道的丰富和信息传播的加快，新创品牌曝光度和知名度的打造难度降低，因此创业企业需要注重打磨产品和服务质量，逐步积累品牌影响力。

7. 生态盈利创新

单枪匹马的战斗在竞争愈加激烈、跨界成为常态的今天已经困难重重，因此企业可以通过加入商业生态圈的模式达成共创、共生、共赢。通过构建商业生态圈，不同企业之间可以共享资源和信息，优势互补。创业企业加入商业生态圈，可以借助大企业的品牌影响力、成熟的渠道资源、资本背书等，促进其快速成长。

创业融资专栏 1-2

引力波信息：3D 工业软件赋能产业升级

1. 企业简介

广州引力波信息科技有限公司（以下简称引力波信息），成立于 2018 年。引力波信息专注 3D 工业软件工具创新，希望构建高效 XR 数字资产，为产业智能化升级赋能。2018 年 6 月，引力波信息推出首个针对工业应用的 Web3D&WebAR 引擎及支持全平台的 XR 内容工具平台；2018 年 7 月，企业与易尚展开战略合作，搭建国内最大的 3D 电商内容服务平台；2020 年，引力波信息获得“国家高新技术企业”资质。

2. 盈利模式

（1）赛道选择。

随着“中国制造 2025”大政方针的提出，制造业智能化发展和工业转型升级成为时代潮流。工业软件是制造业智能化发展、工业转型升级过程中的重要工具，因此，工业软件的创新和突破在当前时代背景下具有广阔的发展空间。此外，国内工业软件产业链受制于欧美国家的技术封锁、贸易制裁，为解决“卡脖子”问题，国产化替代是必然趋势。国家层面也在不断颁布利好政策，鼓励科技攻关，实现科技自立自强，工业软件创新作为推动智能制造的重要环节，亦是科技攻关的重要一环。引力波信息选择有巨大需求的 3D 工业软件领域，是顺应时代发展的趋势，为企业盈利奠定了良好的市场基础。

（2）产品优势。

我们所处的空间世界是三维的，人类感知和体验世界的方式也应该是三维的，因此，人类的交互方式也将从 2D 交互转向更真实的 3D 交互。3D 交互系统包括 VR、AR、MR 等，统称为 XR。当前企业应用 XR 会遇到以下问题和挑战：一是创建 XR 数据需要花费大量人力物力，并且需要雇佣丰富经验的 3D 技术人员进行内容的制作与开发；二是 XR 数据难以管理，数据无法重复用于不同应用场景，需要为每个 VR/AR 应用创建单独内容；三是 XR 数据只能体验和查看，无法进行全方位的统计、分析；四是 XR 数据应用过程中无法与企业其他业务系统进行数据、流程的集成和打通。针对以上问题，引力波信息推出 Realibox——企业 XR 内容工具云平台，具有全平台、场景化、开放性的特点。全平台指 Realibox 可以接收所有 3D 数据格式，自动进行 3D 格式转换和几何拓扑优化，再导入任意 XR 平台；场景化指 Realibox 是“一站式工具”，降低了企业 XR 应用门槛，具备 3D/VR 可视化协同评审工具、3D 可视化互动营销工具、AR 可视化维修和培训工具、XR 可视化分析工具等丰富的功能和应用场景；开放性指 Realibox 可以无缝对接各种业务平台，充分发挥 XR 数据资产价值。Realibox 能够覆盖 XR 内容构建、管理、应用、分析全流程，提供端到端企业 3D/XR 解决方案，满足客户的核心需求，有效帮助客户解决 XR 数据资产创建难、管理难、分析难、应用难的问题，切实提高工业设计的效率，降低沟通、协作成本。引力波信息凭借优质的产品收获了广汽集团、长安汽车、东风汽车、沃尔玛等实力客户，并且和百度、阿里云等建立了生态合作。

（3）盈利路径。

引力波信息的盈利来源主要包括4个部分：软件许可、SaaS、PaaS以及数据内容。软件许可是凭借具有自主研发技术的XR引擎及工具，向客户提供XR解决方案，收取授权许可费和技术服务费；SaaS是客户以年为单位付费订阅引力波信息的软件及服务，其销售渠道包括直销和分销；PaaS则是针对同一生态内的合作伙伴，提供代工生产的核心技术、SDK以及云服务等；数据内容指的是为客户提供内容服务，包括培训教育、数据资源等。

3. 发展与总结

引力波信息抓住制造业数字化转型升级的时代机遇，在工业软件领域进行技术研发和创新，促进工业软件的国产替代，完善该领域的需求缺口，打造面向企业应用的XR头部平台，提供完整的XR内容场景化工具。产品和赛道是引力波信息的关键优势，较为完善的盈利路径彰显了引力波信息的价值。引力波信息主要依靠产品、服务和生态进行盈利，具有可行性和未来发展潜力。2022年，引力波信息完成近亿元A轮融资，获得投资人的认可，普遍看好引力波信息将会成为新一代国产工业软件引领者，更好地为制造业企业赋能。

资料来源

1. 张晔．国产工业软件如何“强起来”“推广开”[N]. 科技日报，2023-08-23（6）.

2. 陈志杨．工业软件：制造企业数字化转型的“支柱”[J]. 信息化建设，2022（10）：36-37.

第四节　资源整合：打造竞争优势

众所周知，资源是创业成功必不可少的因素，它既包括有形资源如资金、设备、土地等，也包括无形资源如信息、技术、品牌等。拥有资源只是第一步，整合资源才是发挥资源作用的关键，也是商业模式应用于实践的基础，好的资源整合能力能够帮助创业企业提高资源利用效率，打造竞争优势。

一、资源整合概述

1. 资源整合的含义

资源整合既涉及企业的战略层面，也涉及企业的日常经营管理。资源整合不是简单的资源合并，而是对现有资源的认识和盘点，对不同的资源进行合理配置和有机融合，使资源实现“1+1>2”的效果，保障企业具有较强的柔性、系统性和价值创造的能力。美国经济学家蒂斯（Teece，1997）指出，资源整合能力包含两个方面，一方面是对资源进行重构和利用的能力，另一方面是吸收外部信息和知识的能力。马鸿佳（2008）也认为，创业企业资源整合能力涉及两个部分：对外部资源的发掘和利用、对内部资源的激活和配置。

2. 资源整合的类型

根据企业所需的资源类别，可以将资源整合分为人力资源整合、客户资源整合、知识资源整合、渠道资源整合 4 个类型，如图 1–8 所示。

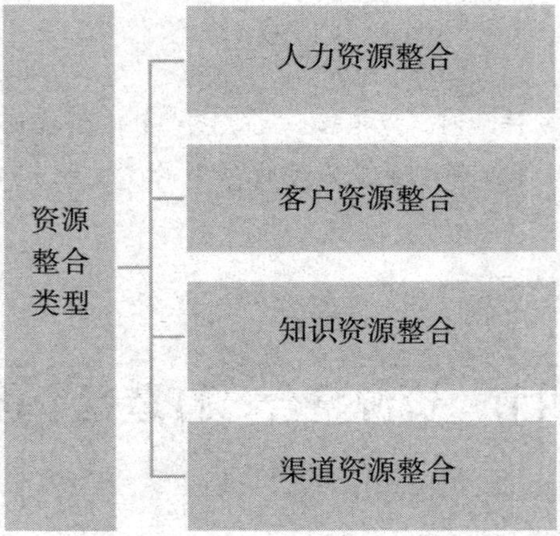

图 1–8　资源整合的类型

（1）人力资源整合。人力资源永远是企业生存和发展的基础，甚至成为企业的核心竞争力，是企业需要争取和科学管理的资源。创业企业需要根据自身的实力以及发展方向，制定并执行合适的人力资源战略，协调好外部人才和内部人才的选、用、育、留。创业企业没有大企业的实力和名气，但也有自身的优势，例如创业文化氛围、未来前景、自我实现与成长等，创业企业需要不断挖掘并突出自身优势，做到小而精，以吸引人才加入、保留人才。同时，创业企业要建立并落实好激励制度、绩效考核制度、培训制度等，量才而用，用人所长，充分发挥人才的作用。

（2）客户资源整合。客户是企业的生命之源，明确目标客户，有针对性地进行营销，可以降低成本，提高运营效率，实现资源的最优利用。在进入一个细分市场之前，创业企业要做好调研，清晰了解该细分市场的竞争格局和发展空间、客户的需求和喜好，明晰自己可以通过哪些途径和方法吸引客户，构建竞争优势。由于互联网、数字科技的发展，营销渠道十分多元，"出圈"的方式也丰富多样，创业企业需要找到适合、有效的客户资源利用方式。创业企业还可以转变思维，充分发挥创新能力，发掘蓝海市场，一旦发掘成功，创业企业就能迅速抢占未有竞争者进入的市场，获取丰富的客户资源。

（3）知识资源整合。知识经济时代，知识、信息资源的重要性不言而喻，科技进步、商业模式创新、开辟蓝海市场等都离不开对知识的运用和对信息的挖掘。信息资源为创业企业的决策提供依据，知识资源是创业企业进行决策的能力。创业企业的决策是决定企业命运的活动，决策必须要有科学性、前瞻性，因此创业企业需要对知识、信息资源进行有效整合。创业企业可以塑造共享的文化氛围，建立良好的知识共享环境，调动员工的积极性，在企业内进行充分的知识共享和碰撞交流，最大限度地发挥员工的知识资本。创业企业还需要充分获取内、外部的信息资源，现代社会是一个信息爆炸的社会，信息量巨大，所以要利用科技手段对信息资源进行分析处理，从中得到有用的信息。

（4）渠道资源整合。渠道资源是销售的命脉，连接了企业和客户，而销售决定了企业的直接收入来源，因此，对渠道资源的掌握就是对客户群体的掌握，也就是掌握了企业生存和发展的根本。在互联网时代，渠道资源包括线下渠道资源和线上渠道资源，创业企业在选择渠道时，要考虑自身实力以及品牌特性，选择合适的渠道，而不能盲目选择流量大的渠道，造成过高的成本，可能还会效果不佳。针对线下渠道，创业企业在不同区域建立起线下渠道之后，要进行协调整合，形成互相配合、资源共享的局面；针对线上渠道，创业企业要学会利用线上渠道收集客户信息，增强对客户的了解，和客户进行互动交流，建立感情，构建创业企业的私域流量，培养忠实客户。渠道不仅仅是传递产品的通道，更是连接创业企业和客户的桥梁。

二、资源整合的作用和步骤

1. 资源整合的作用

资源整合一方面是对自身拥有的资源进行合理配置、高效利用，另一方面是对自己缺少的资源进行寻找、合作以及有机融合，从而达到弥补短板、扩大优势的效果。对创业企业而言，资源不足是经常需要面对的问题，创业企业的发展过程就是不断整合资金、人脉、用户、渠道、技术、信息等一系列资源的过程。即使是发展到顶峰的企业也不可能具备所有资源，因此资源整合能力是贯穿企业整个生命周期的能力。

（1）资源整合创造新的商业模式。在互联网科技快速发展的背景下，资源的流动更加便捷，企业如果能把握机遇，利用好外界资源，就可以颠覆传统的商业模式。众所周知，近年来国内有众多内容分享平台兴起和壮大，这些平台上分享的内容并不是企业创作的，而是由用户创作的，平台只是提供了一个分享、交流的渠道，通过将用户聚集到一起，利用用户的知识、创意、才能等吸引更多用户前来“围观”，为平台创造巨大的流量，成为变现的基础。电商平台也是如此，平台上的商家并不属于企业，但是平台整合了众多商家，商家可以借助平台的流量和渠道增加销量，平台需要更多的商家吸引用户。在平台的基础上，一些企业又发展了平台生态模式，以平台为核心，连接用户和提供互补业务的企业，构建了一个商业生态系统。平台生态模式可以实现多方主体的资源共享、优势互补、互利共生，而善于利用、整合外部资源的创业企业非常有可能在其中实现突破性的创新。

（2）聚焦长板优势，无限放大。在管理学中，有一个非常经典的理论——木桶理论，又称短板理论，即决定木桶盛水量的往往是最短的那块木板，这个理论旨在告诉人们为了获得更高的成就，需要不断完善自身的每一处劣势。但在现代社会，竞争逐渐加剧，在大量竞争者以及跨界竞争者进入同一细分市场的环境下，创业企业要想完善每一处劣势，做到完美几乎不可能，因此，便有了新的木桶理论，即长板理论，只要将木桶倾斜一个角度，木桶的盛水量就可以取决于最长的那块木板，也就是无限放大自身的优势，就可以不断突破极限。而科技的进步让木桶理论又有了新的方向，如果每个人都拿出自己的长板组装成一个新的木桶，这个木桶的盛水量就会大大提升，也就是通过协同合作，互相利用各自的优势资源，无限放大自己的能力。因此，创业企业可以通过资源整合，无限放大自身的长板优势，掩盖自己的短板。

2. 资源整合的步骤

创业者要想整合资源，必须从制定明确的目标出发，以结果为导向。但是只有目标远远不够，创业者必须明确实现这一目标所需要的资源，以便分析自己已经拥有的资源和仍然缺乏的资源，并进一步分析如何采取相应的措施整合资源。创业企业进行资源整合的步骤，如图 1–9 所示。

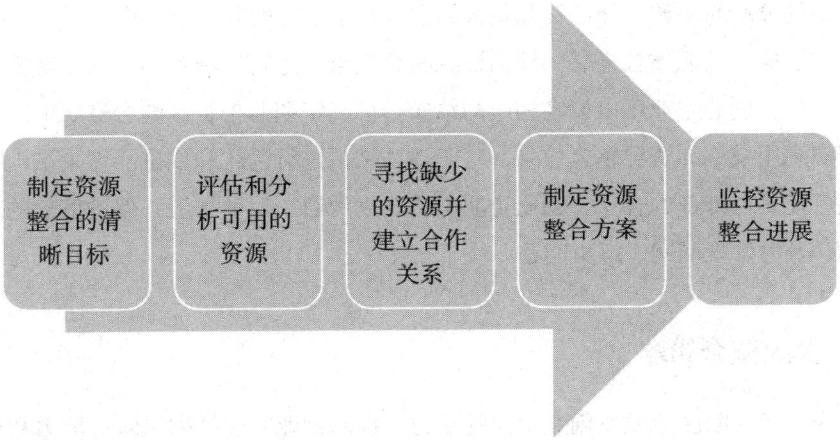
制定资源整合的清晰目标
评估和分析可用的资源
寻找缺少的资源并建立合作关系
制定资源整合方案
监控资源整合进展

图 1–9　资源整合的步骤

（1）制定资源整合的清晰目标。创业企业要明确自己的定位、发展方向和路径，制定各阶段的目标，从而明确自己所需的资源。例如，创业企业在新品推广时期希望快速扩大知名度，积累客户，就需要在营销资源上加大投入，邀请合适的网红带货、在平台投放广告等。

（2）评估和分析可用的资源。在明确资源整合的目标之后，创业企业要评估自身拥有的资源，根据不同类别的资源列出资源清单，例如人力资源的数量和质量、设备的数量和产能、可用的资金量等，分析哪些资源是企业发展所需要的，哪些资源还有缺失。清晰的评估和分析能够为创业者的资源整合决策提供依据，是创业者制定资源整合方案的基础。

（3）寻找缺少的资源并建立合作关系。对比资源整合的目标和自身拥有的资源，可以快速发现自己缺少的资源。填补缺少资源的有效途径之一是与他人合作，实现资源的共享和互补。创业企业可以基于自身的需求寻找合适的合作伙伴，合作伙伴要能够为自己创造价值，自己也要能够为合作伙伴创造价值，双方形成互惠互利的关系。

（4）制定资源整合方案。明确了目标和识别了相关资源之后，创业企业就需要付诸行动，对这些资源进行整合，考虑不同资源之间的互补和资源的合理配置，确定资源整合的方式方法，从而制定资源整合方案。内部资源整合的重点在于资源的分配与协调，外部资源整合的重点在于多方的共享与协作。

（5）监控资源整合进展，评估资源整合效果。进行一项行动必须要有监督和控制手段，创业企业可以设定相应的绩效指标，定期监控资源整合进展情况，评估资源利用效率和资源整合效果，基于评估结果进行优化和改进。无论是内部资源整合还是与外部的合作，创业企业都要建立沟通、反馈渠道，促进信息的快速流动，及时发现问题、解决问题。

三、资源整合策略

为了最大限度地激发创业企业的活力，提高创业企业抵御风险的能力和适应市场竞争的能力，创业企业需要不断地增强资源整合能力，提高资源整合水平。在资源整合过程中，主要可以采取以下 3 个策略，如图 1–10 所示。

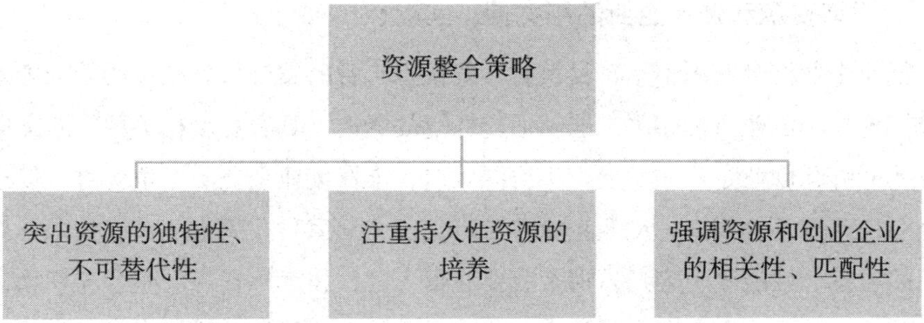
资源整合策略
突出资源的独特性、不可替代性
注重持久性资源的培养
强调资源和创业企业的相关性、匹配性

图 1–10　资源整合的 3 种策略

1. 突出资源的独特性、不可替代性

如果拥有难以替代的资源，创业企业就能具备巨大的竞争优势，使竞争者难以模仿，从而牢牢地吸引目标客户。这种难以替代的资源可以是技术、产品、资金、人才、知识等，例如掌握一项核心技术，研发出具有独特功能的产品，或者是融资比较多，有资金大力投入营销，形成铺天盖地的宣传、推广，快速打响品牌知名度，这些都能有效地帮助创业企业形成独特优势。但是，资源的独特性和不可替代性是动态变化的，竞争者也在不断努力、不断赶超，一个新产品上市并且取得不错的反响后，就会涌现众多的模仿者甚至超越者，因此，创业企业必须不断迭代、更新，通过整合资源不断创造新的优势。

2. 注重持久性资源的培养

日新月异的商业环境，使得建立起的竞争优势很容易被竞争者打破，而且技术的更新迭代速度加快，设备、机器等固定资产的生命周期缩短，因此，创业企业在整合资源时，要特别注重持久性资源的培养，帮助创业企业形成可持续的竞争优势，避免“昙花一现”式的发展。持久性的资源包括品牌、口碑、商誉、企业文化等。一旦企业品牌得以建立，除非企业经历重大变故，品牌都能够经久不衰，持续吸引客户。口碑和商誉亦是如此，良好的企业口碑和商誉容易让客户产生信任感，能够以较低的成本甚至零成本留住老客户、拓展新客户。企业文化会长期影响每一位企业成员，形成独特的企业风格，伴随企业整个生命周期，从精神层面上影响企业的决策、行为等，影响企业的成功与否。

3. 强调资源和创业企业的相关性、匹配性

创业企业整合资源不是盲目整合，要根据自身的发展战略以及所处的内外部环境，选择和创业目标相关、能够适应环境的资源。具有高度相关性、匹配性的资源才能够和创业企业的发展产生协同效应，支撑创业企业的竞争优势，促进创业企业快速成长。例如，创业企业将自己定位为一家科技型企业，以技术领先和产品的质量、性能吸引客户，那么就要注重人才、技术等资源的整合与积累，不断提升自身的技术实力和产品品质，响应企业的战略目标，才能在正确的道路上走得更远。

第五节　创业融资：成就创业未来

创业融资是创业企业成长的催化剂，可以作为一个巨大的杠杆，在极大程度上赋能创业企业，快速帮助创业企业上升到一个较高的层面。创业企业的融资活动需要资本方与创业企业之间相互对接才能形成，投资方来源于资本市场，创业企业通过商业计划书展示自身的发展潜力，吸引投资。

一、认识创业融资

1. 创业融资的概念

资本的约束是创业企业常常面临的问题，因此融资便成为创业企业必须经历的过程。苗淑娟和李雪灵（2007）认为创业融资是创业企业在整个成长周期中如何适时有效地获取所需资金，只要有资金需求，就有创业融资的存在。晏文胜（2005）则突出了创业融资的时间特征，指出创业融资主要指企业“种子期”“创立期”“扩张期”的融资行为。创业融资的目的是保障企业生存和促进企业发展，需要根据创业企业现状，借助不同的融资渠道，筹集创业企业所需要的资金。其中，企业现状包括但不限于市场情况、经营情况、资金需求情况、技术研发情况、战略落实情况；融资渠道包括内部渠道和外部渠道，内部渠道大都是创始人

自有资金，外部渠道有股权融资、债权融资、政策性贷款、融资租赁等。

2. 创业融资市场的活跃主体

在整个资本市场中，较为活跃的资本供给方有风险投资企业和私募股权投资企业。两者的区别在于：风险投资发生的时间一般在创业企业融资前期，那时的创业企业估值低，属于高风险、高回报型投资；而私募股权投资主要发生在创业企业融资后期，那时的创业企业估值较高，相对风险投资而言风险更低，回报也可能更低。

（1）风险投资企业。风险投资企业通过筛选一些有潜力的高科技创业企业，向其投入资金，并获得该企业的股份，在创业企业成长后，通过公开上市、股份回购、兼并与收购等方式获取投资回报。风险投资企业是由专业的团队组成，一般拥有科技、财务等方面的专业人员和具备创业经验、具有前瞻性眼光的管理人员。风险投资企业主要是为创业企业提供资金、专业知识和创业经验方面的支持，承担咨询者的角色。众所周知，创业企业的成功率是处在较低水平的，因此，风险投资企业的投资风险是较高的。为了提高投资成功率，风险投资企业一般会参与创业企业的董事会，监督创业企业的发展进程以及提供必要的指导，但不会过度介入创业企业的日常经营。

（2）私募股权投资企业。私募股权投资是投资于非上市股权或者上市企业非公开交易股权的一种投资方式。私募股权投资企业的投资对象主要是已经具备一定规模、能够产生稳定现金流的企业，而非处于创业期的非成熟企业。高瓴资本、中信产业基金、腾讯投资 DST 等都是典型的私募股权投资企业。私募股权投资的退出方式也包括公开上市、股份回购、兼并与收购等。

二、创业融资的优势与融资策略

资金是创业企业发展赖以生存的血液，企业建立的每一步都离不开资金的支持，雄厚的资金实力可以帮助企业获取更多的资源，提升企业的运营和管理能力。但是创业融资有得亦有失，过量的融资也可能导致创业企业压力增大，而且容易造成资源的浪费。

1. 创业融资的优势

创业融资的优势主要体现在 4 个方面：获取资金、获取指导、获取资源、获取背书，如图 1–11 所示。

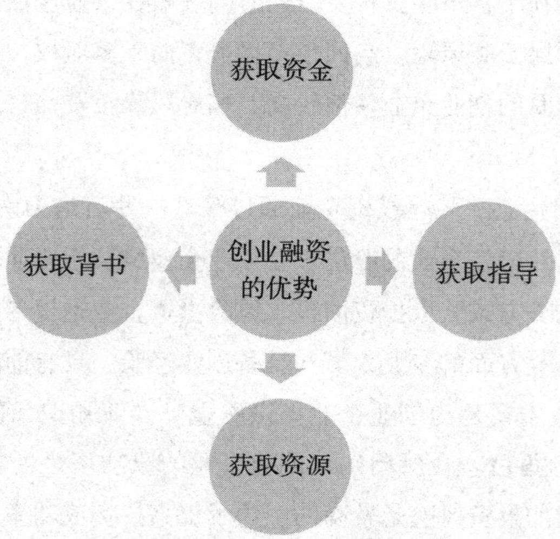

图 1–11　创业融资的 4 个优势

（1）获取资金。资金能够支持创业企业的经营与壮大，这是创业融资最直接的获得，准备创业就得先满足创业初期的资金需求。资本是一种生产要素也是一种稀缺性资源，稀缺性资源就表示并不是所有人都可以得到，创业企业也不例外。融资能够为创业企业提供大量资金，创业企业可以利用这笔资金优化管理、投入研发、提高产能、增强营销等。因此，创业企业要充分展现自己的优势，以追求在最大限度上获得融资。

（2）获取指导。无论是风险投资企业还是私募股权投资企业，都拥有专业的人员，他们曾经培育过众多的创业项目，积累了丰富的经验，能够为创业企业提供必要的指导，帮助创业企业提升实力、抵御风险、促进发展，他们往往有独到的见解、前瞻性的眼光、专业的管理能力，对创业企业而言具有极大的价值。

（3）获取资源。多数投资人都有过自己经营企业的经历，或者经手过多个项目，他们不仅能为创业企业提供资金支持，还能提供各种其他资源，包括但不限于政府、媒体、人才、市场渠道及下一轮融资的渠道。投资人为了提高投资成功率，获取投资回报，会利用自身拥有的资源帮助创业企业开拓市场、增强管理等。因此，创业企业在选择投资时也需要考虑到投资人背后的资源。

（4）获取背书。创业融资还有一大优势就是帮助创业企业提高影响力、知名度。如果创业企业获得了知名投资人的投资，除表明该创业企业具有较大的潜在价值外，也能够让创业企业获取背书，使其更加可信，相当于获得了一个强有力的保障。

2. 创业融资策略

融资是创业企业需要反复进行的任务，随着资本市场的不断成熟，融资速度、额度也在不断地刷新纪录。融资能够为创业企业带来众多的好处，但是融资成功并不意味着胜利，资金运用不恰当也会导致严重后果。一方面，如果创业企业在成立初期就收了很多钱，可能会导致企业目标安排不合理，浪费大量资金；另一方面，资本的进入会威胁创始人的控制权地位，也会让企业背负较大的发展压力。因此，创业企业在融资前一定要做好准备和具备相应的能力，在识别融资有所“得”的同时，也要注重融资策略的运用，尽可能降低融资风险。

（1）选择融资时机。创业企业要认识到融资存在的风险，看准融资的时机，认真规划和分析未来市场，从企业战略的高度做出适合企业的融资决策。融资规模、融资成本、融资收益也是企业需要进一步考察和分析的因素。融资不是越多越好，也不是越早越好，要有自己的节奏，将资金用在真正有价值的地方。

（2）珍惜融资机会。投资人和创业企业想要达成双赢的局面，双方需要互相理解、互相尊重。投资人需要尊重创业者的想法，在必要时提供指导和帮助；创业者也需要珍惜投资人的付出，避免陷入盲目烧钱的境地，为了融资而融资，忽略创业企业的长期可持续发展。好的投资人能够助力创业企业的成功，他们拥有丰富的经验和资源，所以，创业者要珍惜融资机会，也要懂得识别好的投资人，充分利用可利用的资源。

（3）量力而行。创业企业利用股权融资的方式引入投资人，是用股权置换资金。投资人为了保障自身的收益，会和创业企业签订协议，约定退出方式甚至签署对赌条款，规定创业企业需要回购股份。在这种情形下，创业企业将会面临较大的发展压力，因此需要慎重选择、综合评估，基于自身实际情况签订投资协议，量力而行。

创业融资专栏 1-3

云舟生物：多轮融资助力研发创新

1. 企业简介

云舟生物科技（广州）股份有限公司（以下简称云舟生物)，成立于 2014 年。云舟生物的业务聚焦于生命科学和基因药物领域，提供科研载体 CRO（合同研究组织）、临床载体 CRO、基因药物 CDMO（研发生产外包组织）、基因递送产权输出四大服务内容，具有强大的研发和创新能力，致力于引领基因递送革命，赋能基础科研及临床应用研究，为人类健康水平的提升贡献力量。

2. 融资历程

生物医药是与人类健康息息相关的行业，具有持续发展的前景性和必要性，而基因递送技术对于加速生命科学研究与基因药物的临床应用至关重要。但我国目前存在着许多制约生命科学研究与基因药物发展的“卡脖子”问题，国内的研究机构和 CRO 服务商缺乏基因药物的临床研发技术经验。为了改善当前的发展现状并解决行业痛点，云舟生物凭借技术实力与丰富的经验积累为行业提供四大服务内容，布局基因递送全产业链，获得业内广泛认可。目前，云舟生物与全球 20 多家知名企业、科研机构建立了长期战略合作关系，CRO、CDMO 业务已经遍布北美、欧洲、日本等多个国家和地区。2021 年，云舟生物的订单金额达 2.1 亿元，是 2017 年的 11 倍，5 年业绩复合增长率达到 85%。根据 2022 年上半年的业绩数据，云舟生物较上年同期增长 82.3%。在资质荣誉方面，2021 年，云舟生物获得“高新技术企业”资质；2022 年，云舟生物摘得第十一届中国创新创业大赛全国总决赛一等奖；2023年，云舟生物获得“广东省专精特新中小企业”资质。

生命科学研究存在周期长、门槛高、成本大、成功率低等问题，云舟生物十分重视技术创新，大力投入研发，致力于攻克基因递送技术的核心瓶颈与关键难题，开展了丰富的原研项目，产出丰富的成果，申请了多项专利和软件著作权。2022年，云舟生物在广州开启了基因递送研发生产基地的建设，未来5年内，企业将合计投资32亿元用于该基地的建设，进一步提升企业的研发实力和扩大产能，满足行业需求。

云舟生物作为一家科技企业，其技术研发、产品生产等都非常“烧钱”，融资是云舟生物能够发展至今的非常关键的举措。一方面，云舟生物从事的生命科学和基因药物行业具有广阔的发展前景，企业自身又具有强大的技术积累和优秀的商业模式，能够吸引投资者的注意；另一方面，融资为云舟生物的发展注入了新鲜血液，资金是企业赖以生存的重要资源。因此，云舟生物和投资机构是互相成就的关系。2021年8月，云舟生物完成了A轮融资，融资金额达2500万元，投前估值20亿元；2021年12月完成了B轮融资，融资5000万元，投前估值35亿元。2022年7月，云舟生物已完成科创板上市辅导备案工作。2022年10月，云舟生物完成了C轮融资，融资规模达4.1亿元，投后估值约50亿元。云舟生物将融资额用于基因递送技术的研发、工具的升级以及扩大业务布局，助力基因药物研发的创新和企业的壮大。

3. 融资价值与融资优势

云舟生物能够成功完成多轮融资，在于其拥有核心竞争力。第一，构建“一站式”商业模式，其智能交易平台可以实现从分析需求、载体优化、在线订购直至后台方案拆分、生产交付；第二，云舟生物通过智慧工业4.0线下生产，实现定制化载体工业化生产；第三，云舟生物进行前瞻性研发布局，攻克基因递送关键瓶颈；第四，占领全球科研市场高地，漏斗式全链条发展布局，具有较高的客户黏性。

多轮融资为云舟生物提供了丰富的资金，对重视技术研发、需要大量“烧钱”的科技企业而言，这是保证其生存的“生命之源”，也是企业快速发展的“催化剂”。云舟生物为原研项目投入巨额研发经费，并且斥资打造基因递送研发生产基地，同时布局全产业链，积极开拓海外市场，持续扩大生产规模，它有今天的发展离不开融资的助力。

4. 发展与总结

云舟生物是国内领先的生命科学和基因药物企业，基因药物赛道在国内具有稀缺性，云舟生物能够将技术转化为产品，实现技术研发和商业模式的互相成就，服务于全球市场。融资在云舟生物的发展中起到至关重要的作用，为其提供了充沛的资金，加快了发展速度。未来，云舟生物将和生命科学领域共同发展，为行业提供重要价值。

资料来源

1. 续丽媛，蓝莹 . 生物医药行业研发支出与上市公司绩效的相关性分析 [J]. 现代营销（上旬刊），2022（10）：46–48.

2. 孙旭然 . 生物医药行业发展趋势与机遇分析 [J]. 中国国情国力，2022（8）：25–29.

三、价值创造：构建融资价值

价值创造就是企业通过具体的经营活动创造价值，企业开展价值创造活动的最终目的是实现利润最大化。企业在价值创造的过程中，也在构建自身的融资价值，企业价值创造的能力越大，意味着未来的投资收益越好，企业的融资价值就越大。

1. 创业企业构建融资价值的驱动因素

（1）基础层驱动因素，分为财务表现和运营能力。财务表现是分析创业企业盈利能力的重要依据。在大数据思维的指导下，创业企业需要注重运用大数据技术，拓宽数据来源，增强数据分析能力，借助财务数据反馈更多信息，这是创业企业构建融资价值的基础。创业企业的运营能力也是影响融资价值的重要因素。企业运营必须以客户思维为基础，明确市场偏好和客户需求，提供有针对性的产品和服务，在互联网思维下，最大限度地整合、利用多方资源，提高品牌知名度和影响力，增强品牌口碑，提升企业价值，进而构建融资价值。

（2）核心层驱动因素，分为企业战略和组织结构。企业战略是创业企业最重要的管理活动，是创业企业价值形成的决定性因素。企业战略的制定一般采用行业吸引力分析方法，当选定一个有吸引力的行业或市场后，创业企业需要制定有针对性的竞争战略，由此获得竞争优势，构建融资价值。合理的组织结构有助于创业企业高效地进行管理活动，形成动态的分工协作体系，是创业企业创造价值的重要支撑，是创业企业构建融资价值的保障。

2. 创业企业融资价值创造过程

企业融资价值创造过程可以通过价值确定、价值获取两个环节来实现。

（1）价值确定。价值确定是创业企业进行自我定位的一个过程，确定价值方向就可以明确创业企业的发展方向，判断创业企业所做的决策是否方向正确。在数字化时代下，创业企业确定价值时应优先考虑客户的需求，即创业企业要先明确自身的目标客户，然后根据目标客户的特点确定创业企业提供的产品或服务，保持和客户的联系，对产品进行适时迭代和优化，以确保创业企业的产品或服务能够适应客户多样化、动态化的需求。

（2）价值获取。价值获取是创业企业生产产品、提供服务，从而实现价值、获取收益的过程。在确定好价值之后，创业企业就需要遵循正确的价值方向开发产品、提供服务，用产品和服务赢得客户的认可，提升企业的知名度，扩大市场份额，培养稳定的客户群体，获取收益。创业企业拥有价值获取的能力后，就能在融资过程中拥有一定“谈资”。

创业融资专栏 1-4

漫格科技：蓝海市场构建融资价值

1. 企业简介

上海漫格科技有限公司（以下简称漫格科技），成立于2019年，是一家创新的 3D 打印软件企业。漫格科技聚焦于增材制造领域，自主研发增材制造工业软件 CAD/CAM，提供智能化增材制造工业软件解决方案。漫格科技是国内首家专注 3D 打印核心算法解决方案提供者，涉及的行业包括教育、医疗、消费品等。漫格科技希望借助在增材制造领域的研究、发展，推动数字工厂的加速涌现。

2. 创业背景

3D 打印即增材制造，是在数字模型的基础上制造出实体物品，是一种能够改变传统生产制造行业的新兴技术。3D 打印能够显著缩短生产制造的时间，提高原材料利用效率，提升产品性能，具有广阔的应用前景。目前，3D 打印的基础技术相对成熟，仍有新技术不断涌现，该领域还有很大的探索和提升空间，处于高速发展阶段。3D 打印产业上游为原材料、核心零部件以及辅助运行系统，中游为打印耗材和打印设备，下游为应用场景，包括航空航天、生物医疗、军工、珠宝等，应用范围广泛。当前，智能制造、数字化转型是大势所趋，3D 打印技术能够帮助传统的生产方式进行升级，实现智能化生产，促进数字工厂的建立，满足转型需求，因此其市场规模逐年增加。漫格科技主营的 3D 打印软件位于产业上游，属于辅助运行系统，所有设备厂商都需要专业的软件产品配套其设备，是 3D 打印不可或缺的一个环节。国内 3D 打印软件市场尚属蓝海市场，竞争对手主要是国外的类似软件，但其价格贵、维护难、姿态高，进口替代必然是未来趋势。漫格科技抓住产业高速发展的机遇和挑战，以数据处理算法为中心，深耕 3D 打印技术，驱动工业软件的革新，填补了国产 3D 打印工业软件的空白，实现了公司的成长和发展。

3. 融资价值

2022 年 2 月，漫格科技获得由兴富资本独家支持的 Pre-A 轮融资，融资规模达数千万元。漫格科技能够获得数千万 Pre-A 轮融资的价值体现在行业吸引力、产品优势、运营策划 3 个方面。

（1）行业吸引力。

3D 打印将成为代替传统制造的重要方式，其应用范围将随着技术的不断创新而不断加深。我国制造企业积极引进 3D 打印技术，3D 打印产业快速发展，3D 打印软件受国外垄断的局面必须被破除，因此，3D 打印软件行业极具吸引力，如果能够通过技术实力奠定品牌口碑，获取市场份额，将具有很大的成长性。

（2）产品优势。

漫格科技的产品具有扩展性、高效性和灵活性的特点。扩展性指漫格科技的软件可以自由选择导出到任何 3D 打印机；高效性指软件拥有高性能几何库的加持，操作智能简单、高效便捷；灵活性指软件可以通过定制、脚本灵活控制打印流程。漫格科技的软件有两大优势——几何内核和高效计算引擎，并且是自主研发的技术，能够快速实现生成晶格结构、生成支撑结构、复杂模型切片等，有效提高打印效率、性能和打印质量。

（3）运营策划。

基于对自身定位、产品市场以及竞品的调查分析，漫格科技制定了适宜的运营策略。漫格科技将自己的运营策略分为四大部分：推广策略、产品策略、价格策略和渠道策略。推广策略考虑到 3D 打印软件处于产业上游，漫格科技主要通过行业协会、大型展会、3D 打印相关媒体以及产业链上的合作伙伴助力产品宣传；产品策略考虑到竞品软件的劣势，开发自身的优势功能，提供 OEM 软件解决方案，为客户提供更加完备的服务；价格策略选择提高产品性价比，培养客户习惯；渠道策略方面，国内市场选择和 3D 打印设备厂商合作，保证市场占有率，国外市场采用代理商模式，更加熟悉当地的市场情况。

4. 发展与总结

创业企业要想成功融资，必须具备融资价值，才可能受到资本的青睐。漫格科技成功的关键在于选择了快速发展中的 3D 打印行业，并且聚焦于 3D 打印软件这一蓝海市场，其发展前景被资本所看好。在行业优势下，漫格科技能够专注技术研发，填补国内市场的空白，与海外竞品形成差异，从而获取市场份额。未来，漫格科技将在 3D 打印赛道持续发力，不断成长，获得进一步成功。

资料来源

1. 杨俊峰 .3D“打印”中国制造新图景 [N]. 人民日报海外版，2023-02-03（8）.
2. 戴正宗 . 增材制造产业发展提速 [N]. 中国财经报，2021-10-28（5）.

四、价值链优化：提升融资价值

企业价值链的形成，需要许多的阶段性价值活动连串起来，整个活动可分为基本活动和辅助活动（支持活动）。企业可以通过这些不同但相关的生产经营活动来创造企业价值，这些活动相互作用构成了一个动态的价值创造过程，也就是所谓价值链的构建过程。在当今瞬息万变的竞争环境中，价值链上不同环节的参与者关系越来越紧密，使得许多企业意识到优化价值链的重要性，并且优化价值链能够在融资过程中发挥很强的提升作用。对价值链进行优化，旨在突破价值创造过程中的障碍，提高企业乃至整个行业的竞争力。因此，创业企业必须高度重视，充分思考采用什么方法优化价值链，提升融资价值。图 1-12 即展示了价值链优化的 3 个方面。

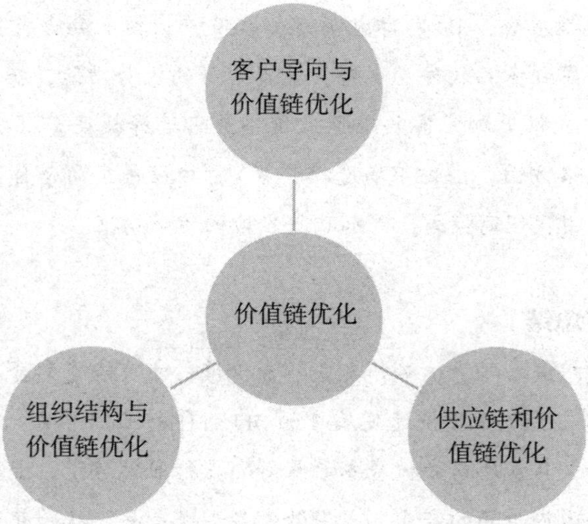

图 1-12　价值链优化的 3 个方面

1. 客户导向与价值链优化

随着全球经济的一体化和互联网技术的广泛应用，企业之间的竞争日趋激烈。以往的企业习惯通过提高自身产品或服务的质量来确立竞争优势，但是当众多企业都以相同或相似的方式来获取竞争优势时，效果就会大打折扣。因此，在追求价值实现的过程中，创业企业应以客户为导向，为客户提供优于竞争对手、不易被竞争对手模仿的产品或服务，这样才能为其带来持久的竞争优势。在开展价值链的优化过程中，部分创业企业设计了内部生产经营活动和外部营销活动，这些创业企业需要认识到客户价值才是企业优化价值链的核心，创业企业要坚持以客户价值为导向，充分满足客户需求，帮助客户实现价值。

2. 供应链和价值链优化

创业企业在坚持以客户为导向的价值链优化过程中，还必须注意根据产品类型来选择不同的供应链类型，以提升价值链优化效率。根据需求能否被预测，可以将产品分为功能性产品和创造性产品。功能性产品的需求可预测，而创新性产品的需求不可预测，两类产品在生命周期、利润贡献率、产品多样性等方面的表现也不尽相同。因此，两类产品所涉及的供应链类型也各不相同。功能性产品适用于物质效率型供应链，创新性产品适用于对市场反应灵敏的供应链。许多创业企业试图把功能性产品转变成创新性产品，却把精力主要放在物质效率型供应链方面，即试图依靠对市场不敏感的供应链来创新产品，导致企业创新效率低下。在价值链优化过程中，创业企业需要根据不同的产品类型选择不同类型的供应链，这样才能提高优化效率，获得更大的竞争优势。

3. 组织结构与价值链优化

价值链的优化和组织结构是密不可分的。创业企业在构建组织结构时，需要将企业的各个价值创造环节转化为一个完整的系统，并将价值优化理念融入企业的日常生产经营活动中，为价值链的优化奠定基础，促进价值链优化的开展。创业企业构建组织结构应把握好四项基本原则：扁平化原则、专业化原则、统一原则、分工与协作原则。在互联网时代，创业企业构建组织结构的任务是将网络经济中电子化、无边界、柔性化、虚拟化等思维融合到组织结构中。

篇末案例

拓思软件：构建创新创业生态

1. 企业简介

广东拓思软件科学园有限公司（以下简称拓思软件），成立于2002年。拓思软件是专业的企业孵化机构，为企业提供公共技术服务和企业成长服务。在企业孵化的基础上构建创新生态，升级产业孵化，致力于打造国际一流的专业孵化器集群。2020年，拓思软件设立了国内首个以“双创”为特色的博士工作站，为高层次人才提供一种新的产学研合作模式。拓思软件累计培育高科技企业近千家，中小板上市企业8家，高新技术企业150多家，专精特新企业近100家。园区企业年产值超50亿元，纳税超4亿元。拓思软件在全国“双创”行业保持领先地位。

2. 创业历程

拓思软件的创业历程大致可以分为4个阶段。

（1）筹备起步期（2000—2008年）。

为推动广东软件产业发展，广东省科技厅筹备建设广东软件科学园，规划软件公共技术平台和孵化服务平台建设。2002年，设立广东拓思软件科学园有限公司为广东软件科学园运营机构，全面落实规划方案。一是确立专业园区核心定位，聚焦软件产业领域，园区所有服务均围绕软件产业开展；二是投资建设广东软件科学园数据中心和广东软件评测中心公共技术服务平台，为入驻园区的软件行业企业提供主机、存储、宽带等数据服务以及软件测试等专业技术服务；三是逐步完善园区基础设施建设，为入驻创业企业提供充足的办公空间以及便利的生活条件，引进法律、税务、人才和金融领域的服务机构，逐步建立公共事务服务平台，营造一个安全、舒适、优雅、文明的创业环境。

（2）快速发展期（2009—2013年）。

这一时期，拓思软件完成了广东软件科学园规划建设，不断探索企业发展路径，企业实力得到不断提升。通过政产学研合作进一步巩固与积聚专业化增值服务、公共技术服务、产业培育三大核心资源，为园区内中小企业提供更优质的服务，实现园区快速发展。一是增值服务资源，充分利用背靠政府的政策信息优势和生产力体系的渠道优势，持续提升孵化服务水平，为创业企业提供科技金融、项目申请、科技交流、资质认定、人才与培训等专业化增值服务；二是公共技术服务资源，拓思软件建成了信息标准资源库及服务平台，收集入库近万项电子信息方面的国际和国家标准，完成了IT基础资源IaaS服务平台与质量保障云服务平台建设、网络宽带升级、IDC基础设施环境更新；三是逐步建立产业培育资源，基于自身的技术基础，与北京航天航空大学、西安电子科技大学等知名高校合作，承担国家、省重大科研专项研发任务，在培育软件产业的基础上，初步搭建基于北斗应用的产业环境和技术基础。

（3）整体提升期（2014—2016年）。

拓思软件大力推进创业苗圃和加速器建设，创新创业孵化链条日趋完善，“众创空间—孵化器—加速器”的创新创业孵化生态初步形成，孵化器的配套资源、服务能力和运营水平得到了整体提升。一是通过打造创业苗圃（TOPS众创），加强创新创业孵化链条的源头建设。通过建设企业加速器，为高成长性创业企业提供更广阔的空间载体；二是不断探索创新创业孵化链条的配套资源与服务体系建设、运营与管理模式创新，着力推进“企业培育—产业聚集—产业培育”的进程；三是在自有孵化资金投资了一批高科技企业的基础上，牵头发起设立广东粤科拓思智能装备创业投资基金，有效发挥政府财政性资金的杠杆作用，为孵化企业发展提供新动力；四是建设广东软件科学园公共事务服务平台和TOPS众创线上平台，实现孵化服务线上与线下相结合，丰富服务内容和提高服务效率，承办各类创新创业大赛，举办国际科技交流活动，营造良好的创新创业文化氛围，形成辐射带动效应，提升品牌影响力。

（4）创新突破期（2017年至今）。

2017年以来，拓思软件不断寻求网络化与平台化发展，力求提升资源整合能力与扩张经营规模，着手构建孵化器网络。一是通过建设华南技术转移中心推动源创平台建设，将孵化链条前移，汇聚科技成果，加快成果转移转化，拓展延伸创业孵化链条，逐步形成了“源创平台—众创空间—孵化器—加速器”覆盖创业企业全生命周期孵化服务的特色科技产业孵化生态体系，丰富了拓思软件的孵化生态资源网络；二是探索国际合作，主动参与到各类国际性的创新创业活动中，帮助创业企业对接国内外创业资源，为拓展全球化创新创业资源网络打下基础，提高品牌知名度与美誉度；三是强化特色服务，破解企业创新创业痛点，全力打造8分钟在线路演功能平台，构建与产业龙头企业、高校及科研院所之间的合作模式，不断完善TOPS系列服务产品，在地市建立公共技术服务平台服务网点，为更多的创业企业提供支撑服务；四是加大品牌和服务输出，发挥国家级科技企业孵化器的示范作用，通过具有TOPS特色的孵化器运营模式，带动区域孵化载体提质增效，发挥区域示范、辐射和带动作用；五是积极布局建设以北斗创新研究院为引领、以创新基地为载体、以投资基金为纽带的北斗产业创新中心，促进北斗产业规模化、市场化、智能化应用；六是成立国内首个“双创”特色的省级博士工作站，启动建设博士创新交流平台——TOPS博智汇，在全国率先建设以“双创”博士高端人才为核心的产学研融通体系。

3. 成功经验

拓思软件是国家级科技企业孵化机构和公共技术服务机构，在多年的实践中形成了独特的企业运营模式和孵化器运营模式，将单纯的企业孵化跨越转型为产业孵化，以下是其重要的成功经验。

（1）高起点建设软件与北斗公共技术服务平台。

拓思软件投资上亿元建立了广东省软件共性技术重点（公共）实验室、广东软件科学园数据中心、广东软件评测中心和广东省新时空位置网创新研究院，通过大实验室模式，整合高校以及科研院所资源，汇集国家863计划相关技术及成果，构建开放式软件与北斗卫星导航公共技术支撑平台，打造覆盖全省范围的软件公共技术资源服务体系，为广东新一代电子信息技术、北斗卫星导航等产业技术创新与发展提供全面、专业的技术支持与服务，推动中小软件企业的技术创新和核心竞争力提升。

（2）围绕全成长链打造全服务链孵化育成体系，构建“源创平台—众创空间—孵化器—加速器”新型科技创业孵化链条。

“源创平台—众创空间—孵化器—加速器”的新型科技创业孵化链条是拓思软件独特的企业孵化模式，已形成“联络员＋辅导员＋创业导师”的创新创业辅导机制，聚焦创业企业发展全生命周期不同发展阶段的需要，为创业企业提供全方位的服务。

在科技成果对接阶段，主要是源创平台发挥作用。依托华南技术转移中心，围绕综合枢纽平台的定位，与各类技术转移转化平台、高校、科研院所和专业服务机构开展合作，逐步形成集聚效应，广泛嫁接粤港澳大湾区及国际高水平技术成果，推动科技成果转化为创业项目，并为孵化器内企业提供技术源、人才源、项目源。

在创业企业的创意萌发阶段，主要是TOPS众创空间发挥创新创业孵化链条前端平台的作用。拓思软件旗下的国家级众创空间TOPS众创聚焦新一代信息技术、北斗卫星导航与通信两大领域，是一个集创意交流、资源共享、创业辅导、项目孵化于一体的创业服务平台。TOPS众创通过天使投资、融资对接、政府资助申报3类金融支持和电子信息与软件、北斗卫星导航与通信两大产业资源对接和TOPS系列服务，为创客项目在商业模式梳理、公共技术服务、政策解读与应用、融资对接、产业融合等方面提供了强有力的支撑。

在创业企业的初创阶段，主要是孵化器发挥作用。拓思软件探索建立了一套清晰、全面、实用、规范的孵化器服务标准化体系，为入驻的创业企业提供基础服务、公共技术支持、科技金融、人才队伍建设、港澳及国际交流、新启航加速计划、护航计划七大服务，并形成TOPS系列八大特色服务品牌，为孵化器企业在成长阶段对接资本、技术、人才、产业链、导师、专业服务机构等各类资源，全面支撑创业企业成长，降低创业成本，提高创业成功率，促进科技成果转化，培育科技型企业和企业家。

在创业企业快速成长阶段，主要是加速器发挥作用。加速器企业能够提供更高要求的技术支持、融资对接、市场拓展、人力资源等服务。拓思软件主要是在现有的技术资源、资金资源、产业环境和服务资源的基础上，重点为进入快速成长阶段的创业企业在市场拓展、科技金融和高端资源对接方面提供有针对性的专业服务。

（3）完善投融资服务体系，助推企业加速发展。

拓思软件建立了“自有资金＋产业投资基金＋投融资服务平台”的孵化投资服务体系，形成了以投资促孵化、以孵化促投资的创业投融资服务格局，破解创业企业融资难问题。

拓思软件设立孵化基金，利用自有孵化资金投资孵化了一批新一代信息技术、北斗导航、信息安全、智能装备等领域的企业，总投资规模达到上亿元。

拓思软件牵头设立专业投资基金和投资平台新启航投资公司。牵头发起成立的广东粤科拓思智能装备创业投资基金，基金规模2亿元，专注于智能装备领域的高科技企业；设立广东拓思新启航投资有限公司，专注于新一代信息技术领域种子期投资。下一步将筹备广州软件及新一代卫星导航创业投资基金，基金规模将超过10亿元。

搭建投融资平台，为创业企业提供创业投融资对接服务。利用“TOPS融资荟”品牌吸引了海创汇、粤科风投、国民创投、华工创投等投资机构入驻，打造8分钟在线路演平台，定期召开投资路演活动，为创业企业提供多层次的融资服务，提高创业投融资对接效率，每年为创业企业融资超3亿元。

（4）汇聚高端资源，实现企业孵化向产业培育跨越。

拓思软件努力实现由企业孵化向产业孵化的转变。产业孵化是指孵化器针对某个新兴产业，帮助该行业的企业孵化成长，不仅使这个企业成为有一定影响力的成熟企业，也促进该新兴产业发展成熟。产业孵化逐渐成为我国孵化器行业的发展趋势，产业可以为企业赋能，一方面帮助创业企业完美融入产业链，使创新型企业集聚形成高效、专业的协作交流网络，促进新兴产业中的企业通过竞争与合作快速扩张，良好的行业生态会带给创业企业更多的生产机会和营销渠道，另一方面从根源上解决了创业企业在孵化后可能面临的发展瓶颈问题，直接帮助一个产业发展起来，提升了创业企业的发展上限。

拓思软件经历20多年的发展，逐渐过渡到“投资＋服务＋产业＋园区”四位一体的新型孵化运营模式。通过以创业投资为助推、孵化服务为驱动、产业资源为牵引、产业园区为载体，全方位为创业企业提供资金、技术、产业与空间等各类资源，构建了特色鲜明的产业互动发展格局，形成了面向新一代信息技术产业的资源整合与创新能力，为产业的集聚发展、转型升级提供了强有力的支撑，在区域创新驱动发展中起到了良好的示范带动作用。

同时，通过建设广东省博士工作站、广东省新时空位置网创新研究院，加强对产业链、资金链、服务链和技术链的整合。拓思软件将以北斗产业为突破口，利用“龙头企业 + 孵化企业”协同打造拓思北斗创新园，向特色产业培育者转型。以该行业的领军企业为核心，集聚核心企业产业链上下游企业，发挥核心企业的集聚效应和示范带动，完善产业链各个环节，打通创新要素流动渠道，发挥产业生态效应，促进群体性的创新突破，实现整个产业的优化升级。

4. 发展与总结

拓思软件基于独特的企业运营和产业孵化转型战略，在 20 多年的创业路途中，始终坚持“专业专注，助力创业，促进创新，示范引领”的核心价值观，紧紧把握时代脉搏，守正创新，勇毅前行，充分发挥创业孵化器的作用，帮助众多创业者实现了自己的创业梦想。下一步，拓思软件将围绕建设具有国际影响力的专业孵化器集群的奋斗目标，重点聚焦孵化器的专业化、品牌化、生态化、产业化和国际化发展，将拓思软件打造成为优秀的创新创业生态构建者、特色产业培育者与新型园区运营商，为更多有梦想的创业者插上腾飞的翅膀，为产业的升级优化贡献力量。

资料来源

1. 何杏瑜 .D 科技企业孵化器服务质量优化研究 [D]. 广州：广东工业大学，2022.
2. 郭名勇 . 新发展格局下专业孵化器建设的逻辑体系 [J]. 科技创业月刊，2023，36（5）：37-41.

本章小结

创新创业是当前时代的热点话题，创业成功能够为自己和社会带来巨大收益，因此，创业对个人和国家都具有很强的吸引力。

本章从 5 个部分入手，重点探讨了创业相关问题。第一节从创业的概念、创业和创新之间的区别与联系、创业的机遇和挑战、创业思维误区 4 个角度介绍了当前时代的创业；第二至第五节从企业定位、盈利模式、资源整合和创业融资 4 个方面详细阐述了创业的要点，企业定位是创业成功的第一步，盈利模式是识别创业企业价值的关键，资源整合可以帮助创业企业打造竞争优势，创业融资则能支持创业企业的未来发展。

第二章
股权设计

股权设计是企业做大做强的根基，是“平地起高楼”的设计图纸。股权伴随企业的整个生命周期，在企业的发展中发挥着重要作用，它是一种重要的长期激励手段，可以用来吸引投资，股权结构决定了企业的控制人和治理模式。在这个积极鼓励创新创业的时代，各种创业企业前期的股权设计和分配问题成为很多创业新人的难题。一方面，有些创业者忽视股权设计的重要性，为以后的企业发展埋下了巨大的隐患；另一方面，如何利用股权设计完善企业的治理结构，优化企业的管理，也成为所有创业企业必须关注和思考的问题。

如果不能控制这家公司，我宁愿把它卖掉。

——京东创始人　刘强东

开篇案例

美团：AB 股模式紧握控制权

1. 企业简介

北京三快在线科技有限公司是美团在国内的主体。美团成立于 2010 年 3 月，创始人为王兴。美团是一家科技零售企业，旗下拥有美团、大众点评、美团外卖等与人们生活息息相关、被人们熟知的多款 App。美团提供的服务涉及人们衣食住行的方方面面，包括外卖、共享单车、订酒店、订电影票等，满足了人们日常生活的多数需求，为人们的生活提供了巨大的便利。

2. 发展历程

王兴在创立美团之前，分别于 2005 年和 2007 年创立了校内网和饭否网，获得了一定知名度，结识了后来的创业团队，增长了创业的经验教训。此后，王兴又创立了美团网，凭借团购的互联网推广模式引起了红杉资本的兴趣，美团上线后不久就获得了红杉资本的 A 轮融资，规模达到 1200 万美元。这一时期，团购的竞争日趋激烈，堪称“千团大战”，窝窝团、F 团、拉手网等纷纷上线，甚至腾讯也上线了 QQ 团购网，市场上的团购网高达数千家。一些团购网疯狂投放广告，给了美团巨大的市场压力，但是王兴凭借之前的创业经验，没有和同行一样疯狂“烧钱”，而是将重心放在网络营销上，谨慎处理现金流。疯狂“烧钱”的模式不会长久，经过短暂的竞争后，众多团购网进入寒冬期。2011 年，美团获得了阿里巴巴和红杉资本的 B 轮融资，规模达到 5000 万美元。有了资金的支持，美团进入快速发展阶段，推出了酒店、餐饮、电影等线上订购服务，并且曾任阿里巴巴销售副总裁的干嘉伟加入美团，帮助美团调整销售团队组织架构，优化供应链管理、销售等业务。2014—2015 年，美团相继完成了 C 轮、D 轮融资，规模分别为3亿美元和7亿美元，进一步获得了有力的资金支持，并且在这一阶段完成了和大众点评的合并，企业实力得到进一步增强。2017年，美团获得腾讯领投的Pre–IPO融资，规模高达41亿美元。美团的业务也扩展到生鲜、民宿、打车等领域。2018年，美团在香港上市。2021年，美团将科技纳入发展战略，在低空物流配送方面深入研究，进行技术创新。2022—2023年，美团一直在产品、技术、管理等方面升级优化，提高营业收入，持续深化发展。

3. 美团的AB股模式

美团有三大核心人物：王兴、穆荣均和王慧文。王兴是美团的创始人，也是美团的实际控制人。穆荣均和王慧文是美团的联合创始人，与王兴在创立美团之前就认识，3个人对美团的成功都具有举足轻重的作用。

美团于2018年在香港上市，实行AB股结构，此前，已有小米公司采用AB股结构在香港上市。AB股结构是指A类股份和B类股份代表不同的投票权。A类股份持有者必须是对企业有巨大贡献的人，一般是企业的核心创始人。美团的三大核心创始人拥有的就是A类股份。美团的B类股份持有者为腾讯集团、红杉资本以及其他资本。美团上市后，王兴持有10.4%的股份，穆荣均持有2.3%的股份，王慧文持有0.7%的股份，3位创始人持股不足15%，如果采用同股同权的结构，创始人将对企业丧失实际控制权。在AB股模式下，王兴拥有47.14%的投票权，穆荣均拥有10.43%的投票权，王慧文拥有3.17%的投票权，3人拥有超过60%的投票权，并且王兴拥有大股东的一票否决权，实现了低股高话语权。腾讯集团是美团的第一大股东，但拥有的股份属于B类股份，只拥有约9%的投票权。AB股模式能够有效解决创始人以较低股份掌握企业实际控制权的难题。

创业企业尤其是科技企业在发展过程中需要大量资金的支持，不断地有资本进入是企业发展不可避免的过程。在这一过程中企业股权就会被稀释，创始人要想掌握控制权，要么缩小融资规模，要么在股权结构设计方面别出心裁。缩小融资规模可能会阻碍企业的成长，使企业无法拥有充足的资金实现发展战略，股权结构设计对需要资金的企业而言是更好的选择，AB股是其中一种行之有效的股权结构设计模式。美团利用AB股的模式，既获取了腾讯、红杉资本及其他资本的大力支持，又保证了创始人的实际控制权。

4. 发展与总结

不同企业的股权结构设计各有不同。美团在创业初期获得了丰富的资金支持，是其在激烈的市场中竞争的重要力量。同时，美团的3位创始人均具有较高水平的创业能力和丰富的创业经验，能够掌控美团的发展。所以，美团采用AB股模式保证了自主权。AB股模式也需要企业自身具有实力，对投资者有吸引力，创始人能够赢得投资者的信赖，否则难以说服投资者接受这种模式。美团的股权设计将成为其不断发展壮大的牢固基石。

资料来源

1. 孙瑞敏，张英明．平衡计分卡下双重股权结构实施效果分析——以美团为例[J]. 物流科技，2022，45（17）：23-28.

2. 马宇航．双重股权结构的内部治理效应研究[D]. 杭州：浙江工商大学，2023.

第一节　认知股权设计

企业股权设计是企业筹备上市过程中的一个必要环节，同时也是最能体现企业资本运营技术的一个方面。创业企业必须要认知到股权设计的重要性，在创业之初将股权设计置于企业顶层设计的关键地位。良好的股权架构是创业企业能够基业长青的重要保障，此外，股权问题涉及企业的各个阶段，是一个动态调整的过程，而不是一种一劳永逸的行为。

一、揭开股权的秘密

1. 股权是什么

股权即股东的权利，包括控制权、所有权、分红权、继承权、增值权、转让权等，股东既可以从企业获取经济收益，也需要参与企业的经营管理。股权问题贯穿企业发展的各个阶段，股权设计体现了创始人对企业发展的规划和想法，事关企业的命运。股权可以用来吸引合伙人、激励核心员工、融资等。李连伟、吕镯和郭园园（2022）从人力资本视角提出股权激励对员工和高管均能起到积极作用，能够减少代理成本、提高运营效率。

对股权的研究，有一个重点问题是股权的集中度。克拉克经济学奖得主格罗斯曼（Grossman，1980）、哈佛大学经济学教授哈特（Hart，1980）认为股权分散会导致“搭便车”问题，使股东的监督作用减弱。经济学家施莱弗（Shleifer，1986）、芝加哥大学布斯商学院教授维什尼（Vishny，1986）指出股权集中能够增强股东的监督作用，提高企业盈利能力。李亚静、朱宏泉和张明善（2006）通过对家电行业上市企业的实证分析，得出股权集中能够形成股东制衡，提高决策效率和企业治理效率的结论。

2. 股权的重要性

商业模式是企业生存和发展的底层逻辑，创业者在创立一家企业时必须先明确好自身的商业模式，才能搭建起创业企业的框架和运行逻辑。股权架构就是创业企业的内部商业模式。创业企业拥有来自不同合伙人投资的资金、技术、场地等各种资源，如何在不同投资的合伙人之间确定权、利分配，确定股权占比，将影响到创业企业的控制权问题以及企业能否稳定运行。创业企业的股权设计影响的是企业的长期发展，因此，如果创业企业开局的股权架构设计不合理，由于股权设计的不可逆性，很容易埋下创业失败的隐患。股权的重要性体现在以下 3 点，如图 2-1 所示。

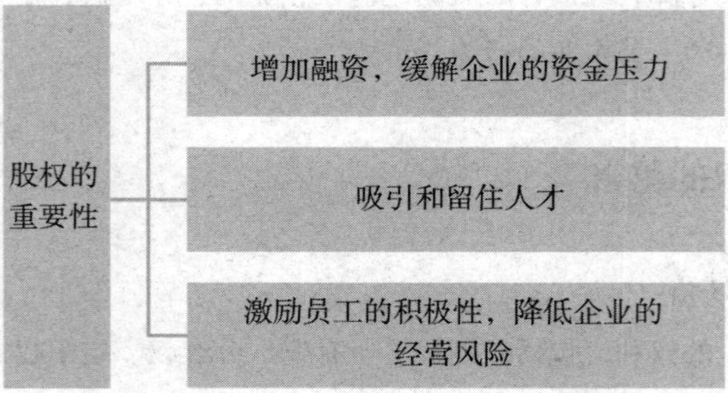

图 2-1　股权的重要性

（1）股权可以增加融资，缓解企业的资金压力。企业的外部融资方式主要包括股权融资和债权融资两大类。前者是用企业的股权换投资人的钱，投资人看中的是企业能够赚取的收益和未来的价值，即股票的分红权和增值权。后者相当于向资金拥有者借钱，企业需要还本付息，但是企业的股权不受影响。股权融资的好处在于短期内资金成本压力不会太大，风险较小，但是长期成本高于债权融资，而且会影响企业的控制权，因此，股权融资更适用于创业企业，也受到创业企业的广泛应用。

（2）股权可以吸引和留住人才。股权激励是将企业的股权作为激励标的，当激励对象满足一定条件或达成一定目标时进行授予。获授的股权可以在未来进行变现，股权价值和企业价值息息相关。在这种激励方式下，激励对象为提升企业价值做出贡献，也是在为自己提高收入。因此，股权激励具有较强的激励作用，一般用来激励企业的核心人才，减少核心人才的流失率。股权激励也可以吸引优秀人才，一家企业的发展潜力越大，意味着企业的未来价值可能越大，股权所带来的收益也就越大，对优秀人才的吸引力越大。

（3）股权可以激励员工的积极性，降低企业的经营风险。员工拿普通工资，工资再高，员工也是“打工人”心态，而股权激励让员工拥有了股东身份，可以让员工转变为“主人”心态。股权激励让员工的个人利益和企业利益挂钩，员工为企业拼命、卖力，也是为自己的事业拼命、卖力，可以充分调动员工的积极性，增强团队凝聚力。员工的积极性和稳定性会极大地降低企业的经营风险，有能力的员工能够及时发现经营中存在的问题并及时调整、优化，是企业开疆拓土、业绩提升的关键主力，因此，提高员工积极性是促进创业企业发展的关键途径。

股权设计专栏 2-1

京东：电商巨头的股权设计

1. 企业简介

北京京东世纪贸易有限公司（以下简称京东），成立于1998年，总部位于北京。京东是一家自营式电商企业，业务包含零售、数字科技、物流、技术服务等。京东在很长一段时间内保持着快速的增长，它的成功很大程度上要归功于创始人刘强东的深谋远虑。刘强东自京东成立至今一直保持着对企业的绝对话语权，使其在企业发展上的战略眼光得以完全体现出来。

2. 股权融资

早期的京东只是北京中关村的一个柜台，售卖刻录机、刻录盘等。2003年，京东由线下转战线上，线上的运营成本更低、效率更高，京东正式进入电商领域。2006年，刘强东首次接触到风险投资，当时京东还只是一个几十人的小企业，今日资本的徐新了解到刘强东的商业构想后，对其非常看好，决定投资1000万美元。获得资金支持后的京东，开始大力投入自建物流。自建物流一方面能够增强用户体验，让用户更快地收到包装更完好的商品，另一方面提高了物流配送的效率，京东自建的物流系统比传统快递企业的管理更优、协调更快、效率更高。事实证明，刘强东的想法是正确的，京东的自建物流让京东在电商领域构建了核心竞争力，用户对京东的物流配送服务非常认可，使京东与其他电商企业拉开了差距。但是在全国自建物流系统是一个巨大的工程，非常耗费资金。2009年，京东进行了B轮融资，此次融资规模达到2100万美元。拿到B轮融资后，京东开始扩充自己的商品品类，从数码电商发展到综合电商，这又是一个非常耗费资金的举动，但刘强东对企业的管理规划让投资者非常信任。从京东今日的成就来看，刘强东当时的决定是非常正确的。此后，京东又进行了C轮融资，吸引了诸多投资者。2014年，京东在美国纳斯达克上市。股权融资为京东提供了大量资金，帮助刘强东实现了商业构想。

3. 股权激励

京东能够发展至今，员工是至关重要的因素。刘强东早早地就意识到股权激励对员工的绑定作用，通过实施股权激励，提升员工凝聚力，发挥人力资本价值，帮助企业创造巨大收益，也为自己带来巨大财富。京东早在2008年就开始了股权激励的探索，在企业上市之前，京东总共进行了6期股权激励计划。2014年，京东发布“2014年股权激励计划”，将该计划设立为一个长期激励计划，从2019年开始，每年增加激励规模。截至2022年，该计划的总规模达到6.49亿股。京东采用的股权激励方式有股票期权、限制性股票等。刘强东“一元年薪”的故事相信有很多人听过，其“一元年薪”的背后是2600万股期权，只有京东的股票上涨，刘强东才能获得收益，这是对刘强东的激励，也是对所有获得股权激励的员工的激励。只有努力提升企业价值，才能提升自己的收益。股权激励成功鞭策了京东的员工，使京东发展成为国内最大的电商平台之一。

4. 股权结构

股权结构决定了企业利益相关者（包括创始人、管理者、股东等）管理企业的方式，是公司治理的基石。随着一轮轮的融资，创始人手上的股份不断被稀释，对于企业的掌控力就会越来越小。在企业的融资过程中，投资者往往注重的是短期收益和投资回报，而创始人在企业的战略决策上往往更具前瞻性和可持续性。刘强东为了实现自己的商业构想，保障自己对企业的长期掌控力，在京东内部设立了双重股权结构。在这一股权结构下，即使他仅仅拥有京东16.9%的股份，却拥有接近八成的投票权。在融资过程中，只有将企业控制权牢牢地掌握在创始人手中，才能使自己的战略规划完整地贯彻落实，避免企业内部的控制权争夺拖慢企业的发展脚步。

5. 发展与总结

股权能够为企业带来资金、人力资本等优势，同时也是创始人掌握控制权的关键手段，因此，股权设计一直以来都是创业企业非常重视的一大问题。京东的股权融资经历、股权激励应用和股权结构设计，值得众多创业企业参考借鉴。

资料来源

1. 胡曹颖 . 股权融资、双重股权结构与公司绩效分析 [D]. 保定：河北金融学院，2020.

2. 赵茜 . 互联网企业的双层股权结构研究——基于京东案例分析 [J]. 现代营销，2020（3）：38-39.

二、股权设计的基本要求

一般而言，创业企业股权设计需要考虑企业的各个方面，不能盲目照搬其他企业的方案，但无论采用何种方案，均不能违背以下 3 点要求，如图 2-2 所示。

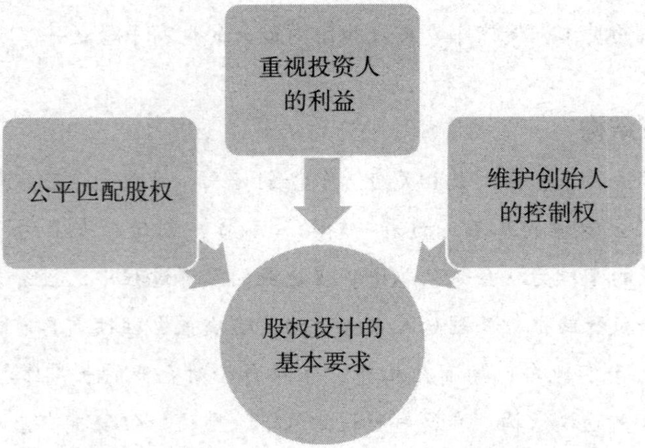

图 2-2　股权设计的基本要求

1. 公平匹配股权

公平性要求是指投入的资源与持有的股权比例要相匹配。在创业过程中，创业企业的不同成员各有优势，为企业做出的贡献也会不同，有些成员提供了资金、物质资本，有些成员提供了知识、人力资本，有些成员提供了人脉、市场渠道等，这些都是创业企业发展所需要的资源。创业企业在分配股权时，不能仅凭出资额来确定股权比例，需要量化股东们付出的各类资源及其能够为企业创造多少价值，进而确定股权比例，公平匹配股权。如果不能让创业企业的成员感受到与付出相匹配的收益，就会极大地挫伤其积极性，不利于创业企业的和谐、稳定。

2. 重视投资人的利益

投资人以不同的资源投资创业企业，是为了让企业更好地发展，帮助企业提升价值，从而获得更多个人利益。投资人没有创业企业的控制权，承担着巨大的风险，一旦创业企业失败，投资就可能“竹篮打水一场空”。因此，创业企业股权设计过程中要重视投资人的利益，尽可能地做到投资人承担的风险与利益平衡，维护好投资人和创业企业之间的利益关系。

3. 维护创始人的控制权

谁手中有企业的控制权，谁就有了利益分配的权利。而与控制权密切相关的就是股权，无论是持有股权还是转移股权都会对控制权的强弱转化形成影响。创业企业在经营中需要资金的时候，除了内部追加资金投入，往往还会采用外部融资的方式。外部融资可以利用股权出让的方式获得资金，经过多轮融资后，创业团队会渐渐失去对企业的控制权。而有些投资人获得控制权后，只追求资本短期收益，以提高利润为第一驱动力，不注重产品品质提升、客户关系维护、技术研发投入等方面，忽略创业企业的长期发展。因此，为了创业企业的发展思路能持续地按照创始人团队的规划方向前进，就必须设置股权的权能归属保护机制，使创业企业的控制权牢牢地掌握在创始人手中。

三、企业不同阶段的股权问题

股权问题伴随企业的整个生命周期，在企业发展的不同阶段，面临的问题和主要任务不同，企业的人员构成、股东构成等也会不同，股权结构处于动态变化之中，而企业需要解决的股权问题也会动态变化。

在初创期，企业面临的最大问题是生存。创业团队在企业注册前，要寻找合伙人，形成企业的核心团队。合伙人之间要进行股权设计和股权分配，制定股东协议，明确权力、利益、责任的分配问题。如果一开始没有明确规定，当企业壮大后，随着权和利的膨胀，责任也会改变，就会让核心团队的心态产生变化，或者当企业遭遇风险，造成重大损失时，大家肯定都想减轻责任。企业平稳不生波澜时，这些问题不容易显现，往往会使创业团队忽略这一部分，但当企业掀起波澜时，如果没有明文规定，就会产生纠纷。因此，在企业的初创期就必须制定一系列的文件，明确规定不同成员持有的股权比例以及后续可能发生变更时的条件、程序等，划分各自的责任领域、权力尺度、工作内容等，将相关事项形成制度性文件和企业章程，从而在任何事情发生时都能有据可依，将潜在纠纷的可能性和威胁性降至最低。

在成长期，企业开始快速地扩张，这时就需要展示商业计划书以获得融资，商业计划书的内容包括企业概况、商业模式、未来发展规划等。企业通过展示自身的优势和未来前景，吸引投资者进行融资，这时就要释放部分股权。融资一般会进行三轮左右，包括 A 轮、B 轮、C 轮，也可以进行更多轮的融资，随着融资机构的进入，这时创业者需要关注控制权稀释问题。如果企业没有融到足够的资金，就需要考虑商业计划书是否存在问题，或者是商业模式出现问题，导致投资者看不到企业未来的前景。

在扩张期，企业开始开枝散叶，主要的方式有连锁加盟、开分公司等。连锁加盟一般是加盟人看重企业的品牌或其他竞争优势，通过交纳加盟费，获取企业的品牌授权以及加盟方案。企业可以通过交叉持股的方式提高总部与连锁店之间的激励效果。开分公司同样会遇到股权相关的问题，例如对分公司投资多少，是全资、控股还是参股，以及分公司的股权结构等。如果能把股权问题解决好，企业的扩张速度会快很多倍。

在成熟期，资本和股权结构开始发生变化。当时机成熟时，企业往往进入资本市场公开上市，这时就会有大量资本涌入，创始人的股权比例被大幅稀释，甚至丧失控股股东的地位，因此必须要通过股权设计保证创始人的控制权。股权收购、增发等也是成熟期企业面临的股权问题。在此阶段，企业需要聘请专业的审计公司、律师等，帮助企业解决股权问题，尽可能减少存在的隐患。

第二节　实施股权设计

企业的成立和发展需要各种资源，是多人合作的结果，除了极少数企业，大部分企业都是股份制企业或合伙制企业，都离不开股权设计问题。股权设计和公司治理息息相关，合理的股权设计可以有效提高公司治理效率。创业企业实施股权设计可以从设计模式、设计步骤、设计要点 3 个方面出发。

一、股权设计模式

股权不能只分给最初的创业者，还需要考虑后面进入的合伙人、投资者、核心员工等，因此，股权设计要有预见性和长期性，下面是 3 种主要的股权设计模式，如图 2–3 所示。

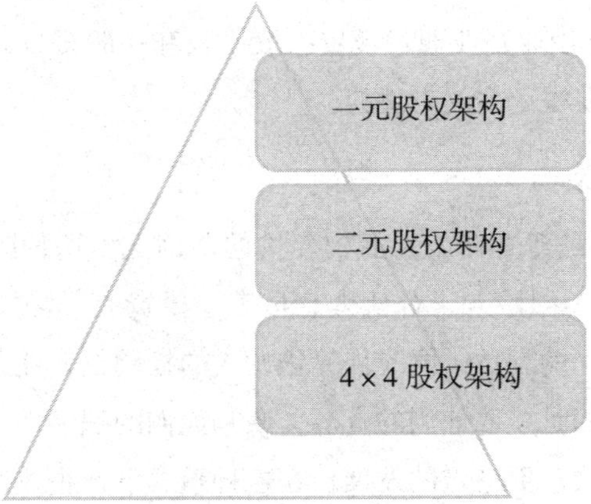

图 2–3　3 种股权设计模式

1. 一元股权架构

一元股权架构指的是根据股东持有的股权比例行使表决权和分红权，即股权比例、表决权、分红权一体化。在一元股权架构下，股东的控制权和占有的股权比例大小直接相关。如果股东拥有 67% 的股权，就对企业享有绝对控制权，可以做出修改公司章程、变更公司形式等关乎企业存亡的决策。一元股权架构比较简单、清晰，但在实际应用中，由于创始人的表决权只受持股比例的影响，在控制权设计方面缺少灵活性，因此在企业长期发展过程中创始人需要特别注意自身持有的股权比例，防止控制权的丧失。

2. 二元股权架构

二元股权架构是指不完全按照股东持有的股权比例行使表决权和分红权，股东权利分离，全体股东可以约定不按照出资比例进行分红或优先认缴出资。二元股权架构可以采用投票权委托、一致行动人协议、构建持股法律实体、AB 股模式 4 种方式分离表决权和股权。投票权委托是指可以通过签署授权委托书将投票权委托给创始人；一致行动人协议是指通过签署一致行动协议让其他股东和创始人保持一致意见，保证创始人的意见得以实现；构建持股法律实体是指创始人团队设立一家有限责任公司或有限合伙企业作为目标企业的持股实体，从而获取控制权；AB 股模式是创业企业通过设置一股一权和一股多权两类股权，使创始人以较低的股权比例获得更多的表决权。

3. 4×4 股权架构

4×4 股权架构是建立在二元股权架构的基础上，这种股权设计认为企业的股东中有 4 类人——创始人、合伙人、员工、投资人，需要根据不同类型的股东，让他们获取不同的利益，同时保障创始人的控制权。让合伙人、员工、投资人享受到股权的目的是获取他们的资源，激励他们的积极性，应对创业中的各种风险，实现企业更快、更稳定的发展。在这种模式下，企业设计股权架构时要注意预留部分股权作为股权激励池，不要过早稀释了创始人的股权，创始人在创业前期需要维持绝对的控股权。同时还需要安排好行之有效的股权退出方式，避免埋下影响企业稳定的隐患。

二、股权设计步骤

虽然不同企业的股权设计各有不同，但也有其共性的部分。创业企业股权设计大体上可以按照以下 6 个步骤进行，如图 2-4 所示。

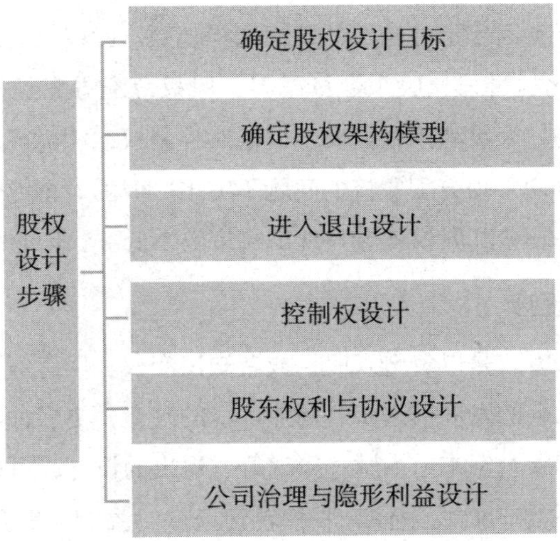

图 2-4　股权设计步骤

1. 确定股权设计目标

创业企业在设计股权架构时，必须明确设计目的是什么，股权一般涉及创始人控制权、投融资、员工激励等问题。针对创始人控制权，需要考虑股权比例、采用的股权架构模式、董事会、管理层等，创始人控制权是企业发展的核心支柱，如果控制权无法保障，企业的未来也将无法保障。针对投融资，随着创业企业的逐步发展，必然有越来越多的投资者进入，对企业的股权结构产生影响，既要保障投资者的利益，也要保证股权结构的科学、合理。针对员工激励，股权激励是一种重要的激励手段，尤其是对于创业企业的核心员工，要能够充分发挥他们的人力资本价值，保留核心员工，吸引优秀人才，预留股权进行激励是有先见之明的股权设计。股权设计需要考虑多个方面的因素，根据不同的设计对象有不同的侧重点，例如针对小股东要注重利益的合理分配、针对创始人要注重控制权的不旁落等。股权设计在不同的阶段也有不同的任务，需要根据创业企业的实际情况进行设计。

2. 确定股权架构模型

股权架构模型有一元股权架构、二元股权架构和 4×4 股权架构，要根据创业企业的实际情况和需求选择合适的股权架构模型。股权架构的设计是一个非常复杂并且动态变化的过程，股东数量越多，股权分配方案越多。如果是两人合伙，创业团队中的一个灵魂人物需要掌握绝对控制权或相对控制权，避免平均分配股权。可能在早期平均分配股权的问题不突出，但随着创业企业壮大，收益增加，权利扩张，平均分配股权就会显现出决策效率低下、创业团队不和等隐患。

3. 进入退出设计

最常见的进入方式是以资金入股，或者知识产权、厂房等资源也可以作为入股的要素。随着社会的发展与进步、商业环境的改变，更多种类的资源可以作为入股的因素，例如人力资本、人脉、渠道等。退出的设计，可以从业绩限制、限制性工作年限、约定的触发条件、股权转让条款、强制回购条款、死亡继承条款、违法犯罪出让条款等方面出发。退出机制是投资者非常看重的一个部分，代表了投资者获取回报的方式，也是创业企业对获授股权的人的约束。

4. 控制权设计

控制权设计是股权设计的关键，保障控制权最直接的方式是设计股权比例，根据创始人拥有的股权比例大小，享有不同程度的控制权。但是创业企业的发展需要大量资金、资源支持，大多数创业企业都需要进行股权融资，用股权换钱，这样创始人拥有的股权就会被稀释，因此，需要通过各种方式保障创始人的控制权。保障创始人控制权的方法有委托投票、一致行动人、有限合伙持股、二元股权架构等，还可以通过董事会、管理层加强创始人的控制权。这些方法的关键在于将投票权进行集中或放大创始人的投票权。董事会、管理层是创业企业执行事务的机构和人员，如果能够控制这些成员的任免，就能间接实现对创业企业的控制。

5. 股东权利与协议设计

股东权利与协议设计一般可以从分红权设计、身份权设计、知情权设计、质询权设计、自主召开股东会权设计、提案权设计等方面进行。针对股东权利的设计需要形成相关文件，明文规定，签订协议书，防止日后出现扯皮、推诿、权责不清等隐患。

6. 公司治理与隐形利益设计

公司治理的目的是实现股东利益最大化，通过明晰所有者和经营者之间的关系，降低代理成本，提高企业运作效率，提升企业创造价值的能力。隐形利益设计可以从担保条款、保密协议、竞业限制协议、防黑条款设计等方面进行。

三、股权设计要点

股权结构设计在创业企业初期就会形成雏形，但关系到创业企业发展的各个阶段，如果股权结构设计不合理，可能会导致创业企业在以后的经营发展中产生股权纠纷，也会影响创业企业吸纳人才、整合资源等活动，不利于创业企业的进一步发展，甚至导致创业企业的溃败。因此，创业企业在股权设计中需要特别注意以下 3 个要点，如图 2–5 所示。

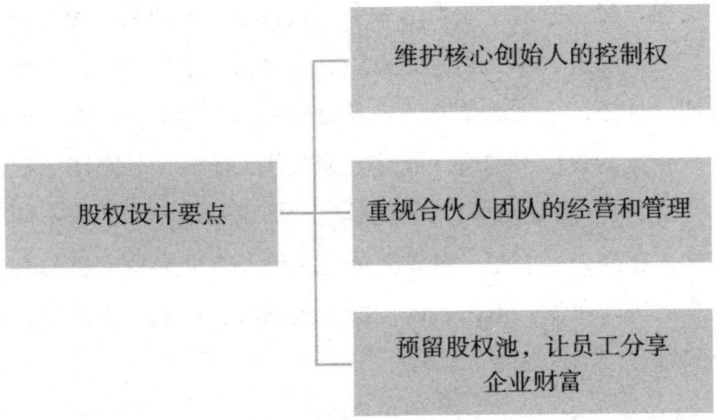
股权设计要点
维护核心创始人的控制权
重视合伙人团队的经营和管理
预留股权池，让员工分享企业财富

图 2–5　股权设计要点

1. 维护核心创始人的控制权

创业企业需要一个核心创始人，拥有创业企业的绝对控制权，对企业的重大事项起决定作用。因为最终决策只能由一个人来做，两个人或更多人参与最终决策，可能会形成责任推诿，也可能无法统一意见，影响决策效率。平摊股份虽然在法律上是允许的，但在实际运行中会产生众多纠纷和隐患，合作伙伴之间的想法、思维、观念不同，决策结果也会不同，由于股份平分、权利对等，每个人都希望按照自己的想法行事，将极大地影响创业企业的运行效率，影响创业企业的稳定、健康发展。随着创业企业的逐步壮大，问题会越来越多，必须要有一个拍板决策的人。因此，在创业初期，企业必须要赋予并维护核心创始人的控制权和决策权。最简单直接的方法是，核心创始人掌握创业企业 50% 以上的股份。随着其他合作伙伴、投资者的加入，核心创始人的股份可能被稀释，但可以通过其他方式把握住对企业的控制权，例如集合小股东表决权委托核心创始人代为行使，或者是采用多倍表决权的方法。

2. 重视合伙人团队的经营和管理

核心创始人是创业企业的主心骨和灵魂，但是企业的创立仅靠一个人是远远不够的，尤其是在现代社会，分工越来越细，每个人都可能掌握着不同的资源，不同资源整合在一起才能大大提高创业成功率。实际中，合伙创业也是最为普遍的一种情况，极少数的企业是由一个人独自创立成功的。因此，如何平衡合伙人团队成员之间的责、权、利，增强团队凝聚力，维护良好的合作关系，使所有合伙人力朝一处使，为创业企业的未来而努力，是创业企业在股权设计中需要重视的问题。企业的股权架构设计能够凝聚合伙人团队，提高团队积极性。创业企业要基于科学、合理的分配机制分配股权，衡量资金、人力等不同资源投入的价值，让合伙人感到公平公正。更重要的是，创业企业要有完善的合伙人股权制度，建立配套的进入机制、退出机制、继承机制等，形成明文规定，避免后续的股权纠纷等问题。

3. 预留股权池，让员工分享企业财富

股权具有巨大的财富效应，是一种长期激励手段，企业发展得越好，股权越值钱。实际中，也有很多创业成功的企业经过上市，使得创始人摇身一变成为

百万富翁、千万富翁，因此，股权的财富效应对员工有巨大的激励性和吸引力。赋予员工股权就是将员工的财富和创业企业的发展捆绑在一起，员工的努力不是为企业老板打工，而是为自己的财富打工，因此，员工将具有高度自主性、积极性和主人翁意识。在这样的工作状态下，员工的工作动力十足、工作效率极高。因此，创业企业在各个阶段都需要预留部分股权，做好股权规划，用来吸引和留住优秀人才。

股权设计专栏 2-2

海底捞：股权设计扭转乾坤

1. 企业简介

海底捞国际控股有限公司（以下简称海底捞），成立于1994年，是一家以火锅连锁经营为主体业务的餐饮企业。经过多年的发展，海底捞已经成为中国餐饮行业的知名品牌。截至2022年12月31日，海底捞在国内拥有超过1300家餐厅，注册会员超过1.16亿人。海底捞秉承以人为本的经营理念，注重员工福利和股东权益的平衡，收获了广大顾客的认可和好评。

2. 海底捞的股权设计

（1）股权设计的转变。

在海底捞创立之初，有4个创始人，张勇夫妇和施永宏夫妇。企业的股权架构采用的是较为原始的均分式股权架构，即4个创始人平均分配100%的股份。这种股权结构极易引起股东之间的矛盾，使得企业决策效率降低，严重阻碍企业的发展。好在海底捞及时转变，成功化解了潜在的危机。2007年，张勇收购了施永宏夫妇18%的股权，张勇夫妇的股权达到68%，成为企业的绝对控股股东。这一调整，维护了核心创始人的控制地位，也让海底捞顺利进入发展的快车道，保证了海底捞的长期发展，虽然其合伙人丧失了部分股权，但海底捞的快速扩张、业务增长也让他们获得了更多的收益。这一调整之所以能够顺利进行，一方面是因为张勇在企业中处于核心地位，在实际经营中发挥着更重要的作用，另一方面也得益于合伙人的豁达与大度，能够厘清其中的利害关系，选择一条双赢的道路。

（2）员工持股计划。

海底捞是连锁餐饮企业，每个门店的店长都发挥着重要作用，因此它采用了“师徒制”，如果一个店长培养出其他能独当一面的店长，作为“师傅”也能获得收益，从而使海底捞的门店实现快速裂变，业务迅速扩张。海底捞的员工持股计划是通过成立员工持股平台来实现的。将股权作为员工激励的一部分，能够使员工和企业保持利益一致，实现海底捞的经营理念。

3. 海底捞股权设计思考

（1）重视创业之初的股权设计。

股权设计是企业治理的基础，决定了股东之间的权责利分配，影响的是整个企业的未来发展。在创业之初的顶层设计中，有些企业没有重视股权设计，导致股权结构不合理，为企业的长远发展埋下了隐患。海底捞最初的平分股权就是非常糟糕的股权设计，好在及时补救，没有造成企业的波动，但也有很多企业为不合理的股权结构付出了代价。因此，在创业之初，一定不能忽视股权设计，要有长远发展的眼光。

（2）核心控制人。

股权设计千千万万，每家企业各有不同，但总有一个核心要点，就是维护核心创始人的控制权。企业必须要有且只能有一个能够拍板决策的人，否则，股东之间“你争我斗”，在重大决策面前迟迟不能决定，创始人要将大量精力放在股东利益平衡中，会使企业错过大量发展机会，降低进步的可能性。因此，股权设计必须突出核心创始人的控制地位，才能保障企业的高效运营、长期发展。

（3）股权激励。

优秀员工也是企业的重要资产，对企业的扩张、壮大具有重要意义。股权激励能够激发员工的积极性，培养主人翁精神，使企业上下同心，获得快速发展。

海底捞通过设置员工持股平台实现对员工的股权激励，能够避免创始人控制权的稀释，同时激励优秀员工。

4. 发展与总结

经过二十几年的发展，海底捞已经演化出一套非常成熟的股权结构，既能够保证企业控制权的稳定，又不会导致企业的股权过度集中，同时还能为企业带来更多的资金和资源的支持，又能激发员工的积极性，一举多得。海底捞股权设计的波折，值得其他企业的股权设计者深入地思考、学习和借鉴。

资料来源

1. 海底捞国际控股有限公司官网 .

2. 马晨颜 . 上市公司股权激励存在的问题及对策——以海底捞餐饮公司为例 [J]. 现代商业，2022（35）：53–56.

第三节　运行股权设计

股权运行机制是保障企业的股权设计能够平稳运行、落地实行的管理制度和机制，从签署各种股权法律协议和相关法律文件到股权的进入、成熟、回购、退出、调整、继承等，包含了企业股权运行的各个阶段。这里主要介绍三大机制：股权进入机制、股权退出机制和股权继承机制。

一、股权进入机制

股权进入可以分为两个阶段，一是创业初期选择合伙人的时候，二是创业企业根据实际发展需要引入新股东的时候。合伙人是创业企业股权的主要持有者，也是创业企业初期的主要贡献者。创业是一个长期的事情，合伙人必须能长期全身心地投入，共同努力，创造和提升企业价值。合伙人掌握着创业企业的大部分股权，因此，选择合伙人也是在选择创业企业的命运，如何对合伙人进行股权分配，设计好进入机制，创业企业需要慎重。

以下 3 类人不适合按照合伙人的标准发放股权。一是资源承诺者，只承诺提供资源但不全职参与创业，可以进行利益合作，但不要给予合伙人标准的股权；二是天使投资人，为创业企业提供大量资金但不参与企业的日常经营管理，也不宜占据创业企业过多股权，否则容易影响既出钱又出力的合伙人的利益；三是早期员工，创业初期的企业股权激励性不大，但是股权激励成本很高，所以不宜发放给员工，可以等到创业企业有所起色的时候，再通过股权激励员工，效果更好。

合伙人的股权分配要注意提前规定好股权分配规则。在早期的时候，创业企业的股权价值还不大，合伙人可能不在意分得多少股权，但是随着创业企业的发展，企业的价值越来越大，合伙人对自己的利益分配会越来越关心，如果早期不规定好股权分配规则，这时候就很容易引起合伙人之间的利益纠纷。合伙人的股权分配要坚持公平公正的原则，基于合伙人对创业企业的贡献大小分配股权。在规定股权分配规则时，还要预留部分股权池，方便后期引进新的投资人和优秀人才。为了减少合伙人团队的变更给创业企业带来的不稳定，可以采用合伙人股权代持的方式，等合伙人稳定后再给，也可以采用股权绑定的方式，根据合伙人为创业企业服务的时间缓慢兑现，不一次性发放，以减少合伙人离开对创业企业造成的损失。

创业企业根据实际发展需要引入新股东的时候，需要按照公司章程进入，经过董事会、股东会的批准、同意。随着创业企业的发展壮大，企业需要整合新的资源以及获得更多资金，以支持企业的业务开拓、产品研发、服务提供等，为了吸引、留住新的投资者和企业的核心人才，授予股权是一个上佳的方法。创业企业引入新股东有两种方式，一是增资扩股，二是原股东转让部分股权给新股东。新股东对创业企业进行增资，需要原股东召开股东会进行决议，与新股东签订协议，并修改公司章程。股权转让涉及新老股东双方，不会对企业的注册资金产生影响，需要原股东一致书面同意，签订股权转让协议。引入新股东会影响原股权结构，因此创业企业一定要做好规划。

二、股权退出机制

合作很难是永久的，随着时间的流逝，合伙人可能会因为各种原因中途退出。因此，股权是动态变化的，需要在事前约定好退出机制，平稳处理合伙人持有的股权，避免因为合伙人的退出引起不必要的股权纠纷。合伙人退出有可能是因为客观原因，例如自身无法继续工作、死亡等，也可能是合伙人的主观意愿，例如主动提出离职，还有可能是合伙人的能力不能满足企业发展的要求了，双方经过协商后退出。合伙人退出创业企业后，其拥有的股权也要同时退出，否则对于仍在企业的合伙人会影响公平性。

股权退出的方法主要包括 IPO、并购退出、借壳上市、股权转让、股权回购、破产清算 6 种，如图 2–6 所示。

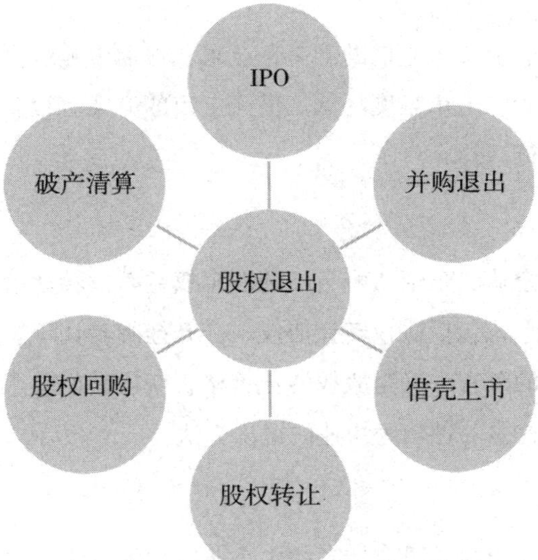

图 2–6　股权退出的 6 种方法

1. IPO

IPO 也就是我们常说的上市，创业企业发展到一定地步，具备上市资格之后，可以在境内或境外上市，实现私募股权投资资金的增值和退出。创业企业上市之后，投资者持有的不可流通股份转变为可交易的股票，因此，投资者可以将手里的股票抛售，逐渐退出该企业。创业企业能够上市说明该企业发展状况良好，此时，退出的投资者也能获得不错的收益。因此，IPO是较为理想的一种退出方法。

2. 并购退出

并购是指通过购买其他企业的部分或全部股权进而控制该企业，并购退出就是兼并或收购创业企业从而使风险资本退出。并购既可以是为了提升企业价值、拓展企业业务、整合所需资源而进行，也可以是为了投资退出，兑现投资收益。并购退出虽然收益性不及IPO，但复杂性降低，限制条件减少，是一种非常重要的退出方法。

3. 借壳上市

借壳上市是指非上市企业借助上市企业来获得上市地位。与IPO相比，借壳上市的时间大大减少，上市难度降低。借壳上市的方案有很多种，需要根据不同企业的实际情况进行选择。

4. 股权转让

股权转让是指企业股东依法将自己的股东权益有偿转让给他人，获得收益后退出。股权转让的形式包括股权转让协议、公开挂牌转让等。股权转让中需要对目标企业进行详尽的调查，确定股权转让价格，获得其他股东的同意，签订正式的股权转让合同，这是一种较为快速的退出方法。

5. 股权回购

股权回购是指企业回购股东持有的本企业股权的行为，包括管理层回购和股东回购。这种退出方式虽然收益不算很高，但比较稳定，也能够保证企业运营的稳定，避免股权变动造成的管理动荡。股权回购比较常见的应用场景是对创始人离职后的股权进行回购，

6. 破产清算

破产清算是针对创业失败的企业，为了尽可能减少损失而采用的退出方法。

企业清算也需要经过法定程序，对企业的财产、债务等进行全面调查，清偿企业债务后，剩余财产才能分配给股东，具体分配方式根据实际情况而定，要体现公平公正原则。

三、股权继承机制

股东除了因为主观或客观原因退出之外，还可能因为死亡出现股权继承的问题，股权不是简单的财产权，还包含对企业经营管理的权利。股东资格继承人即死亡股东的合法继承人，包括配偶、子女、父母、兄弟姐妹等。创业企业是整个合伙团队的心血，股东的人力资本是非常重要的资源，如果股东死亡，由于人力资本的人身依附性，人力资本也会消失，而继承人不一定拥有企业需要的人力资本，而且继承人和原股东之间的团队配合也可能存在问题。创业企业发展的每一步决策都需要谨慎，股东的经营决策能力和团队之间的配合将直接影响创业企业的运行和发展，企业具有人合性特征，因此，为了保护企业和股东的利益，需要对股权继承做出一些额外规定。

股权既具有财产性，也拥有人身性的权利，两种权利的继承性不同。针对财产性权利，合法继承人能够顺利继承。但针对人身性权利，由于涉及创业企业和其他股东的利益，其中存在两种看法：一种是保护继承权，合法继承人有权继承股权代表的财产和决策权；另一种是保护企业的人合性特征，合法继承人只继承财产，对企业经营决策权的继承需要经过股东的同意。两种看法都有其合理性，因此，法律对这两种情况进行了平衡，充分尊重继承人和股东的合法权益。《中华人民共和国公司法》（以下简称公司法）第七十五条规定“自然人股东死亡后，其合法继承人可以继承股东资格；但是，公司章程另有规定的除外”，也就是说，如果公司章程有相关规定，以公司章程规定为准，可以规定继承完整的股权或是只继承财产权，都受到法律的保护。这种方式既保障了继承人的继承权，又保护了其他股东的权利。

为了保护股东们的经营成果，最大化企业价值，防止因为股东死亡而出现企业经营管理的震荡，企业应考虑在创业初期进行明文约定，在自然人股东死亡之后，其法定继承人只能继承股权代表的财产权，而不能继承股东资格，介入企业的经营管理决策，或者规定自然人股东死亡后需要将其股权转让给其他股东。

第四节　控制股权设计

一般来说，股东占有股权比例的高低代表了控制权的大小，但可以通过股权设计将股权和控制权分离。企业的控制权应该掌握在小部分股东手中，这小部分股东在企业的重大事项决策中起决定作用，能够提高决策效率，优化公司治理。企业的控制权去向隐含了企业的命运走向，股权和控制权息息相关，其中有多种设计方法，能够有效地帮助创始人掌握企业的控制权，规避控制权风险。

一、股权与控制权

1. 控股股东和实际控制人

控股股东是指拥有企业 50% 以上股份，拥有表决权的股东，或者拥有的企业股份不足 50%，但是根据公司章程规定，能够通过表决拥有重大事项的否决权，对企业的股东大会决议有重大影响的股东。如果企业股权较为分散，并且没有单一股东能够行使一票否决权，企业就没有控股股东。实际控制人是指能够实际控制企业的经营管理、决策企业行为的人或组织，实际控制人可以是控股股东，也可以是利用投资、协议或其他途径安排的能够控制企业行为的人或组织。也就是说，企业的控制权除了依据股东所占的股权比例，还可以通过其他途径获得。

2. 控制权的几个关键点

随着创业企业的发展，创始人股东的股权会被稀释，因此创始人股东要注意把控，如果丧失了控制权，将会影响企业的根基，对企业造成不可逆转的伤害。创始人要想将控制权牢牢掌握在自己手中，在股权架构设计时就要重点关注 4 条线，如图 2-7 所示。

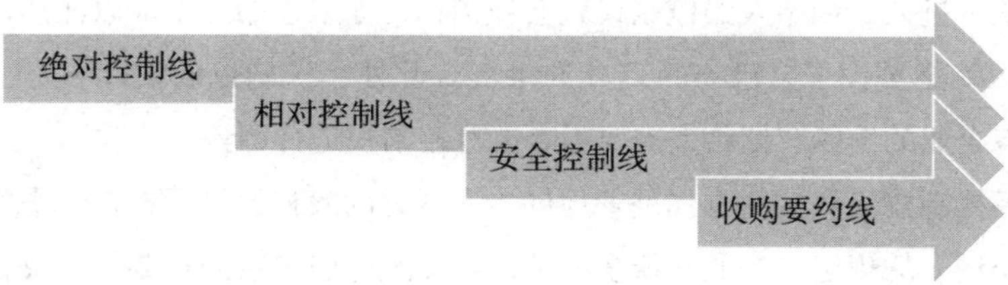

图 2–7　股权架构设计的 4 条线

第一，《中华人民共和国公司法》规定，股东会会议对企业的一些重大事项做出决策时，例如修改公司章程、变更注册资本、变更公司形式等，需要代表三分之二以上表决权的股东通过。因此，如果创始人掌握企业大于或等于 67% 的股权，就拥有对企业的绝对控制权，67% 是一条完全绝对控制线。

第二，《中华人民共和国公司法》规定，股东大会对企业的一些普通事项做出决策时，例如聘请独立董事、选举董事、聘请或解聘总经理等，需要代表半数以上表决权的股东通过。因此，如果创始人掌握企业超过 50% 的股权，就拥有对企业的相对控制权，51% 是一条相对控制线。

第三，《中华人民共和国公司法》规定，股东会会议对企业的一些重大事项做出决策时，需要代表三分之二以上表决权的股东通过。可见，如果一个股东掌握了超过三分之一的股权，他就拥有了一票否决权，可以让股东会会议的重大事项决策无法通过。因此，如果创始人掌握企业大于或等于 34% 的股权，就拥有对企业的安全控制权，34% 是一条安全控制线。

第四，当股东拥有 30% 的股权时，与 34% 非常接近，如果继续收购股份很可能成为企业的实际控制人，因此，需要借助要约方式收购，30% 是上市企业收购要约线。

二、控制权管理模式

创业企业是创始人付出巨大的心血，经过长期奋斗结成的果实，没有人会希望自己亲手培养的果实被他人窃取甚至毁坏，因此，控制权对创始人至关重要。控制权在创业的开始可能没什么影响，存在感很低，但是等企业发展起来，不断有新的资本进入，创始人的控制权就会被稀释，如果创始人不加以注意，丢失了控制权，就是丢失了自己亲手培养的果实。此外，控制权的设计不是一成不变的，随着企业的发展，创始人需要不断地对控制权进行调整。

管理控制权最直接的方式是管理创始人占有的股权比例，根据《中华人民共和国公司法》的规定，企业的众多事项都需要经过股东会的投票、表决，需要一定比例的表决权通过才能执行。因此，掌握足够比例的股权就可以实现对企业的控制，例如，占据 67% 的股权就拥有绝对控制权，占据 50% 以上的股权就拥有相对控制权，等等。但是，仅靠占据的股权比例实现控制权并不完全可靠。一方面，由于企业具有人合性特征，法律更倾向于优先保护企业和股东们的意愿，例如，67% 是一条完全绝对控制线，但是公司章程可以规定一个高于 67% 的数值，而不会受到法律的否定。在这种情况下，即使持股 67% 也不具有完全绝对控制权。另一方面，企业为了获得资金支持和留住人才，会进行多轮融资和股权激励，创始人的股权就会不断地被稀释，这是企业发展壮大不得不经历的过程。所以，创业企业需要通过股权设计实现小股权控制企业。在实践中，主要有 7 种小股权控制企业的模式，如图 2–8 所示。

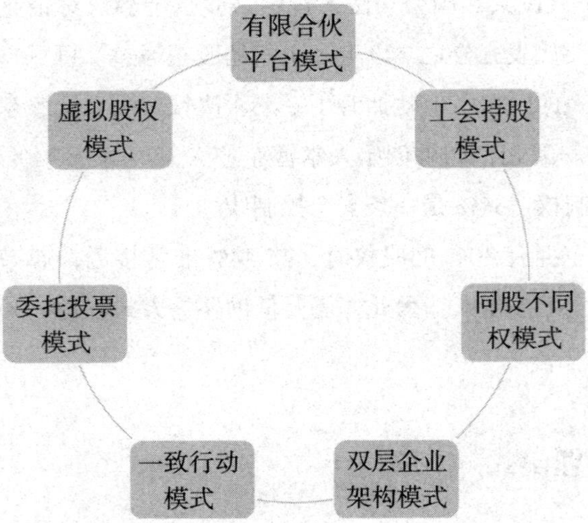

图 2–8　7 种小股权控制企业的模式

1. 有限合伙平台模式

有限合伙企业的合伙人分为普通合伙人和有限合伙人，有限合伙企业的控制权由普通合伙人掌握，无关持有的财产份额。基于这一特点，创始人可以通过设置有限合伙性质的持股平台，成为该持股平台的普通合伙人，就可以控制该持股平台，进而间接持股目标企业，实现对目标企业的控制。

2. 工会持股模式

如果创业企业的股权激励应用比较广泛，大部分股权用来激励员工，则可以通过设置工会代员工持有股权。在这种情况下，工会持有的股权比例可能大于创始人的股权比例，为了保护创始人的控制权，可以在公司章程中规定创始人有特别权利，例如一票否决权、董事提名权等，也可以借助上述的有限合伙平台模式，实现小股权控制企业。

3. 同股不同权模式

《中华人民共和国公司法》规定股东根据出资比例行使表决权，但是公司章程另有规定的除外。因此，为了保证创始人在拥有较少比例的股权下仍有控制权，可以由公司章程规定不按出资比例行使表决权。具体实行方法是发行不同类型的股票，每股代表不同数量的投票权，即同股不同权。同股不同权也有不同的模式，例如普通 AB 股，发行两种类型的股票；ABC 股，三重投票权结构；超级 AB 股，利用公司章程的硬性规定增强小股东的投票权等。

4. 双层企业架构模式

双层企业架构模式就是将个人持股和其他企业持股结合起来，通过个人掌握一部分股权，再利用一家拥有控制权的企业掌握一部分股权，两者结合实现对目标企业的绝对控制。

5. 一致行动模式

如果创业企业的股权比较分散，有比较多的小股东，创始人就可以和小股东们签订一致行动协议，将分散的表决权集中起来，规定各股东在股东会会议上的意见保持一致，从而增强对企业的控制。

6. 委托投票模式

《中华人民共和国公司法》规定股东可以委托代理人出席股东会会议并在授权范围内行使表决权，因此，股东们可以通过协议约定将自己的投票权委托创始人股东履行，即使创始人股东的股权被稀释到很小一部分，也可以通过掌控投票权实现对企业的控制。

7. 虚拟股权模式

虚拟股权主要应用于股权激励中，虚拟股权只享有分红权，没有表决权和所有权，不能转让和出售，在持有者离开企业后，虚拟股权会自动失效。企业可以通过授予想要激励的核心人才一定的虚拟股权，约定这部分股权只有收益权，没有对企业的控制权，从而避免创始人的控制权受影响。

股权设计专栏 2-3

优刻得：云计算第一股

1. 企业简介

优刻得科技股份有限公司（以下简称优刻得），成立于2012年。优刻得是一家专注于云计算的科技企业，服务对象涉及政府、运营商、教育、金融、零售等各行各业。优刻得在乌兰察布和上海设立了两大自建数据中心以及在全国多地设立线下服务站，构建数字信息基础设施。优刻得是中立、安全的云计算服务平台，获得多项合规认证，业务能力得到广泛认可。

2. 股权设计

（1）同股不同权的背景。

优刻得是中国A股市场首家同股不同权的上市企业。在此之前，国内股份有限公司必须遵守同股同权的要求，因此，有些企业选择赴美上市，例如京东、百度等。2018 年，A 股市场打开了同股不同权的大门，在此背景下，优刻得基于公司治理的需求，开创了中国 A 股资本市场的先河。

（2）优刻得实施同股不同权的必要性。

优刻得已经在云计算领域耕耘了 10 年左右，提供的云计算系列业务收获了众多客户的认可，多次荣获社会嘉奖。自成立以来，优刻得已经完成了 A、B、C、D、E 轮融资，投资者包括君联资本、贝塔斯曼、DCM 资本、元禾重元、中金甲子、中国移动投资公司等。融资使优刻得能够大力投入研发，提升业务能力。同时，优刻得具备投资价值，能够为投资者带来丰厚的投资回报，才能获得众多融资。但众多投资者涌入也存在不良后果，控制权稀释甚至创始人控制权丧失是其中的关键一种。此时，企业必须发挥股权设计的作用，同股不同权模式是一种能够维护创始人控制权并且操作较为简单、应用广泛的股权设计模式，还具有提高决策效率、防止恶意收购等优势，对经历了多轮融资的创业企业来说是一种比较好的选择。

（3）优刻得股权设计要点。

第一，AB 股模式，同股不同权即属此类。优刻得上市前的股权结构主要分为三大部分：创始人团队、投资人和员工持股平台。创始人团队包含 3 名成员，其中季昕华占据约 13.9633% 的股份，莫显峰和华琨分别占据约 6.4357% 的股份，3 人合计股份只有 26.8347%，而投资人以及员工持股平台合计占有 73.1653% 的股份。根据 AB 股模式的规则，A 类股份持有者必须是能对企业发展做出重大贡献、对企业的业务增长起到关键作用的人，这种要求既彰显了股权设计的公平，也保障了企业的未来。季昕华、莫显峰和华琨拥有的是 A 类股份，其他股东拥有的是 B 类股份，因此，创始人团队实际拥有 64.7% 的表决权，投资人以及员工持股平台拥有 35.3% 的表决权，创始人团队掌握着企业的实际控制权。除了表决权以外，两类股份的其他权益没有区别，从而保障股东的合法权益，保证企业的和谐、稳定。

第二，一致行动人协议。创始人团队签署了《一致行动人协议》，防止在重大决策面前意见分歧，降低决策效率，影响企业的发展。当意见不一致时，3 位创始人遵循少数服从多数的原则，以出资额作为评判标准，进行最终意见的确定，这也是对创始人季昕华的控制权的保护。

第三，董事会。优刻得的董事会成员包括创始人、由创始人提名的董事、员工董事、投资人提名的董事和 3 名独立董事。在这种安排下，创始人团队也可以实现对董事会的控制。董事会掌管企业事务，负责经营决策和业务执行，通过控制董事会也能达到控制企业的目的，进一步巩固了创始人团队的实际控制权。

3. 发展与总结

股权设计要做到维护创始人的控制权并且保障每位股东的利益，同股不同权是一种较好的解决方式。随着国内资本市场对同股不同权的探索、突破，以及创业企业公司治理的需求，相信这种方式会得到越来越广泛的应用。同股不同权帮助优刻得在获得众多投资的同时仍然保持创始人的控制权，作为国内资本市场云计算第一股，优刻得股权设计具有重要的借鉴意义。

资料来源

1. 吕佳慧，王路阳，仇冬芳 . 双层股权结构下表决权比例差异的动因及经济后果研究 [J]. 中阿科技论坛（中英文），2023（8）：72-81.

2. 杨慧 . 优刻得公司双层股权结构制度探究 [J]. 中国集体经济，2022（30）：88-90.

三、如何掌握控制权

创始人掌握控制权受到股权结构、股东协议和公司章程等方面的影响，综合这几方面的因素以及从不同层面进行把控，可以根据创业企业的实际情况采用以下 4 种方式掌握企业控制权，如图 2-9 所示。

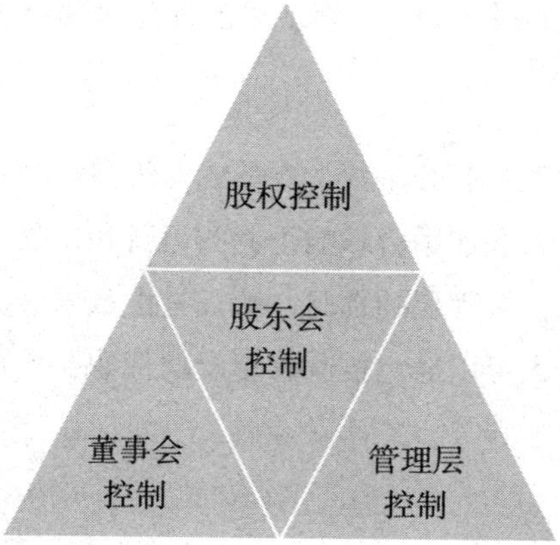

图 2–9　掌握企业控制权的 4 种方式

1. 股权控制

股权包含了表决权，拥有对企业经营管理事项以及企业生死存亡等重大事项的决策权，通过持有大比例股权就可以控制企业。不同比例的股权对企业的控制权不同，出资越多，持有的股权越大，但是有些创始人没有那么多资金，或者为了吸引外部融资，引进了众多投资者，创始人只能占据企业的小部分股权。但是小部分股权也可以借助有限合伙平台、工会持股、同股不同权、一致行动、委托投票、虚拟股权等模式掌握企业的控制权。

2. 股东会控制

股东会是企业的权力机构，拥有众多职权。《中华人民共和国公司法》并未完全限制股东会的职权，其中有一条规定表明股东会拥有公司章程规定的其他职权，给予企业比较大的设计空间。因此，创始人也可以通过设计股东会的职权来控制企业。

3. 董事会控制

董事会是向股东会负责的机构，与股东会类似，《中华人民共和国公司法》也做出了“公司章程规定的其他职权”这一条款的规定。董事会的成员可以不是股东，董事的选举和更换由股东会决定，董事会一般按人数表决，因此，创始人可以通过对董事会职权的设计和董事会成员的任免达到对企业的控制。

4. 管理层控制

企业的日常经营管理、业务运营、人员管理等活动和行为都是由企业的管理层执行的，管理层的能力和水平会影响企业的运营和发展，因此，管理层对企业也有一定程度的控制权。管理层的选聘、解任是由董事会决定的，其产生规则拥有很大的自主权，创始人可以通过控制管理层的任职，实现对管理层的控制，进而控制企业。

股权设计专栏 2-4

阿里巴巴：创新的合伙人制度

1. 企业简介

阿里巴巴集团控股有限公司（以下简称阿里巴巴），成立于1999年。阿里巴巴是我国当之无愧的电子商务巨头，也是全球范围内最大的电子商务企业。阿里巴巴集团通过淘宝、天猫等平台，为全球数亿消费者提供服务。同时，企业还投资了多个领域，包括云计算、大数据、物流等。阿里巴巴能够发展到今天，除了抓住了我国互联网时代的机遇之外，也离不开其优秀的内部治理。

2. 合伙人制度

截至2014年上市，阿里巴巴共进行了大约8轮融资，融资总额超过300亿美元。阿里巴巴能够发展至今，需要大量的资金支持，融资是必须经历的过程。随着投资者的不断进入，阿里巴巴创始人团队拥有的股权比例不断缩小，企业控制权受到威胁。

阿里巴巴的合伙人制度是其内部治理结构的一大特色。这一制度使阿里巴巴创始人团队在极低的股份下仍然保持对企业的控制权。阿里巴巴的合伙人制度起源于2010年，当时企业面临着控制权分散和股东利益的平衡问题。为了解决这些问题，阿里巴巴创始人提出了这一制度。

合伙人制度旨在保护阿里巴巴创始人团队对企业的控制权，保证企业的战略方向和经营理念不偏离，同时激励员工和创始人团队，促进企业的长期发展。阿里巴巴合伙人制度的核心是：合伙人的产生是由现有合伙人提名和选举产生，而不是由股份的多少决定。合伙人的选举权和被选举权是排他性的，即一个人只能在一个企业里担任合伙人，不能在其他企业里担任。新的合伙人需要满足3个条件：一是在阿里巴巴或关联企业工作5年以上；二是对企业文化完全认同，愿意为企业的未来做出贡献；三是对企业发展有突出贡献。对合伙人的筛选也保障了合伙人和企业的理念一致、利益一致。

3. 合伙人制度的实施

阿里巴巴的合伙人制度主要是通过控制董事会来实现对企业的控制，其具体的实施途径主要涵盖以下3个方面。

（1）提名权和选举权。

阿里巴巴合伙人拥有董事的提名权和选举权，这使得合伙人对董事会的构成具有决定性的影响。阿里巴巴合伙人制度规定了董事会中超过半数董事的产生必须由合伙人提名，同时，在选举董事时，也只有获得半数以上合伙人的同意，被提名的董事才能够当选。因此，合伙人对董事会的控制得到了实质性的保障，董事会中超过半数的董事是代表企业的利益，受合伙人的影响。

（2）董事会席位分配。

阿里巴巴合伙人制度规定了董事会的席位分配。在董事会中，普通董事的席位共有9个，而阿里巴巴合伙人占有4个席位。这使得合伙人在董事会有足够的影响力来决定企业的重大决策。同时，董事会中还有多名董事是经过合伙人提名和选举的。因此，董事会的决议能够代表企业的核心价值观，指引正确的战略方向，合伙人对重大决策的影响是不可忽视的。

（3）决策机制。

阿里巴巴合伙人制度还规定了一个决策机制，即所谓“一人一票”。在这种机制下，每个合伙人无论股份大小都有一票的投票权。这意味着，即使阿里巴巴合伙人在股份上没有绝对的控制权，他们仍然可以影响企业的重大决策。这种制度安排是为了确保阿里巴巴创始人团队在股份被稀释的情况下，依然能够掌控企业的发展。

4. 发展与总结

阿里巴巴合伙人制度是一种非常独特的公司治理结构，它通过控制董事会达到对企业的间接控制。通过掌握董事的提名权和选举权、在董事会中占有重要席位、“一人一票”的决策机制，使得阿里巴巴合伙人对企业的运营和发展具有决定性的影响力。这种制度安排使得阿里巴巴能够更好地保护其核心价值和企业战略的实现，同时也激励员工和创始人团队为企业的长期发展做出贡献。对于想要创业的人而言，了解阿里巴巴合伙人制度是非常有必要的，这一制度既为企业的内部治理结构展示了一个良好的范例，也为企业的创始人如何把握企业的控制权提供了一个巧妙的思路，为解决多轮融资后控制权稀释的难题提供了一种答案。

资料来源

1. 徐嬴政 . 上市公司双层股权结构研究——以阿里巴巴集团“合伙人制度”为例 [J]. 市场周刊，2023（36）：27–31.

2. 牛溪溪 . 阿里巴巴的融资历程与合伙人制度探究 [J]. 投资与创业，2021（34）：181–183.

四、股权设计中的风险

股权设计拥有很大的操作空间，并且因为每个创业企业的情况不同以及创始人的想法、思维不同会有不同的股权架构设计，法律对于企业股权设计也留有自主的余地。在实践过程中，股权设计不是一件易事，其中存在各种风险，这里列出了较为常见的 3 种风险。

1. 股权平均引起的法律风险

有些创业企业在创业初期为了公平起见，由合伙人团队平分股权。如果是两个合伙人各持 50%，一旦双方意见不合，就无法形成有效决策，企业正常经营都无法进行；如果是多个合伙人平均分配股权，就可能导致占有小部分股权的人成为真正的决策者，因为他支持谁，谁就能拥有更高比例的表决权，占据小比例股权的股东由于分红不高，容易忽略企业的整体利益和长远利益，做出更有利于自己而不一定有利于企业的决策。

2. 股权过于集中引起的法律风险

如果创业企业只有一个绝对大股东，其他股东都只持有小部分股权，就会出现股权过于集中的情况。这种情况下，董事会、监事会、股东会的作用微乎其微，企业的决策全凭大股东“一言堂”，决策失误的风险会大大增加，大股东的能力决定了企业的高度。一旦大股东因为意外或者某些原因无法处理企业的事务，就会出现小股东争夺企业控制权的局面，对企业的发展十分不利。

3. 隐名股东引起的法律风险

隐名股东是指通过书面或口头协议委托他人代持股权的实际出资人，公司章程、股东名册以及其他材料不会出现其名字。隐名股东的权利行使和责任承担问题更为复杂，更容易出现法律问题，主要表现在隐名股东和显名股东之间签订的协议，协议缺失、协议约定事项不完善等都可能引起法律风险，影响股东和企业的利益。

篇末案例

三六零科技：网络安全领域引领者

1. 企业简介

三六零安全科技股份有限公司（以下简称三六零），成立于 1992 年，创始人为周鸿祎。三六零的主营业务聚焦于互联网安全服务，推出多款免费的安全产品，例如360安全卫士、360安全浏览器等，占据了互联网安全产品的大部分市场。三六零是国内互联网安全领域的领导者，积累了丰富的安全人才以及技术专利。2018年，三六零回归A股市场，建立了完善国内安全生态的战略，将企业发展方向与国家战略保持一致，统一企业利益和国家利益。

2. 发展历程

从2006年起，三六零首先将目标对准了安全软件市场。彼时，正处于PC互联网时代，互联网安全软件市场正盛，市场需求还未完全释放，并且经营安全软件的企业一直采用软件收费的商业模式，卡巴斯基、瑞星、金山是该领域内的几大巨头。三六零进入该市场后，采用了新的商业模式，引起了互联网安全软件行业的巨大震荡。三六零的杀毒软件可以免费使用，颠覆了互联网安全软件市场，迅速吸引了用户的注意力，使得应用安全软件的用户以及潜在用户都纷纷下载，占领了巨大的市场份额。随后，三六零推出360安全卫士、360软件管家等多款免费软件，市场份额不断上涨，逐步成为国内领先的互联网安全企业。2011年，三六零在美国纽约证券交易所（以下简称纽交所）上市。2018年，三六零回归A股，坚守自己的本心，在网络安全领域持续发力，调整企业的战略，将目标用户群体由C端转向B端和G端，切入政企服务市场。

3. 股权设计

（1）纽交所上市时期。

三六零于2011年在纽交所上市，此时的三六零正处于蓬勃发展的阶段，业绩表现非常好，获得了资本市场的认可，三六零在纽交所的IPO总计获得40倍超额认购。

三六零在纽交所上市的股权结构具体如下：第一，在境外上市的主体公司100%控股了3家香港子公司。境外上市的主体公司注册地为开曼群岛。第二，由于外资企业在中国境内开展业务容易受限，三六零采取了两种方法减小这一影响——外资企业与境内自然人合资设立子公司、协议控制。例如，奇智软件（北京）有限公司（以下简称奇智软件）是境内非常重要的一家企业，由其中一家香港子公司100%控股。奇智软件和境内自然人合资设立了多家子公司，由这些子公司开展不同的业务。奇智软件还通过签订各种协议控制了两家境内子公司——北京奇虎科技有限公司（以下简称奇虎科技）和北京世界星辉科技有限责任公司（以下简称星辉科技）。第三，由奇虎科技和星辉科技主要负责三六零在境内的业务开展。奇虎科技及其下设的子公司负责运营三六零的大部分网站，例如360安全中心、360手机助手中心、360信息平台等；星辉科技及其下设的子公司负责360浏览器、奇酷网以及相关游戏网站等。

（2）私有化和境外退市时期。

2011—2013年，三六零的业绩增长迅猛，凭借免费的杀毒软件构建了庞大的用户规模，使得广告收入以及相关增值服务收入非常可观，企业的财务表现良好，股票价格也是一路上涨。但随着移动互联网科技的创新和成熟，PC互联网流量衰减，三六零进入了一个相对的低谷期，股价也表现出颓势，频频下跌，三六零必须要进行业务转型，寻找新的增长点。而此时，中国的资本市场逐渐成熟，对互联网企业的估值也比较高，周鸿祎希望回归A股市场，重新调整企业的发展战略，提高企业估值，拯救企业的颓势。

回归A股市场有3个步骤：首先，要完成私有化从纽交所退市，周鸿祎搭建了天津奇信志成科技有限公司（以下简称奇信志成）和天津奇信通达科技有限公司（以下简称奇信通达）作为境内的交易主体，引进众多财务投资人进行私有化要约收购，通过两个交易主体分散财务投资人的持股比例，从而保障自己对三六零的控制权。同时还搭建了两个境外交易主体，借助四层持股企业完成私有化，从纽交所退市。其次，解除搭建的协议控制架构，将之前签订的众多协议进行终止，对境内子公司的业务进行重组，明晰境内上市主体。最后，回归境内资本市场，重启上市。

（3）回归A股上市时期。

2018年，三六零借壳江南嘉捷回归A股，于同年2月完成重组。根据上市企业披露的重组报告书，借助资产转换和现金转让两种方式，将三六零和江南嘉捷的资产进行置换，江南嘉捷全部资产作价18.72亿元，三六零的全部股权作为本次拟置入资产作价504.16亿元。

A股上市后，周鸿祎仅持有三六零23.4%的股份，不具备控股股东的地位，但是周鸿祎借助双层企业架构模式，合计控制三六零共63.7%的表决权，将企业的控制权牢牢地把握在自己手中。双层企业架构模式是指创业团队通过个人持股和其他企业持股双重形式，搭建企业的股权结构，从而帮助创始人掌握企业的控制权，规避控制权风险。三六零有 3 个主要的企业股东：持股 12.14% 的周鸿祎、持股 48.74% 的奇信志成、持股 2.82% 的天津众信股权投资合伙企业（以下简称天津众信）。周鸿祎通过这 3 个股东的股权，实际掌握了三六零 63.7% 的表决权，成为三六零的实际控制人，具体操作如下。

第一，周鸿祎自己直接持有三六零 12.14% 的股份，从而掌握了 12.14% 的表决权。

第二，奇信志成持有三六零 48.74% 的股份，是三六零的第一大股东，周鸿祎持有奇信志成 17.38% 的股份，但拥有奇信志成的实际控制权，可以行使 100% 的表决权，因此借助奇信志成间接掌握了三六零 48.74% 的表决权。需要提及的是，奇信志成还有其他 36 家机构持股，持股比例达到 82.62%，周鸿祎又是如何做到在这种情况下拥有该企业的实际控制权？这里周鸿祎是借助一致行动人模式达成目的的。一致行动人模式是指企业的多个股东通过签订协议，约定在某些事情上保持一致行动。奇信志成的股东签署了《天津奇信志成科技有限公司股东协议》及后续补充协议，规定奇信志成对三六零行使股东表决权时保持一致行动，意见不一致时以创始人股东周鸿祎的意见为准，从而使周鸿祎掌握实际控制权。周鸿祎对奇信志成的控制还体现在对董事会的控制上。董事会能够决定企业的日常经营行为，控制了董事会就能够控制企业经营的更多方面。周鸿祎拥有奇信志成董事的提名权和罢免权，能够控制董事会成员，进而控制董事会。通过董事会控制企业也是一条重要的增强控制权的途径。

第三，天津众信掌握三六零 2.82% 的股份。周鸿祎以直接或间接的方式对天津众信的出资比例达到 99.1%，从而控制了天津众信对三六零的表决权，相当于又掌握了三六零 2.82% 的表决权。

三六零在 A 股上市后实现了业务的转变，也实现了企业的健康发展。根据三六零 2022 年年度报告，企业的“安全及其他”收入达到 17.91 亿元，占据企业营收的 18.81%，同比增长 29.72%，持续保持高速增长势头。

4. 发展与总结

随着时代的更迭变化，三六零经历了跌宕起伏的发展历程。PC 流量时代的辉煌让三六零成功在纽交所上市，并获得国外资本的青睐。移动互联网时代的到来又让三六零跌下神坛，陷入低谷。但移动互联网时代也扩大了政企安全服务的需求，三六零抓住这一机遇，回归 A 股市场，进军政企安全领域，在新时代找到新的突破点。企业的发展离不开完善的股权结构和良好的治理结构，三六零借助双层企业架构保障创始人的控制权，通过复杂的股权设计维持企业的稳定运营，提高治理效率和决策效率。目前，三六零是国内网络安全领域的引领者，未来，三六零将持续深耕安全领域，推动行业的发展与进步，共同构建抵御网络威胁的大安全生态。

资料来源

1. 葛锦坤 . 平台企业商业模式创新——以三六零公司为例 [D]. 北京：北京交通大学，2021.

2. 于明佳 . 三六零借壳上市回归 A 股动因及效应研究 [D]. 南京：南京师范大学，2021.

本章小结

股权设计是企业的基础，股权设计问题关系到公司治理问题，如果股权设计不合理，将会给企业埋下巨大的隐患。

本章从 4 个部分入手，重点探讨了股权设计相关问题。第一节对股权设计进行初步认知，介绍了股权的概念、重要性，股权设计的基本要求和企业不同阶段的股权问题；第二节从股权实施的角度阐述了股权设计的模式、步骤和要点；第三节从股权运行的角度介绍了股权设计的三大机制，即股权进入机制、股权退出机制和股权继承机制；第四节围绕股权和控制权，探讨了如何把握企业的控制权，同时引出了股权设计中存在的风险问题。

第三章

资本运营

资本运营是对企业的资本及其运动进行运筹和管理，与企业的生产经营相辅相成、相互作用，都是企业发展不可缺少的活动，共同构成企业价值实现的动力，是促进企业发展壮大的重要方式。资本运营包括扩张性资本运营、收缩性资本运营和创新性资本运营，本章主要介绍并购、资本收缩、风险投资这 3 种资本运营模式。

我们已经吸纳了风险投资，风险投资不是给你钱让你每年分利润的，它是让你设计它的退出机制，对风险投资最好的退出机制、最好的路径就是上市，上市公司套现获利走人，我们拿了风险投资的钱总要为风险投资人负责任。

——奇安信科技集团董事长　齐向东

开篇案例

寒武纪："芯"引融资

1. 企业简介

中科寒武纪科技股份有限公司（以下简称寒武纪），成立于2016年，企业的主营业务聚焦人工智能芯片产品的研发和创新。寒武纪的客户包括各种服务器厂商和产业企业，面向多种应用AI的领域提供算力，促进人工智能更好地赋能产业发展。寒武纪于2020年正式在上海证券交易所科创板挂牌上市，首日市值即突破1000亿元，进入科创板千亿市值企业行列。

2. AI"芯"融资浪潮

寒武纪于2020年上市，在上市之前已经完成了6轮融资，获得众多知名风险投资机构的认可，发展势头强劲。AI芯片领域的强势得益于人工智能产品应用的爆发，但也促使该领域的竞争更加激烈，寒武纪能够成功进行多次融资，原因在于它拥有优质的产品、产品线以及强大的技术，使得企业持续保持国内AI芯片领域的领先地位。

（1）寒武纪"芯"产品。

人工智能技术的应用场景可大致分为3类：云端、边缘端和终端设备。因此，芯片的应用场景也主要是这3类，不同场景对芯片的要求不同，寒武纪针对这3类场景研发了不同类型的芯片产品和平台化基础系统软件。针对云端场景，提供云端智能芯片及加速卡、训练整机；针对边缘端产品，提供边缘智能芯片以及加速卡；针对终端设备场景，提供终端智能处理器IP、基础系统软件平台。例如，寒武纪于2018年推出的思元100芯片及云端智能加速卡，应用于云端场景，拥有优越的性能功耗比。寒武纪深入研究人工智能技术的应用场景，挖掘市场需求，基于市场需求研发优质的芯片产品及软件产品。寒武纪提供的产品能够切实满足客户的需求，赢得客户的认可，广泛应用于各种行业。

（2）寒武纪“芯”产线。

基于3种类型的芯片产品和平台化基础系统软件，寒武纪拥有3条产品线：云端产品线、边缘产品线、IP授权及软件产品线。云端产品线是寒武纪营业收入中增长较快、占比较高的一条产品线，产品应用于互联网、运营商、电力能源等各种行业。同时，该条产品线上的产品不断迭代，从思元100芯片及云端智能加速卡到思元370芯片及云端智能加速卡，其机器学习和深度学习能力不断增强，功能日益强大。边缘产品线拥有广阔的市场空间，寒武纪持续开发边缘端产品的应用场景，积累客户资源。IP授权及软件产品线能够向嵌入式终端提供IP授权，以及向寒武纪不同系列的智能芯片与处理器产品提供统一的基础系统软件，能够运行同一人工智能应用程序。

（3）寒武纪“芯”技术。

技术是高科技企业的核心，AI芯片领域更是以技术研发为基础，寒武纪对技术研发的投入远超国内同行。2022年，企业的研发费用支出达到15.23亿元，与上年同期相比增加了34.11%。此外，寒武纪拥有大量高学历、具备专业背景的研发人员，并且提供良好的待遇，以提高研发人员的积极性、维持研发团队的稳定性。寒武纪研究的“芯”技术主要应用在3个方面：一是机器视觉，主要用于检测、识别人脸、文字、建筑物、各种物体等；二是语音识别处理，可以用于智能手机、机器翻译等场景；三是自然语言，可以用于智能客服、聊天机器人等场景。

3. 深受风险资本青睐

截至2022年，寒武纪已经历了6年的归属于母公司所有者净利润亏损，但仍是国内领先的人工智能芯片企业，并且深受风险资本的青睐。寒武纪在上市前，成功进行了天使轮、Pre-A轮、A轮、B轮、B+轮融资，投资机构包括阿里巴巴、联想创投等，融资金额超过45亿元。寒武纪虽然经历了连续亏损，但是仍然收获了大量融资，其主要原因在于以下两点。

第一，人工智能芯片市场前景广阔。ChatGPT的研发又一次掀起了人工智能的浪潮，未来，人工智能市场仍有很大的潜力和想象空间。人工智能芯片是人工智能市场的核心产品，伴随着人工智能市场的增长，人工智能芯片的市场规模也在不断增长。从目前来看，寒武纪主营的产品仍属于蓝海市场，高科技企业的前期投入是必需的，当下的亏损是可以接受的，未来的收益是投资机构看中的关键。

第二，对“硬科技”企业包容性凸显。寒武纪是一家“硬科技”企业，持续大力投入研发，研发支出甚至高于企业营收，将技术作为企业的立足点。寒武纪成立不足10年，已经全面系统掌握了通用型智能芯片及其基础系统软件的研发、产品化相关技术，产品体系包含云端、边缘端和终端设备3类应用场景，在国内人工智能芯片行业具有极大的竞争优势，为中国自主研发芯片持续贡献力量，助力实现国产替代。虽然寒武纪仍未实现盈利，但其科技实力和产品竞争力已经具备，其营业收入也处于增长状态，相信寒武纪在未来能够创造巨大利润，引领行业发展。

4. 发展与总结

在互联网时代，人工智能不断融入产业，新技术、新设备带来了新的产业模式，促进传统产业转型升级，也催生了人工智能新兴产业。有许多创业者追随时代潮流，前赴后继进入人工智能新兴产业，而要想在众多竞争者中脱颖而出，引起风险投资的关注，在创业期获得风险投资，必须重视寒武纪带给我们的如下启示。

第一，构建富有竞争力的商业模式。寒武纪专注于技术开发，希望能通过多样的高新技术为更多的客户服务。在企业发展过程中，一个好的商业模式可以取得事半功倍的效果，寒武纪从产业的视角出发，根据市场需求进行技术创新，获得技术优势。基于云端、边缘端、终端三大场景进行产品开发，建立起自己的产品体系，获得产品优势。商业模式是企业一切经济活动的基础，它决定了企业的资源流向，基于商业模式，可以明确企业的竞争优势和竞争策略。寒武纪凭借技术优势和产品优势获得了AI芯片领域的领先地位。

第二，将创新作为发展的驱动力。当今世界是一个创新的世界，世界的发展离不开创新，企业的发展同样如此。寒武纪之所以能发展得如此迅猛，就是因为它不断加大投入，持续鼓励员工创新，积极引进创新人才，将创新融入企业发展的全过程，促进所在领域的技术创新与进步，研发出创新的人工智能芯片产品。创新对于创业企业而言，是发展的重要驱动力。

第三，专注于核心领域，聚焦核心技术。当今世界，科技竞争越发激烈，只有将核心技术掌握在自己手中，才有与竞争者抗衡的资本。要把握发展的主动权，就要牢牢抓住核心技术，核心技术积累得越多，企业也就越有底气，越能得到发展。寒武纪不断从基础领域出发，加大对核心领域的研究，在人工智能芯片领域持续投入，研发相关技术和产品，申请了众多的技术专利，积累了丰富的核心技术成果，如此才能在激烈的竞争中“底气十足”。寒武纪在核心技术方面的优势，让它获得了合作客户的极度认可，从而保证了品牌的口碑。

资料来源

1. 袁景 . 基于哈佛框架对寒武纪公司的分析 [J]. 中国管理信息化，2022，25（23）：48-50.

2. 关邨 .“中国芯”酝酿“寒武纪”的爆发——中关村芯片企业上市启示录 [J]. 中关村，2020（8）：35.

第一节　认知资本运营

资本运营能够实现企业的价值增值，扩大企业规模，增加企业收益，是促进企业发展壮大的重要方式和手段。资本运营有多种模式，在资本的流动和重组过程中，实现企业资本结构的优化。资本运营是收益和风险并存的活动，创业企业需要采取动态的风险管理措施以降低资本运营的风险。

一、资本运营的内涵

1. 资本运营的概念

经济学家索托（Soto，2005）从狭义的角度理解资本运营的概念，认为资本运营是一种技巧和手段，借助这种技巧和手段实现资本的成倍增长。付裕（2021）从广义的角度理解资本运营的概念，指出资本运营是对企业拥有的各类生产要素与社会资源进行的运作、经营、重组、优化配置等活动，目的是实现企业的资本增值。宋李民、杨孟杰和王洪超等（2022）指出，企业进行资本运营的动因是增强核心竞争力和提升价值。总结来说，资本运营是对企业的资本及其运动进行运作和管理，整合企业的内部资本和外部资本，在资本的流动和重组中实现资源的优化配置和资本增值，提升企业的价值。

2. 资本运营和生产经营

曹永峰、杨俭英和孟伶云等（2019）指出，资本运营和生产经营都是企业进行价值管理的活动，二者既有联系又有区别。资本运营和生产经营的联系主要是二者的最终目的相同，都是为了实现企业价值最大化。二者在企业的实际运作中是相互影响的，生产经营是资本运营的基础，企业没有良好的生产经营活动就难以进行资本运营，引起资本市场的注意，资本又是生产经营的前提，雄厚的资本实力保障了企业生产经营活动的顺利开展，而资本运营是企业实现资本增值的主要途径。因此，资本运营和生产经营是相辅相成、相互作用的，具有密切的联系。

资本运营和生产经营的区别主要体现在以下 3 点：第一，两者的运作对象不同。资本运营主要针对企业的资本及其运动，关注的是企业的价值层面。生产经营主要针对的是企业的产品生产和销售过程，关注的是企业经营过程中的使用价值，其直接目的是提高企业产品和服务对消费者的吸引力，提升市场竞争力。第二，两者的经营领域不同。资本运营侧重于资本市场上的操作，既涉及企业的内部资本也涉及外部市场上的资本，促进资本的流动和重组；生产经营侧重于企业的产品生产、销售和运营过程，其主要活动发生在生产资料市场、劳动力市场、商品市场等。第三，两者的经营方式不同。资本运营主要通过直接、间接投融资方式，例如发行股票、发行债券等，加速资本周转，提高资本运营效率；生产经营主要是针对产品进行研发、创新，控制生产过程的质量和效率，通过开辟营销渠道、增强营销效果提升销量等。

3. 资本运营的特点

资本运营的对象是企业的资本及其运动，结合资本和资本运动的特点，可以总结出资本运营的四大特点，如图 3–1 所示。

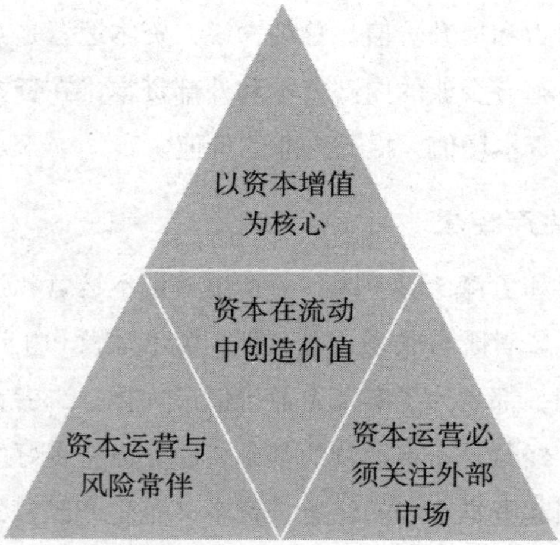

图 3–1　资本运营的四大特点

（1）以资本增值为核心。资本运营是围绕企业的价值层面进行运作和管理，对资本进行合理配置，提高资本价值。资本运营可以实现以较少的投入获取较大的收益，资本既包括有形资本也包括无形资本，借助各种运营方式和手段，可以实现资本增值。

（2）资本在流动中创造价值。资本运营就是要让资本流动起来，盘活存量资本，加速资本运转，将资本从低效益的地方流动到高效益的地方，最大限度地提高资本价值。资本流动的方式有兼并、收购、重组等。

（3）资本运营与风险常伴。资本运营具有高收益的同时也会伴随高风险，由于商业环境、资本市场的波诡云谲，资本运营中存在经济风险、财务风险、经营风险等，一不小心就可能会使企业陷入生存危机中。

（4）资本运营必须关注外部市场。企业内部的资源只是很小的部分，要想最大限度地提高资本运营的效率和价值，必须关注外部资源，提高整合、配置外部资源的能力。资本运营要突破地域、行业限制，拓宽活动领域和空间，以开放的姿态探寻使企业资本增值的途径。

二、资本运营的内容及模式

1. 资本运营的内容

资本运营的内容根据不同的分类方式有不同的关注点。第一，从所获资本的时间点角度，资本运营可以分为增量资本运营和存量资本运营。前者是针对企业新增投资进行的运营活动，而后者是对企业目前拥有的资本进行合理运作，例如资产剥离等，从而使内部资本配置更优。第二，从资本运营整个过程的角度，资本运营的内容包括先期筹集资本、前期进行资本投资、中期开始资本运动与增值、后期分配资本增值。资本运营的前提是有资本，因此筹集资本是首要环节，也就是企业进行融资，融资的方式有直接吸引投资者投资、公开发行股票并上市、发行债券等。有了资本之后就可以进行资本投资，将资本用于生产运营提高企业竞争力，增强企业硬实力，也可以用于资本运营，通过金融投资、产权投资等方式实现资本增值。资本运动和增值发生在资本投入使用之后，资本只有经过运动，在不同环节周转、流动，才有可能以较低的投入获得较高的收益。资本实现增值之后就涉及价值分配问题，企业借助资本运营赚取的利润，先要缴纳所得税等，转化为净利润后才归企业股东所有。资本运营赚取的利润可以用来优化企业经营和扩大资本运营，也可以用于分红，激励企业的核心人才。

2. 资本运营的模式

资本运营模式是根据企业战略采取的不同表现形式的资本运营策略，企业可以同时采取多种资本运营模式，资本运营模式运用得好能够取得事半功倍的效果，但如果运用不当也可能导致企业严重的财务危机或其他危机。资本运营模式主要包括 3 种：扩张性资本运营模式、收缩性资本运营模式和创新性资本运营模式。

（1）扩张性资本运营模式。采用扩张性资本运营模式的目的是扩大企业规模，主要途径有内部资本积累、企业投资、兼并重组等，表现为企业的融资活动、并购活动。企业融资有股权融资和债务融资。股权融资是吸引外部投资者，能够在短时间内快速筹集大量资本，但对原股东的股权有所稀释；债务融资是向金融机构贷款或发行债券，不会影响原股东的控制权，但会让企业的债务压力增大，需要适度使用。企业还可以通过并购，整合优质资源，改善企业的运营，使企业规模扩大。杨熹（2012）认为，资本扩张在为企业带来扩张的同时也会隐藏风险。

（2）收缩性资本运营模式。采用收缩性资本运营模式的目的是更好地整合企业现有的资源，剥离低效的资源，实现整体的效率优化。任立群（2013）指出，收缩性资本运营的方式有资产剥离、企业分立、股份回购、分拆上市 4 种。资产剥离是将企业的不良资产剥离出去，避免企业走入下坡路，促进企业寻找新的发展路径，重新获取利润。企业分立就是一家企业分拆成两家或两家以上的企业，企业可能是出于提高资产或改善经营的考虑，为了企业的长期利益而采取企业分立。股份回购有利于适当收缩企业的经营规模，改善企业的资本结构，增强控制权，在企业发展较为成熟的时候可以帮助企业开辟新的利润点。分拆上市是指将母公司的部分业务独立出来，形成一家子公司单独上市，既有助于母公司聚焦核心业务，也有利于子公司业务的独立发展。

（3）创新性资本运营模式。采用创新性资本运营模式是企业为了应对新的商业环境和资本市场，将扩张性和收缩性资本运营模式进行整合，创造出新的资本运营模式，包括产融结合、境内外整体上市、战略联盟和无形资产。产融结合是产业和金融业相互持有股权，共同发展，提高整体效益；境内外整体上市是同时打开国内和国外市场，促进企业规模扩大，分散企业风险；战略联盟是集合两个或两个以上的多个企业打造产业链联盟，联盟内的企业能够共享资源、协同作战、共同成长；无形资产主要是研发制造中的专利、知识产权等，企业凭借高水平的研发和一定程度的技术壁垒，可以获得较高的行业地位和市场占有率，从而获得市场竞争力。肖松（2006）研究了海尔集团的产融结合、TCL 集团的境内外整体上市两种资本运营创新模式，认为资本运营的创新探索对企业发展有着重要意义。

三、资本运营的意义

从企业的角度而言，资本是企业进行一切活动的基础，企业的生产研发、营销运营、人员管理等活动都需要资本的支持，对资本的运作、转换资本形式，就会影响企业其他方面的经营。资本运营是为企业的整体运营服务，对企业发展具有重要的意义。从社会的角度而言，资本运营促进了资本的流动，包含投资以及并购重组等内容，而投资是拉动经济增长的“三驾马车”之一，并购重组可以推动产权流动，因此，资本运营可以促进经济发展、改善经济结构。

1. 资本运营对企业的意义

（1）资本运营可以整合资源，扩大企业规模。资本运营的方式有融资、兼并收购、投资控股、参股等。融资可以直接增强企业的资本实力，为企业筹集资金，企业可以利用筹集的资金扩大企业规模。若企业想扩大经营领域，又没有相关基础和经验，从零开始建设会十分耗费时间和精力，就可以通过兼并收购的方式，直接并购一家该领域内的企业，整合人员和业务，以较低的成本和风险快速进入该领域。投资控股、参股可以促进资本流动、产权流动，实现资本增值，为企业创造收益，从而增加企业利润、扩大企业规模。

（2）资本运营有利于优化企业业务。市场环境处于不断变化中，现在的优势业务也可能由于环境的改变而被淘汰，所以企业需要应时而变，不断优化业务、更新迭代产品。资本运营可以借助各种形式快速进入新的领域，从而拓展企业的业务领域，吸纳优秀人才，利用已经搭建好的成熟渠道或已经小有名气的品牌，降低进入新领域的风险，增强自身实力，优化企业业务运营。

（3）资本运营有助于改善企业资本结构。资本运营使得资本在不同企业、不同行业流动起来。资本包括有形资本和无形资本，有些资本对本企业而言没有太大意义，但对别的企业有重要作用，可以通过资本运营进行资本的转让、置换，从而获得更有利于企业发展的资本。企业的资本结构主要由债务资本和权益资本组成，二者的比例关系会影响企业的资本结构优劣，可以通过资本运营调整二者的比例关系，例如增加权益资本、减少债务资本，从而改善企业的资本结构。

2. 资本运营对社会的意义

（1）资本运营可以促进社会资本流动。资本运营让资本市场活跃起来，将居民手中的社会资本调动起来，企业可以在资本市场上进行直接融资，吸收社会资本，减少对政府推动的间接融资的依赖。社会资本的充分流动有利于经济发展。

（2）资本运营有助于改善经济结构。资本运营既推动了资本流动，也促进了产权流动，在企业的兼并、收购、重组等过程中，企业的产权也在发生变化，使得资源进行重新配置，有助于改善不良资本，强化优质资本。资本运营也能促进国有企业产权制度的改革，通过并购、资产剥离、分立等提高国有企业的运营效率。资本运营可以有效提高企业的经济效益，从而提高社会经济效益，改善经济结构。

四、资本运营的风险及其防范

1. 资本运营的风险

资本运营的风险来自未来收益和期望收益的偏差。由于环境的变幻莫测和不可预测性，市场状况和企业的经营状况处于随时变化中，同时人的认知是有限的，对信息的获取、分析能力也是有限的，只能基于现状和历史趋势对未来进行一定程度的预测，但是在企业发展过程中，影响因素众多且有无法预知的突变，这些都会导致风险的发生。资本运营的风险有多种类型，如图 3–2 所示。

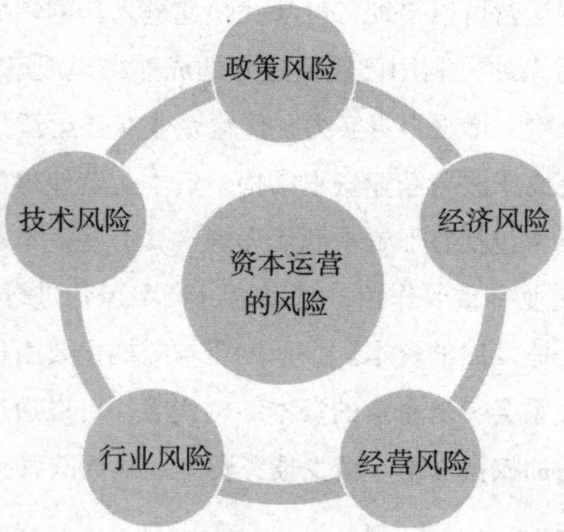

图 3–2　资本运营的五大风险

（1）政策风险。国家的财政货币政策发生变化会影响资本市场，对相关行业颁布的限制或促进政策会直接影响行业的未来发展，所以政策的变动有可能引起资本运营风险。

（2）经济风险。通货膨胀、金融危机等经济事件会对企业的投融资等资本运营行为产生重大影响，宏观经济环境发生变化，资本运营也可能发生变动。

（3）经营风险。企业可能由于人员变动、内部管理失调、外部市场变化等原因导致经营不善，企业的经济效益低下，使得企业的价值降低，引起资本运营的风险。

（4）行业风险。行业的发展有其生命周期，行业的竞争格局也在随时变化，如果行业进入低谷期或者有强劲的竞争对手进入都可能导致企业遭遇震荡，经济效益变差，引起资本运营风险的发生。

（5）技术风险。技术的研发、探索是一项没有准确结果的事情，而且技术研发需要长时间的努力和大量的金钱、资源的投入，但仍有可能无法得到研发成果或者研发成果无法转化、变现，也可能在长时间的研发过程中市场需求发生变化，导致研发方向错误。这些会导致企业花费了大量资源却没有获得相应的收益，造成巨大损失，容易引起资本市场的质疑，影响资本运营活动。

2. 资本运营风险防范

资本运营的风险是必然存在的，风险产生的影响有大有小，甚至有可能产生毁灭性的后果，给企业造成难以挽回的损失。由于风险的发生来自不断变化的环境和有限的认知，为了减小风险发生的概率、削弱风险发生的影响，可以采取一些防范措施，对风险进行动态管理。

基于不同的风险类型，可以采取不同的风险防范策略。政策风险和经济风险会影响所有运营主体，影响范围比较广，并且难以预测，防范难度较大，企业领导者必须审时度势，多关注政治、经济事件，思考背后的逻辑，具备前瞻性眼光，尽可能预防此类风险。经营风险、行业风险和技术风险主要针对单个或者同领域的多个运营主体，受企业自身情况的影响较大，可以通过组合投资等方式进行一定程度的避免。

基于风险发生的原因，可以采取不同的风险防范策略。如果是可预测的环境变化引起的风险，就需要根据分析预测的结果，提前做好准备，及时更新、优化企业的产品、销售、运营等，使其符合未来发展的需要。如果是不可预测的环境变化引起的风险，虽然这类风险难以防范，但是不能忽略，要时刻关注各种信息，居安思危，不断巩固自身实力，即使遭遇风险也能保证生存、快速恢复正常经营。如果是认知有限引起的风险，就需要不断学习，提高认知，广泛收集、分析各种信息、数据，借助团队的智慧和工具的力量，做出最优的决策，尽可能减小风险发生概率，降低风险发生的影响。

风险防范的具体措施有以下几种：第一，回避风险，选择风险较小的资本运营方案，不进入高风险的项目，从根本上避免风险造成的不良后果。第二，损失控制，如果风险不可避免，可以对风险造成的后果进行一定程度的控制，通过建立预警系统，及时发现风险，及时采取措施，尽可能降低损失。第三，转移风险，企业可以通过签订合同将部分或全部风险转移给其他参与者，也可以通过购买保险将风险转移给保险企业共同承担。第四，分散风险，利用组合投资的思想，增加收益来源，当一部分利益受损时，还有其他部分的利益来源维持生存和发展，从而分散风险，减小风险发生时对整体利益的影响程度。

资本运营专栏 3-1

格林美：资本运作意义几何

1. 企业简介

格林美股份有限公司（以下简称格林美），成立于2001年。格林美专注于电子废品的回收及循环利用，重新打造出高技术的电子产品，变废为宝。格林美是我国规模化废品循环利用的领军企业，在废弃资源循环利用领域享有200多项技术专利，其中超过40%都是国际级核心专利，在行业内具备极强的技术先导性，是国家高新技术企业。

2. 资本运作

由于环保、循环利用在我国的概念还不够成熟，资本市场目前也没有该领域相应的运转机制，因此格林美的收益与其他新能源电池领域的企业还存在明显的差距。以企业留存收益所占百分比为例，2019—2022 年，格林美的占比一直保持在 10% 左右。但反观华友钴业、光华科技等在新能源电池领域与格林美定位类似的企业，其企业留存收益的占比保持在 20% 左右，约是格林美的两倍。格林美留存收益的不足，表明企业内部可支配的资金量十分有限，这也意味着如果想要保证企业的正常运转和健康发展，就要求企业拥有强大的资本运作能力。

（1）专业化的运营团队。

格林美的管理团队很早就预见到企业未来庞大的资金需求，因此企业的管理部门在建立之初就是围绕着资本运营这个主要命题来构建的。在内部，格林美从财务、资金、投资、证券和审计 5 个部门出发，将企业的资本运营内容分成 5 个部分，并相应地分给对应的部门。财务部门主要负责掌握资本运营的方向，通过财务核算、管理等一系列分析工作，为企业的资本运营制定具体的资金预算和规划；资金部门主要负责企业融资的具体执行过程和资金管理；投资部门负责对外投资项目的研究和管理；证券部门主要负责与监管部门、媒体、投资者的沟通交流以及定期的企业信息披露等工作；审计部门主要负责监督、审核企业的资本运营工作，保证资本运营的质量。在外部，格林美与专业投资机构如汇丰源、京能同鑫进行合作，让投资机构的高管对负责资本运营的相关员工进行培训，并且长期跟踪，对企业的资本运营工作进行建议和指导。

（2）资产重组。

格林美资本运营中的一个关键手段在于企业的资产重组。在格林美的发展初期，环保底色非常浓郁。但随着时代的发展，格林美发现新能源材料这一综合行业的发展前景远远超过传统的环保行业，因此，格林美希望通过资本运营的手段来帮助完成企业定位的转换，主要手段包括业务剥离和分拆上市。例如格林美旗下的子公司格林循环，其主要业务是电子废品、废塑料的回收利用。2019—2021 年，由于国家政策对于环保产业的积极引导，且政府补贴的力度很大，格林循环的业务增速非常迅猛。但随着环保概念的热度不断消退，政府的补贴力度也随之减少，而政府补贴占格林循环该业务的营收达到 20% 以上，因此该项业务的经营状况显著下降，已经达到了瓶颈阶段。在这种情况下，格林美决定将该项业务从格林循环剥离，同时推动剥离业务后的格林循环和格林美作为大股东的宁达环保上市，强化格林美的新能源业务。由于新能源材料企业的估值中枢一般是传统环保企业的3倍左右，因此格林美的估值也在资本运营下提高了很多。

（3）多元化的融资渠道。

格林美的运营团队为企业规划了包括证券、基金、全球存托凭证（GDR）3条主要融资路径。在证券领域，格林美通过多次定向增发和发行债券来募集资金，截至2023年第一季度直接募集资金额超过150亿元，占总募集金额的三成以上。在基金领域，格林美和投资机构、环保产业的其他企业成立了多支基金，用于外延并购、新兴业务以及重点项目投资。格林美在湖北省荆门市市政府的牵头下，与荆门蓝源设立了格林美蓝源循环经济产业发展基金，主要投资循环经济产业链上下游的好企业和政府重点项目。在GDR投资方面，格林美在瑞士发行GDR，能够获取审核时间短、限制少的海外资金，募集的资金也主要投向新能源领域，又能在海外市场提高知名度，快速占领欧洲新能源产业市场。

3. 发展与总结

总体来看，格林美资本运营的亮点在于专业化的运营团队、目标明确的资产重组和多元化的融资渠道3个方面。通过高效的资本运营，既让格林美解决了自身的生存问题，消除了企业的财务危机，又帮助格林美完成了从环保领域到新能源材料领域的战略转型。因此，格林美的资本运作模式，既值得资金紧张的创业企业学习借鉴，也为那些寻求第二增长曲线的企业提供了一条思路。

资料来源

1. 格林美股份有限公司官网 .

2. 格林美：循环经济二十载 中国绿色发展理念的实践者 [J]. 资源再生，2021（12）：28-31.

第二节　并　购

并购是企业发展过程中的一种重组行为，涉及企业之间的产权交易。并购促进了产权流动，是优化资源配置、提高资源利用效率的重要途径，能够有效调整产业结构。在并购领域，并购的程序、并购价值的评估和并购后的整合是较为复杂和需要引起重视的部分。

一、并购的内涵

1. 并购的概念

并购是合并、兼并和收购的总称，是指各种企业重组行为。并购通过产权交易的方式获取其他企业的控制权或所有权，从而实现企业的重组，改善企业的经营，增加企业的价值。合并是指两家或两家以上的企业在符合法律规定的前提下结合成一家新的企业，原来的企业不复存在，新企业继承原来企业的资产、债务、权利、义务等。兼并是指将一家企业并入另一家企业，保留一家企业的法人地位，由该企业掌握被兼并企业的经营决策控制权，承担被兼并企业的资产、债务、权利、义务等，不新设企业。收购是指一家企业主动购买另一家企业的全部或部分股权、资产，成为另一家企业的股东，掌握被收购企业的控制权，但是被收购企业的法人地位不变，还是两家企业。

学术界对并购的研究主要集中在并购动机方面，学者们对并购动机有不同的见解。赫姆维希特（Hemvichitr，2018）在实证研究的基础上提出并购有利于增强主并购方的核心竞争力。张翼飞（2018）指出横向并购有利于企业整合业务和客户资源，提高市场占有率。希利（Healy，1992）、帕勒普（Palepu，1992）、鲁巴克（Ruback，1992）研究得出并购活动在很大程度上受到代理行为的影响，也就是管理者的想法会对并购活动产生深刻影响。总结来说，企业采取并购行为主要有以下 3 种动机：第一，企业扩张动机。并购是将两家企业合并为一家企业，一家企业的生产能力、市场开拓能力、渠道积累、客户积累等资源可以为另一家企业所用，因此，并购企业能够以较低的成本和较快的速度实现企业扩张，既可以是开拓新的市场、发展新的业务领域，也可以是增强生产能力、扩大市场规模。第二，管理者个人动机。企业决策的制定原则是企业价值最大化，但是企业的决策在很大程度上受到管理层的影响，管理者对决策结果的判断受到个人因素的影响，例如个人的认知水平、对风险的偏好程度等，如果管理者判断并购会给企业带来较大收益，那么就会极力促进并购活动的进行。第三，分散风险动机。企业可以通过并购丰富收益来源，实现资产多样化，从而分散风险。

2. 并购的类型

经济学家马尔门迪尔（Malmendier，2018）、莫雷蒂（Moretti，2018）、彼得斯（Peters，2018）根据并购双方的行业关系，将并购划分为 3 种类型：横向并购、纵向并购和混合并购。

（1）横向并购，指并购双方处于同一行业，生产经营同类的产品和服务，具有替代或竞争关系。利用被并购企业已经成熟的生产能力，借助横向并购，帮助主并购企业扩大同类产品的生产规模，实现规模生产，降低生产成本，提高经济效益。横向并购还能减少行业内的竞争者，提升企业在该行业的竞争力和市场地位。

（2）纵向并购，指并购双方处于产业链上的不同位置或同一产品生产的不同环节，具有互补关系。纵向并购有助于将供需交易内部化，减少交易费用，还能帮助企业拓展产品生产、销售环节，加强各环节的协作，提高运营效率，减少对外部的依赖。

（3）混合并购，指并购双方处于不同行业，二者之间没有直接联系。混合并购多用于企业拓展业务领域，进军新市场的时候，能够快速集中进入新领域所需要的资源，降低扩张风险。混合并购也是企业实现多元化经营的途径之一，多元化经营有利于企业分散风险，把握更多市场机会。

二、企业并购的程序

创业企业基于对自身情况的分析以及对未来发展的展望，做出并购决策，希望通过并购实现企业扩张或达到其他目的。虽然不同的并购案例实施程序各有不同，但一般都需要经历以下 5 个步骤，如图 3-3 所示。

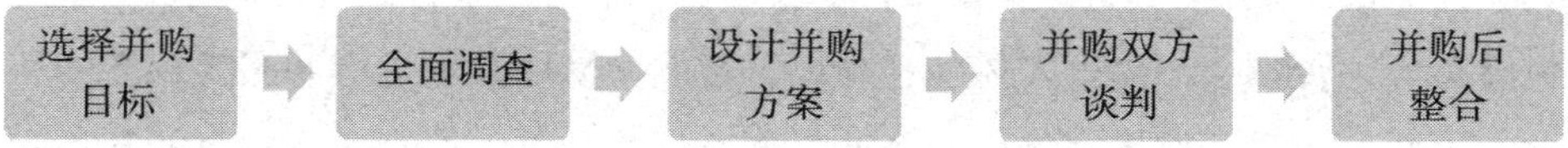

图 3-3 企业并购的程序

1. 选择并购目标

并购目标可能是被动出现的，也可以是买方企业主动搜寻的。被动出现是出于机缘巧合，在企业的运营过程中，管理者意外发现了合适的并购机会，或者是经由中介机构介绍，获取目标并购企业。被动出现有可能会有较好的并购目标，但是主动搜寻是提高并购目标质量的更佳途径。企业主动搜寻并购对象是对企业的战略发展有清晰的规划，将并购作为企业发展的一个环节，因此，对并购目标的要求有准确的理解，对并购活动有明确的方向。虽然主动搜寻需要付出更高的成本，但是搜寻到的目标经过筛选和评估，是与企业更匹配、更符合企业需求的并购目标。并购目标的选择可以考虑到二者从事的行业的关联性、并购目标的天然条件、可利用的价值等。

2. 全面调查

对目标企业进行初步判断认为其符合企业的并购战略之后还要进行全面的调查，深度评估目标企业的经营状况、财务状况、资源情况等，深入挖掘目标企业表象之下的东西，分析其优劣势、对企业的增益以及未来的发展。该阶段的调查专业性较强，企业需要组建专门的调查团队开展相关工作。调查主要包括四个内容：外部环境、内部环境、财务状况和价值评估。外部环境主要关注并购目标所处的行业和市场竞争格局；内部环境主要关注并购目标的生产、销售、运营管理等能力和资源；财务状况侧重于并购目标的资金流动性、偿还债务的能力和近期的资金周转情况，同时需要格外注意这些财务信息是否真实可靠；价值评估是在调查的过程中寻找合适的交易价格，并购的价格确定是非常复杂的，涉及很多方面的影响因素，也是并购能否顺利进行的关键。

3. 设计并购方案

由于企业和普通的商品不同，其交易过程更为复杂。企业是一个开放性的系统，包括各种资产、债务，需要履行的权利、义务等，不能简单地标完价格就交付给买方，否则会产生很多风险和隐患，影响交易的顺利进行和买卖双方的利益。因此，在全面调查完之后，企业需要基于其结果，综合考虑自身的条件和卖方的意愿，设计出一份并购方案，内容包括并购范围、并购价格、支付方式、附加条件等。如果方案设计较为合理，符合买卖双方的要求，并购就能很快被推进。

4. 并购双方谈判

在经过前面 3 个步骤的充分准备之后，并购就进入谈判阶段。将两家企业进行合并涉及诸多事项，也涉及众多的利益相关者，双方必须就并购要发生的事情进行逐项商讨、明确，以实现双方的利益最大化。谈判内容包括确定并购方式、并购价格、并购后的整合问题、相关法律文件的拟定等。

5. 并购后整合

经过前面 4 个步骤后就基本可以实现对目标企业的并购，但并购行为远不止于此，并购后的整合也是重中之重。如果两家企业无法顺利地进行整合，产生预期效益，那么并购也只能以失败告终。

三、企业并购价值评估与确定

企业并购价值的评估和确定是并购能否成功进行的先决条件之一。企业并购价值涉及并购双方的利益，价格合理，双方满意，交易就能快速推进，反之，就要经过多轮谈判，调整价格直至双方满意或者放弃交易。企业是一个复杂的系统，确定企业价值要综合考虑企业现有的资源、创造价值的能力、未来的发展价值等多方面的因素，对企业的整体价值和企业并购后的预期效果进行评估，形成最终的并购价格。评估企业价值的方法主要有收益法、资产基础法和市场法 3 种。

1. 收益法

收益法是通过评估并购目标未来的预期收益，再借助适宜的折现率折算成现值来确定并购目标的价值。其优势在于能够反映目标企业的获利能力，充分考虑了资产未来收益和货币时间价值，得到的结果更容易使交易双方接受。使用收益法涉及 3 个重要参数——自由现金流、折现率和收益期限，需要对这 3 个参数做出科学合理的判断。收益法的缺点在于未来难以预测，环境的变化有一定程度无法预知的部分，所以参数的确定难度较大。

2. 资产基础法

资产基础法是指通过评估并购对象的各项资产价值和负债确定目标企业的价值，需要企业对并购目标的资产组成和负债情况进行详细尽调，以利于企业明晰交易的价格底线，也便于买方理解目标企业的价值构成。资产评估的价值标准有多种选择，包括账面价值、市场价值、清算价值、续营价值和公允价值。账面价值是一种静态的评估标准，不考虑资产的市场价值波动，适用于并购目标经营困难的情况；市场价值指目标企业在市场供求关系下决定的价值，目标企业的市场价值受到资产重置成本和增长机会价值的影响；清算价值是指目标企业失去增值能力，面临破产清算，将目标企业的每个实物资产单独出售获得的价值，再减去目标企业的负债；续营价值是指基于目标企业的未来收益能力评估的企业价值；公允价值是指将并购目标持续经营情况下的预期收益按照给定的贴现率折算的现值。资产基础法的缺陷在于没有考虑到目标企业的无形资产以及并购后产生协同效应的价值。

3. 市场法

市场法也叫市场比较法，是指将并购目标与类似的企业或近期交易成功的类似案例进行比较，然后分析二者之间的差异，进行相关调整确定并购目标的价值。一般需要找到多个可比较的对象作为参考物，选择的案例要和目标企业在多个方面都类似，尤其是经营和财务方面，这样才能获得一个较为准确、科学的评估结果。市场法的优点在于能够客观反映当前的市场价格，其缺点在于类似的案例不容易寻找，极具参考性的比较对象难以获得，需要高度活跃、完善的资本市场，否则容易产生不合理的估值。

四、企业并购后整合

成功收购了合适的目标企业后，还需要将两家企业进行合并，因此，即使选择的目标企业本身具有良好的价值创造能力，并购后的效果也有待考察。企业并购后的整合能够在更大程度上决定并购这一决策的价值，有时候整合不到位，并购就无法产生预期的效益，甚至损害企业的利益。并购后整合是一个涉及面广泛的复杂过程，两家企业原本有各自的运作机制、管理风格、企业文化等，现在要将它们合二为一，并且实现价值增值，因此，对这一过程必须进行精心的设计，精准施策，不断地优化、改善与磨合。整合的主要内容包括 4 个部分：资产和业务的整合、企业战略的整合、企业员工的整合和企业文化的整合，如图 3-4 所示。

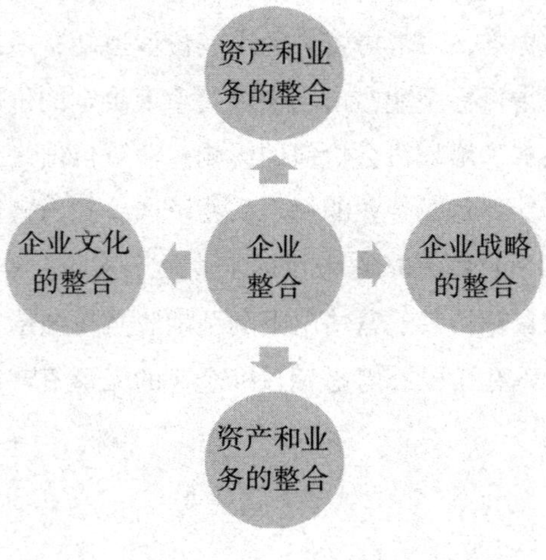

图 3-4　企业整合的 4 个部分

1. 资产和业务的整合

资产和业务的整合是并购后整合的重要部分，需要根据双方企业的经营状况和战略发展规划，对被并购企业的资产和业务进行处理。对于资产方面，需要盘点被收购企业的资产，将不必要的资产进行出售、置换等，对资产进行重组以符合整合的需求。对于业务方面，需要保留符合企业发展要求、有良好获利能力、能够形成协同效应的业务，停止不符合企业发展需要、获利能力低、无法融入买方企业的业务。

2. 企业战略的整合

并购之前的两家企业有各自的发展战略和规划，实行并购之后，二者成为一个整体，必须要有一致的目标和方向。为了最大化并购活动的收益，需要基于目标企业的业务资源以及并购目的，将目标企业纳入整体发展战略，实现买方企业的战略升级，实现两家企业在并购后的战略协同。

3. 企业员工的整合

很多企业重视并购后有形资源的整合，但是容易忽略无形资源的整合，而很多时候无形资源才是真正决定一家企业价值的关键因素。人力资源在企业运行中发挥着不可替代的作用，使得并购后企业人力资源的整合成为重点和难点之一。企业被收购之后，企业战略会发生变化，企业的规章制度、管理人员、文化氛围等都会发生变化，这对员工而言需要一个适应的过程，如果适应不好可能产生离职率过高、工作绩效不达标等问题。因此，企业在实施并购后，要注意及时优化人力资源管理，加强与员工的沟通、交流，了解员工的想法和需求。为并购后的企业制定完善的人力资源管理制度，保障人力资源管理活动的规范进行，使企业员工快速适应并购后的企业，保持良好的工作状态。

4. 企业文化的整合

企业文化是一种隐性但是有巨大力量的因素，它是一种长期影响，经过时间的推移根植于员工头脑中。因此，企业文化的整合是一件难度较大的事情，需要买方企业持续进行文化宣传，促进文化变革，强化新文化的入脑入心。根据并购双方企业文化的强弱和企业战略的需求，企业文化的整合有 3 种模式——被并购方放弃自身文化融入买方企业、双方都进行企业文化的调整和互相整合、双方保持文化独立。

资本运营专栏 3-2

美的：并购发展之路

1. 企业简介

美的集团股份有限公司（以下简称美的），成立于 1968 年。美的从家电行业起家，随着时代的发展，从传统家电制造业全面进军高科技综合产业，成为全球化科技集团，整体业务范围更为广泛，形成了涵盖智能家居、工业技术、楼宇科技、机器人与自动化、数字化创新的综合业务板块。美的是我国一流的消费类科技企业，并购对美的的发展壮大产生了深刻影响。

2. 美的的并购历史

美的的并购之路从 20 世纪末就已经开始，并购的企业数量非常多，并购成为美的业务扩张、战略转型、企业成长的重要实现途径。美的的并购历史主要可以概括为 3 个阶段。

（1）第一阶段。

在这一阶段，美的的并购目标主要聚焦于家电行业内部的企业，提高美的在其核心产业链中的地位，收购的企业主要有小天鹅、东芝、CLIVET 和 Eureka。其中，小天鹅是我国第一台洗衣机的制造者，在洗衣机领域拥有庞大的市场和客户资源；东芝是来自日本的一家世界知名的家电品牌，主要生产冰箱、电饭煲等小型家用电器，是日本家电行业的主导者；CLIVET 是一家意大利的中央空调企业，主要占据着中东和欧洲的市场；Eureka 是全球最有名的吸尘器品牌之一，专注于清洁市场。收购这 4 家企业，美的的目的非常明确，就是在国内家电市场面临激烈竞争、行业利润率不断下降的情况下，调转枪头走入海外市场，进行集团的全球扩张，为美的在家电行业的发展注入新鲜血液。

（2）第二阶段。

美的在第二阶段的并购目标主要聚焦于工业机器人行业，目的在于获取工业机器人行业的先进科技，收购的企业主要有德国库卡机器人和Servotronix。德国库卡机器人是一家在工业机器人领域拥有领先技术成果的机器人企业，拥有100多年历史，为全世界各地的企业级客户提供技术服务和设备一体化解决方案。与德国库卡机器人一样，Servotronix也是立足于机器人领域，但企业的主要业务侧重于机器人的运动操纵和智能化，为机器人、半导体、医疗等产业的企业提供机器人运动控制方案。美的第二阶段的并购主要是为了解决企业遭遇的产业瓶颈问题。在我国近10年的发展过程中，劳动力成本快速上升，同时家电行业也进入了发展瓶颈，市场趋于饱和，而数字化转型和人工智能成为行业发展热潮。在这种情况下，美的决定在生产线上用机器人替代人工，减少人工成本，提高企业利润，也顺应了数字化转型的时代要求。但由于国内工业机器人发展水平较为落后，进入壁垒也很高，因此美的决定通过并购的方式实现工业机器人的技术深化和改造，同时进一步地优化产业结构，提高生产效率。

（3）第三阶段。

美的前两个阶段的并购都与自身的业务和产业有紧密的联系，而第三阶段的并购则是为了进入新的行业，拓宽自身的发展空间。从2020年开始，美的先后并购了变频器领域的合康新能、扶梯行业的菱王、医疗行业的万东医疗和新能源行业的科陆电子等。当然，美的的并购并非漫无目的，例如，收购菱王是为了助力美的的智慧楼宇这一企业战略，收购科陆电子和合康新能则可以帮助美的构建“电网—储能—家用电器”这一条完整的产业链，从而与美的的家电主营业务结合，多层次协同发展。这些并购活动帮助美的完善了如今的五大业务领域，实现了传统家电企业向全球化科技集团的飞跃。

3. 发展与总结

不同阶段的并购，帮助美的应对激烈的市场竞争、拓宽市场，帮助美的在较短的时间内获得先进的技术、完善产业链、突破行业发展瓶颈，也帮助美的进入新的行业，为寻找企业发展的第二增长曲线提供了一条新的思路。通过一系列的并购措施和全球化的协同运营，美的海外市场的营收不断突破，2016—2022年连续 7 年，美的的海外市场营收占企业总营收都超过了四成。相信美的在未来能够依托并购企业更好地发展产业协同优势，引领整个行业的进步。

资料来源

1. 谷博颖，耿晓媛 . 企业并购绩效分析——以美的集团并购库卡集团为例 [J]. 商城现代化，2021（12）：98–100.

2. 杨天宇 . 以美的并购库卡看企业并购效果 [J]. 北方经贸，2020（10）：53–55.

第三节　资本收缩

资本运营包括扩张性资本运营和收缩性资本运营，创业企业在不断发展的道路上，除了需要利用扩张性资本运营提高企业实力、扩大企业规模之外，也需要通过资本收缩修正企业的运营管理，剥离不良资产，提高资源利用效率。收缩性资本运营主要有资产剥离、企业分立、分拆上市、股份回购 4 种形式。

一、资本收缩的内涵与发展

1. 资本收缩的内涵

资本收缩是一种缩小企业规模的经济行为，企业在发展过程中可能有些业务经营不善、与企业未来的战略不符或者企业扩张失败，需要砍掉部分业务进行业务重组，在这些情况下就需要进行资本收缩。关于资本收缩的定义，不同的学者有不同的看法。我国著名经济学家范恒山（2000）将资本收缩定义为使企业经营资本规模缩小的资本运营方式。罗良忠（2003）认为资本收缩包含企业分立、资产剥离（直接出售）、股份回购、分拆上市等方法，通过这些方法使企业减小经营资本规模，从而优化资源配置，创造更大价值。由此，可以总结出资本收缩的两个重点：一是资本收缩在形式上表现为缩小企业规模，在作用上表现为优化资源配置，促进资本增值或减小资本损失；二是资本收缩和资本扩张的辩证统一，二者是共同存在、相互影响的，资本收缩容易出现在资本扩张之后，而资本扩张也容易出现在企业应用了资本收缩策略之后。

2. 资本收缩在西方的产生和发展

伴随着西方现代企业制度的产生，资本运营方式越来越多样，资产剥离、分拆上市和分立等现象时有发生。西方国家的企业自 19 世纪以来，基于时代的发展发生了 5 次兼并浪潮，逐渐转向多元化经营战略。不断兼并扩大的背后，也出现了资产剥离等资本收缩方式的应用。20 世纪 80 年代之后，西方国家的企业对多元化经营战略进行调整，因为很多企业在采取多元化经营战略之后，由于业务领域增多、资源分散、管理困难等问题使得企业面临经营失败和亏损，于是企业对业务领域和企业规模进行收缩，将经营非核心业务的子公司和部门从企业剥离，将不良资产也进行剥离，实施收缩性经营战略。

3. 资本收缩在中国的产生和发展

资本收缩在我国的发展，离不开 1993 年的国有企业改革。国有企业改革过程中对一些非主营业务资产和非经营性资产进行剥离，其目的是提高国有企业的运营效率，减轻负担。随后，我国很多上市企业也逐渐应用资本收缩战略来优化企业的资本运营，企业采取的资本收缩方式也逐渐丰富起来，资本收缩成为企业经营活动的一部分。

二、资产剥离

资产剥离是基于企业发展战略的需要，将企业拥有控制权的部分资产，例如产品线、子公司、无形资产等，出售给第三方，从而获得现金、股票或现金和股票混合形式的收益。企业利用资产剥离可以有效处理不适宜企业发展的资源，换取资产，不仅能够优化企业的业务结构和经营管理，还能获取资产为企业注入新鲜血液。

1. 资产剥离的动因

（1）获取流动资金，优化企业结构，更好地发挥企业价值创造能力。资产剥离是将企业的部分资产进行出售，对卖方企业而言，出售的资产是企业不需要的、对企业价值较小的，但对买方而言，这些资产是能够发挥作用的、买方企业所需的，卖方企业的资产能够通过出售换取流动资金。卖方企业将部分资产出售之后，也可以优化企业结构，精简业务，集中优势资源，更好地创造价值。

（2）匹配企业战略的变化。由于商业环境的不断变化，企业的经营战略也要随之改变。如果企业转移了经营战略重点，那么就要剥离和企业新战略不相符的子公司、经营部门、产品线等。如果企业之前经历了无序扩张，使企业经营负担过重、管理效率低下，企业就需要采取收缩战略，通过剥离部分非核心业务收缩企业的业务领域，使企业专注于有竞争优势的领域。

（3）降低企业风险。被剥离的业务和其他业务共同占用了企业的管理资源、人力资源、财务资源等，却无法创造相应的收益，就会导致企业的资源利用效率低下，管理失衡，有可能引发企业的经营风险，及时的资产剥离能够降低这一风险的发生。资产剥离也可以用于应对恶意收购，防范自身被其他企业收购，降低被收购的风险，也可以通过出售资产换取流动资金避免破产，降低破产风险。

2. 资产剥离的步骤

（1）前期筹备。企业决定进行资产剥离后，首先要选择操作资产剥离的人员，组建剥离团队，成员包括企业运营、财务、会计、法律等方面的专家。其次需要拟定资产剥离方案，收集企业和被剥离资产的相关信息，明确企业剥离资产的原因、企业的发展战略规划、企业目前的运营状况、被剥离资产的状况等。最后对被剥离资产进行包装，提升其出售价格，获取更高收益。

（2）制定剥离计划，包括确定资产剥离方式和寻找买方。基于被剥离资产的特点、管理者的预期以及市场环境，选择适宜的资产剥离方式，例如向控股股东出售资产、向非关联企业出售资产、管理者收购、员工持股计划等。寻找买方可以通过经纪人、投资银行等中介组织，也可以利用广告。寻找到潜在的买方之后，要对其进行深入调查，明晰其购买资产的原因、财务状况、经营状况等。

（3）评估被剥离资产价格。合理的价格是交易得以顺利进行的基础。评估被剥离资产的价格可以采用现金流折现法，利用净现值反映资产价值具有合理性和说服力，还可以利用基于收益的评估模型，通过市盈率测量价值，或者基于资产的评估模型，通过直接投资项目的资产销售价值来测量价值。

（4）完成剥离。买卖双方对被剥离的资产进行调查、评估后，经过谈判、协商，确定各种细节性问题，达成一致意见，进行合同的签订和各种文件的交割，由买卖双方的律师和董事长执行。

三、企业分立

企业分立是指一个企业分成两个或多个企业的行为，企业分立后其财产也会做出相应的分割。企业分立有两种类型——新设分立和存续分立，二者的主要区别在于企业分立后原企业是否存在。新设分立是企业分拆后形成两个新企业，原企业不复存在，存续分立是从原企业中分拆出新企业，原企业仍然存在。

1. 企业分立的动因

（1）优化管理人员激励。如果子公司和母公司所处产业不一致，发展模式不同，就需要管理人员充分发挥能动性，促进企业的发展，因此，对管理人员的激励非常重要。企业分立后，可以和管理人员签订协议，将管理人员的报酬和其业务单位的股票价格挂钩。子公司的规模一般比母公司小，业务领域更加集中，管理人员的自主权更大，管理人员为了获取更大的收入，就会不断提高工作的主动性和积极性。

（2）提高管理效率。随着企业规模的扩大，业务范围变广、部门增多，运营复杂化，管理资源难以协调分配，管理成本增加而收益不会成比例地增加。在这种状况下，企业可以通过分立分拆出子公司，优化企业的结构，将企业的部门或业务进行重组，整合资源，提高资源利用效率。企业分立后，可以实现管理的分权，有利于缩小管理幅度，提高管理效率。

（3）获取税收收益。企业分立对企业和股东都是免税的，而资产剥离需要承担比较大的税收负担，所以企业分立相比资产剥离具有税收优势。企业为了获取税收优惠而进行企业分立是一个常见的战略手段。

2. 企业分立的步骤

（1）准备阶段。企业基于战略原因或其他原因产生分立的想法后，首先要进行财务分析，确定企业分立这一行为的经济可行性，企业分立后能创造比分立前更大的收益，进而由董事会达成初步意向，并起草分立草案，后续交由股东大会讨论。

（2）做出企业分立决议。将准备阶段拟定的分立方案提交股东大会讨论，经过股东投票表决，按照公司章程做出企业分立决议。

（3）订立分立协议。由原企业股东对分立的相关事项订立协议，并签订合同，协议内容可以由分立各方自行商定，包括分立形式、财产分割相关问题、员工安置等。

（4）政府主管机关批准。企业分立需要经由政府批准。

（5）实施分立。根据企业分立的形式，对所有者权益和财产分割进行相应处理，企业的债务分配情况需要企业编制资产负债表和财产清单，在协议中明确写明，并通知债权人。

（6）办理登记手续。如果是新设分立，原企业不存在，需要办理注销登记，而新企业需要办理设立登记；如果是存续分立，原企业存在但登记事项发生变化，需要办理变更登记，分立出来的新企业需要办理设立登记。

四、分拆上市

分拆上市是指上市企业将其部分业务或某个子公司分拆出来，向社会公开出售部分股权，使子公司单独上市，同时原有股东有自行认购的权利，一般母公司或母公司的股东都会保留子公司的部分股权，甚至处于绝对控股地位。

1. 分拆上市的动因

（1）优化母公司业务，提高子公司价值。母公司在实施多元化战略的时候进入了较多的业务领域，同时子公司经营表现良好，在自己的领域有一定竞争力，优于自己所在领域内的其他企业，那么，母公司就可以选择分拆上市，既能优化母公司业务，又能让子公司在资本市场的价值被重新评估，提高子公司价值。

（2）子公司可以拓宽融资渠道，提高经营能力和成长能力，缓解母公司的资金压力。子公司单独上市后可以实现自主经营，拥有独立的董事会和管理层，可以直接对接资本市场，丰富融资渠道，提升融资效率，也能让资本市场充分认识子公司的情况，增加融资机会，从而减轻母公司的资金压力。

2. 分拆上市的步骤

（1）准备阶段。上市企业和分拆子公司都需要满足相关规定，不同的上市分拆类型，需要遵循的规定和要履行的程序也不相同。企业在准备阶段需要获知各种规定，明确关键节点，以便后续的规范操作。

（2）分拆阶段。董事会确定好分拆的业务或子公司，分拆方案需要经由股东投票表决，按照公司章程做出分拆上市决议。之后，上市企业需要发布相关公告。

（3）上市阶段。企业上市前需要进行综合评估，选择在哪个市场上市、上市路径等，在不同的市场上市，企业需要做的工作也不尽相同，因此，企业要全面分析上市面临的问题，进行综合评估，保障上市工作的顺利进行。正式启动上市工作时，需要进行上市辅导，包括推荐、审批、审计等。

资本运营专栏 3-3

海康威视：分拆上市的二次增长

1. 企业简介

杭州海康威视数字技术有限公司（以下简称海康威视），成立于 2001 年。海康威视专注于物联网、人工智能、安防等领域，致力于技术创新，早在 2011 年就已成为全球视频监控领域市场占有率第一名。海康威视秉持科技改变世界的理念，截至 2022 年年底，企业累计拥有授权专利 7597 项，拥有软件著作权 1709 项，是我国一流的科技企业。

2. 子公司分拆上市

分拆上市指的是企业将一部分资产或业务转移至其子公司上市的行为。这一手段的目的主要是出于理顺业务架构、突出主业优势、优化产业布局、促进价值实现等战略层面的考量。2021年，海康威视公布了旗下子公司萤石网络于科创板上市的预案。萤石网络将作为海康威视旗下的智能家居服务平台独立上市。其实早在一年前，海康威视就已经公告了旗下一家子公司分拆上市，在其涉足的众多业务领域中，最终选择了智能家居及云平台领域。

海康威视分拆旗下子公司上市，主要是出于以下几个方面的原因。

第一，安防行业作为海康威视的主要经营领域，实际上高速增长的红利期已经过去。2018—2020年，海康威视的营收增速已经连续3年保持下降趋势。尽管海康威视在业内拥有绝对的话语权和技术领先优势，但从国内的大环境来看，国家安防领域的发展已经告一段落，其发展战略也已经从平安城市向智慧城市转变，行业的发展已经遭遇瓶颈，企业发展的天花板同样也已经出现。为了防止海康威视在这种情况下走下坡路，企业开始着手布局工业机器人、红外设备、智能家居及云平台等领域，不断拓宽业务领域，发展创新业务，成立子公司包括萤石网络、海康机器人、海康微影、海康汽车电子、海康消防等。2022年，海康威视的创新业务收入占营业收入的18.12%，与上年同期相比增加了22.81%。海康威视的创新业务发展迅猛，萤石网络作为海康威视首家分拆上市的子公司已经于2022年挂牌科创板。

第二，海康威视分拆上市，也是以政策为导向的。近年来，A股上市企业分拆上市活动频繁发生，其中的关键原因之一是我国政策的鼓励。对资本市场而言，分拆上市能够提高直接融资比重、完善资本市场功能、优化资源配置；对企业而言，分拆上市能够拓宽业务领域、提高企业质量、增强竞争力、促进企业的二次增长。2019年，证监会发布《上市公司分拆所属子公司境内上市试点若干规定》，让分拆上市在国内的施行有了法规依据。2022年，证监会公布《上市公司分拆规则（试行）》，使分拆上市在国内的施行更加明晰。在政策的支持下，分拆上市的热情高涨。海康威视在创新业务领域的布局成效卓著，对部分创新业务的估值良好，具备独立上市的实力。目前，海康威视已经成功将萤石网络分拆上市，预计再将海康机器人分拆上市，进一步促进企业的业绩增长。

第三，分拆上市能够促进新业务的快速增长。随着海康威视的发展壮大，企业规模越来越大，主营业务增长乏力，必须要进行市场开拓、业务创新，寻找新的增长点。分拆上市能够保证企业聚焦主营业务的同时，发展新业务，并且使新业务独立发展，快速占领市场，实现资本扩张。海康威视的子公司业务和母公司业务是相互关联的，因此，母公司可以为子公司提供渠道、技术、管理等方面的资源，帮助子公司快速成长，而子公司可以帮助母公司提升业绩、促进融资等，实现母公司的二次增长。

3. 发展与总结

多元化是创业企业发展壮大的重要方式之一，随着业务领域的增加，企业的精力、资源有限，为了聚焦主业、提升业绩，分拆上市是一种可选择的有效途径。随着竞争越来越激烈，创业企业必须更加注重创新，持续探索新的增长领域，未来，分拆上市的企业一定会越来越多。海康威视的分拆上市，是企业求新、求变、谋发展的一次尝试。与此同时，它也为遭遇发展瓶颈的企业获得二次增长、陷入艰难境地的企业破解当下困局提供了一条新的思路。

资料来源

1. 赵云帆 . 海康威视拆分海康机器人 IPO 在即 工业机器人行业开启“增量博弈”[N].21 世纪经济报道，2023-04-05（9）.

2. 张赛男 . 海康威视的资本谋局：两度分拆 机器人业务拟冲刺创业板 [N].21 世纪经济报道，2022-06-14（9）.

五、股份回购

股份回购是指上市企业为了收缩股本，借助一定的方式方法，购回本企业发行在外的部分股份。股份回购通过减少企业的实收资本来调整企业的资本结构，对企业的发展具有一定价值。

1. 股份回购的动因

（1）调整企业的资本结构。企业的资本结构包括权益资本和债务资本，股份回购可以减少所有者权益、提高资产负债率，从而调整企业的资本结构。股份回购还可以帮助企业实现减资，企业在发展过程中经营规模经常会发生变化，股份回购是一种调整资本结构，使之与经营规模相适应的合法途径。

（2）调整企业的股价。企业将市场上流通的部分股份回购后，可以使参与企业收益分配的股份减少，每股权益增加，也可以向股民传递一种积极信号，增强股东的投资信心。从这两个角度来说，股份回购有利于提升企业股价，对股票价格进行积极的调整。

（3）作为股利分配的替代手段。股东获取收益的方式有两种，一种是股票分红，另一种是转让持有的股票。根据我国的税收政策，股票分红需要缴纳个人所得税，税负较高，而股票转让无须缴纳个人所得税，税负较低，因此可以用股份回购作为股利分配的代替手段，获得税收优惠。

2. 股份回购的步骤

（1）准备阶段。股份回购涉及股东和企业的利益，为了保障双方的利益，保证行动的顺利进行，需要先进行财务审计、资产评估和法律审查，为后续的回购价格以及回购程序的履行做准备。

（2）董事会层面，形成股份回购预案，做出董事会决议。召开董事会，对股份回购的相关事项进行协商，包括回购股份方式、回购资金来源、回购价格、回购股份种类和数量等，形成股份回购预案，并发布公告。

（3）股东大会层面，对股份回购预案进行决议。根据相关法律规定，需要代表三分之二以上表决权的股东同意，股份回购预案才能通过。

（4）依法向相关部门报送股份回购的备案材料。涉及的材料包括回购股份的申请、董事会和股东大会决议、财务报告、法律意见书等。

（5）实施股份回购。股份回购有 3 种方式，包括固定股价招标收购、竞价式收购和公开市场回购，根据拟定的股份回购方案，履行相关程序。

（6）股份回购结束后，企业对回购的股份进行注销或者作为库藏股持有，并进行工商登记的变更。

第四节　风险投资

风险投资由国外发展而来，是一种能够有效促进中小企业发展、推动创新创业氛围、增强科技成果转化，带动经济增长的新兴投融资方式和工具。风险投资对创新和科技发展发挥的重要作用使其获得各国的重视，我国也在不断完善风险投资机制，鼓励风险投资不断扩大。

一、风险投资的内涵与发展

1. 风险投资的内涵

风险投资属于投资范畴，与传统投资有所区别，是一种重要的资本运作方式。风险投资的内涵有广义和狭义两种。从广义的角度，风险投资泛指高风险、高收益的投资，正如其名，突出投资的高风险性，投资人看重的是潜在的未来收益，与传统投资的回避风险、追求稳定收益形成差别。从狭义的角度，风险投资主要指投资处于发展初期的具有高速增长性的新兴技术型企业，将投资的侧重点放在了具有发展潜力的高科技产业上。风险投资关注的是潜在市场和未来的发展，而传统投资更倾向于现有的市场，更好地进行收益预测。此外，风险投资的对象多为创业企业，风险投资人会向创业企业提供创业管理服务，为创业企业提供帮助和指导，使创业企业实现更好的发展，也能让自身在创业企业成熟后借助股权转让等方式获取收益。

2. 风险投资在国外的发展

风险投资起源于 20 世纪二三十年代的美国，那时候有一些富裕的家族和个人为一些他们看好的企业提供资金，帮助他们生存和发展，形成了风险投资的前身。20 世纪 50 年代，美国的风险投资开始快速发展，并在一段时期后成为独立的产业。1946 年，美国研究与发展公司的成立标志着风险投资行业的诞生，这家企业由职业金融家管理，专注于为具有发展潜力的新企业提供权益性融资。20世纪90年代后，大量的风险投资资金支持了创业企业的发展，使得美国的科技成果转化率大幅提高，涌现了众多的优质科技企业，使得风险投资活跃于美国资本市场。其他国家和地区受美国的影响，也兴起风险投资这一资本运作方式。欧洲在经历了一段萧条期后，意识到创新对推动经济、社会发展的巨大作用，而风险投资是高科技产业孵化和发展的重要支持，是帮助技术创新型企业度过发展初期的关键资金来源，因此，欧盟采取了多种措施保障风险投资在欧洲的发展，助力风险投资的壮大。日本的风险投资可以追溯到20世纪70年代，但是其风险投资活动受到本国企业和社会文化的影响，没有达到一个较高的活跃水平，使得日本的高科技产业发展受限，因此，日本政府采取了一系列措施促进风险投资事业的发展。

3. 风险投资在国内的发展

我国的风险投资活动发展较晚，一直在不断地探索和进步中，随着国家和社会对创新创业的重视和大力推动，风险投资也成为重要的投资活动。成立于1985年的中国新技术创业投资公司，是我国第一家风险投资机构。随后，国家逐步对发展风险投资事业提出战略方针，各省市也积极响应，鼓励创业活动的开展，促进风险投资的发展。20世纪90年代末和21世纪初，我国的风险投资事业进入一个快速发展的阶段，风险投资机构蓬勃发展，风险投资额大幅提升。互联网时代更是涌现了众多的新兴科技企业，也推动了风险投资在国内的发展。随着供给侧结构性改革的深入、创业板的上市和启动、创新创业活动的高涨，国内的风险投资日益活跃。

二、风险投资的特征与意义

1. 风险投资的特征

风险投资具有四大特征：高风险高收益、参与管理、权益投资、中长期投资，如图3–5所示。

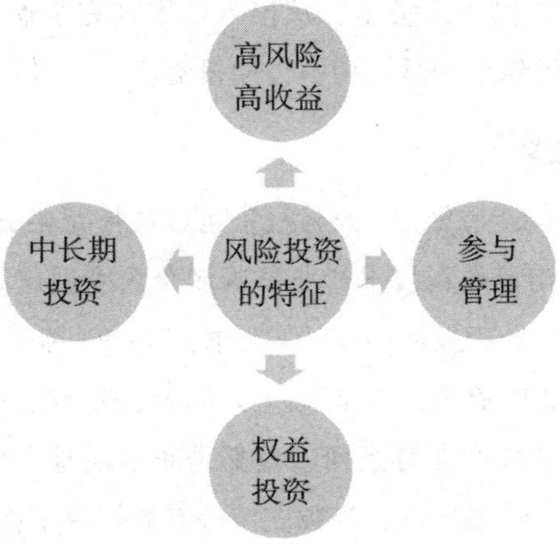

图 3–5　风险投资的四大特征

（1）高风险高收益。风险投资最显著的特征就是高风险和高收益，这也是风险投资和传统投资最明显的区别。风险投资的高风险在于投资的对象是处于发展初期的中小企业，尤其是高新技术企业，企业能否创业成功受到众多因素的影响，而高科技产业更是波诡云谲，企业的未来难以预测，风险投资的收益也就难以保障。但是，投资对象一旦创业成功，风险投资者就可以以较低的成本获得高额的回报。

（2）参与管理。与传统投资只提供资金不参与管理不同，风险投资不仅是对创业企业的资金支持，还有管理支持、人才支持等，因此，参与管理也是风险投资的一大特征。风险投资人为了降低投资风险，提高创业成功率，会凭借自身的经验和资源帮助企业、指导企业，例如挑选企业的管理层、监控企业的财务状况、组建企业的董事会等。

（3）权益投资。风险投资多采用参股的方式进入创业企业，等创业企业成熟后，就可以通过上市、股权转让等方式退出。创业企业经过成长，股价会大幅上涨，从而获取高额收益。风险投资是一种权益资本，通过股票获取收益，风险投资人的主要目的是帮助创业企业成长，获得资本增值。

（4）中长期投资。由于创业企业的发展需要经历较长时间，尤其是高新技术产业，从形成概念、技术研发、成果转化到商业变现，都需要时间去实现。相应地，风险投资也会分阶段投入资本，从投入资本到完全退出，一般要经历 3～7 年，甚至更久，所以风险投资是一种中长期投资。

2. 风险投资的意义

（1）促进高新技术产业发展。风险投资可以从拓宽融资渠道、加快技术成果的产出和转化、推动构建高新技术产业群等多个角度促进高新技术产业的发展。风险投资的主要对象是处于发展初期的高新技术企业，中小企业由于信誉资质较低，难以从银行贷款获取资金，于是风险投资成为其重要的融资渠道。技术的研发、研发成果转化、形成产业等系列过程都是非常耗时、耗力、耗钱的，因此，风险投资的资金支持、管理支持、资源支持等有效提高了高新技术企业的存活率和成功率，促进了高新技术产业的发展。

（2）促进创新创业。创新是促进发展的关键动力，创业是实现创新的重要途径，但创新创业也是一件高风险的事情，很多创新者和创业者因为缺少相关资源望而却步。风险投资给予了创新者和创业者实现想法的机会和支持，减少了创新者和创业者的压力，对创新创业形成了巨大的激励作用，刺激了更多的创新创业行为，促进了创新创业的发展。

（3）促进经济发展。风险投资在一定程度上减轻了创业者的压力，让更多有想法但是缺少资源的创业者迈出创业的步伐，继续创业的道路，甚至创业成功。创业企业在风险投资的支持下得到快速成长，创造了大量工作机会以及进行大量经济活动，有效地促进了经济发展。

三、风险投资体系构成

风险投资体系由风险资本、风险投资人、风险企业、投资方式、退出方式等要素构成，如图 3-6 所示。

1. 风险资本

风险资本是指专业风险投资人提供给风险企业的资本。风险资本通过购买股权或提供贷款的方式进入风险企业，其来源和充足程度会直接影响风险投资的规模、运作。风险资本的来源有个人、企业投资者、银行、保险企业、养老金、政府、国有资本等，受国家和地区的不同，风险资本的来源也不同。在我国风险资本的来源中，政府和国有资本占主导地位，还有个人投资和外资企业也发挥了重要作用。

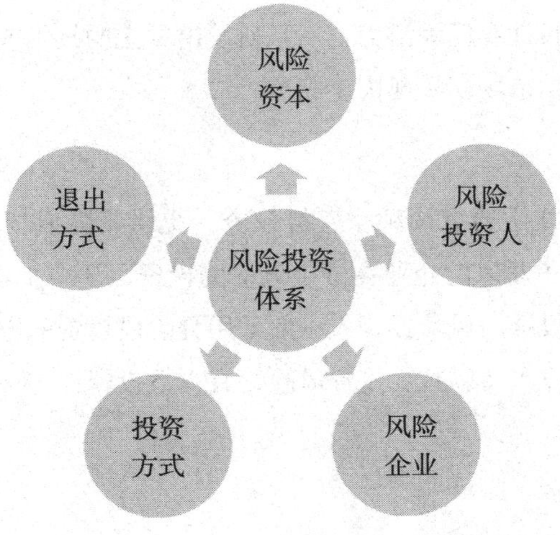

图 3-6　风险投资体系的构成

2. 风险投资人

风险投资人即风险资本的经营者和管理者，包括风险资本家和风险投资企业。风险资本家是从事风险投资事业的企业家，他们所投出的资本是个人拥有的，因此投资对象的利益与自身利益密切相关，风险资本家也会参与投资对象的管理，帮助投资对象更快地成长。风险投资企业是运作和管理风险资本的机构、组织，一般会设立多个风险资本基金，进行组合投资，涉及不同的领域、行业，以提高投资成功率，投资成功的企业越多，风险投资企业就能吸纳越多的风险资本。风险投资企业涉及出资者和提供专业知识技能的专业人员，风险投资企业要提供一种能够激励这两类人的机制。在风险投资事业繁荣发展过程中，风险投资企业形成了多种类型，主要包括有限合作伙伴制、大企业建立风险投资机构和政府引导基金投资的风险投资。

3. 风险企业

风险企业即风险资本的接受者，风险投资人的投资对象一般是创业企业。风险企业的关键在于当前企业规模不大，处于发展初期，具备未来发展潜力，能够在未来给风险投资人带来数倍甚至数百倍的收益回报。虽然风险企业规模不大，但是一般拥有高素质的领导人，能够领导创业企业找到发展方向，度过生存和发展危机，使创业企业获得成长为投资者提供丰厚收益。风险企业大多属于高新技术行业，具有高成长性和巨大潜力，一旦研发出领先的技术或创造出新颖的商业模式，就能迅速占领市场，实现快速成长。

4. 投资方式

风险投资的方式主要有 3 种：直接投资、提供贷款或贷款担保、二者的混合。风险投资人除了对风险企业在资金方面的投资，还会提供管理知识和技能、人才资源等方面的投资。风险投资人一般采用分阶段投资的方式，在创业企业发展的不同阶段分期投入，以减少投资风险，有少数投资人（一般是个人）会采用一次性投入的方式。

5. 退出方式

风险投资一般在风险企业成熟后就会选择退出，从而获取投资回报。但风险企业也可能创业失败，无法继续经营，面临破产，这种情况下，风险投资人需要及时退出、及时止损。风险资本的退出方式主要有公开上市、兼并收购、股份回购或破产清算。

第五节　风险投资的运作

风险投资涉及风险资本、风险投资人和风险企业等多个要素，风险资本从风险投资人手上通过风险投资流动到风险企业，风险企业经过运作，资本得到增值，风险投资人获得收益回报，可以扩大风险资本的规模，形成良性循环。风险资本的运作流程包括 4 个阶段：投前管理、投中管理、投后管理和退出机制。

一、投前管理：价值识别

风险投资的高风险性在于投资对象的不可预测性。创业企业一般拥有不错的想法，但是在实施过程中会遇到重重困难，企业的资源不足、管理不规范、技术难以更新迭代、竞争力不够等问题都可能在不同阶段扼杀一个创业企业，造成创业失败、投资失败的局面。因此，物色、筛选投资对象是投资成功的第一步，也就是投前管理阶段，识别投资对象的价值。投前管理包括 3 个方面：调查和识别拟投资企业的可投资性、审核商业计划书以及评估拟投资企业的价值，如图 3–7 所示。

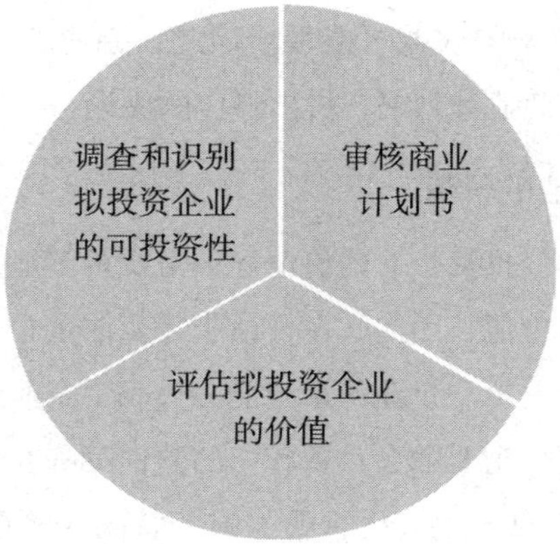

图 3–7　投前管理的 3 个方面

1. 调查和识别拟投资企业的可投资性

对拟投资企业开展尽职调查，了解企业的基本情况，重点分析企业所处行业的潜力、创业团队的能力、企业拥有的竞争优势等。如果拟投资企业进入的是蓝海市场，市场尚未被完全开发，竞争者数量较少，产业格局还未成型，则创业企业发挥的空间较大，如果创业企业有创新的技术或产品，就能较为容易地抢占市场，迅速成长壮大。创业团队是创业企业的核心，从制定战略到运营管理，都需要创业团队充分发挥智慧和能力，所以，创业团队的水平在很大程度上会决定创业企业的命运。创业团队需要一个核心领导者，具有战略前瞻性、人格魅力、技术技能等综合素质，能够拍板做决定，团队成员之间能够互补，各有擅长的领域。创业企业要想在激烈的市场竞争中脱颖而出，必须要有自己的核心竞争力，是竞争者难以模仿和替代的，一般是技术或产品的领先优势，也可以是特色的服务或营销手段等。

2. 审核商业计划书

商业计划书是一份全方位的项目计划，包括企业内部的人员、制度、管理，企业的产品、营销、市场，企业的发展状态、发展战略、资本部署等，投资人可以通过商业计划书快速地了解创业企业的商业模式、盈利模式、融资结构等。商业计划书能够体现创业团队的能力，帮助投资人判断创业团队是否有实施该项目的能力，以及该项目未来的收益可能性。因此，创业者要重视商业计划书的制作，投资人要精心审核商业计划书，做出科学的决策。

3. 评估拟投资企业的价值

在风险投资中，对拟投资企业的价值评估需要更多地关注企业的生存和发展能力、能够创造的未来价值，因此，在评估中需要注重企业的渠道能力分析、财务状况分析和法务情况分析。企业的渠道能力代表了企业触达客户的能力，渠道资源丰富，渠道效率高，企业就会具备较广的营销范围和较强的营销能力，就能有效地提高企业的销售收入。分析企业的财务状况，例如现金流、资产、负债等，可以了解企业的财务结构是否合理以及抵御风险的能力大小。分析法务情况是调查企业主体和资产权利，审核企业成立程序、相关证照、商标权等，防止发生法律风险，引起不必要的损失和麻烦。

资本运营专栏 3-4

迈塔兰斯：超透镜领域的新星

1. 企业简介

深圳迈塔兰斯科技有限公司（以下简称迈塔兰斯），成立于2020年。迈塔兰斯致力于超透镜设计、制造及应用领域的研究，秉持“成为全球领先的超透镜设计制造商”的愿景，集合了光子学领域学者、光学及半导体行业专家，积累了超透镜领域的核心技术和加工工艺，目前已有多款超透镜产品上市，广泛应用于消费电子、安防监控、5G新基建等领域。企业成立3年就已经获得近亿元融资。

2. 投资价值分析

迈塔兰斯成立不到一年，就引起了资本的注意。2021年2月，迈塔兰斯完成数千万元天使轮融资。2022年3月，迈塔兰斯又完成数千万元Pre-A轮融资。目前，企业已经累计获得亿元融资，作为一家新创企业，在短短3年时间内就能获得多轮融资，被多家投资机构看好，表明其具有极大的投资价值，具体表现在以下几个方面。

（1）广阔的市场前景。

光学镜头的应用场景非常丰富，例如手机之类的消费电子产品、医疗镜头、军事领域、专业相机、个人眼镜等。与传统透镜相比，超透镜采用的是半导体芯片制造工艺，使得超透镜更薄、更轻，应用过程更简单，成本更低。在手机、相机等产品上应用超透镜，可以减轻产品的重量、简化产品结构，并且使成像更真实。在其他领域，超透镜也有比传统透镜更好的表现。超透镜可以大批量生产，其成本与传统透镜相比大大降低。超透镜能够实现对传统透镜的更优替代，广泛应用于各种场景，拥有广阔的市场前景。迈塔兰斯选择进入超透镜领域后，在加工工艺和设计方法两个方面进行深耕，实现了主要超透镜产品的量产以及技术“护城河”的构建，保证了迈塔兰斯的产品和技术能够在各种应用场景落地。随着超透镜市场的逐渐扩大，迈塔兰斯也将成为国内该领域的佼佼者。

（2）优秀的创业团队。

迈塔兰斯的创始人是郝成龙，联合创始人有谭凤泽和朱健。郝成龙和谭凤泽都是博士毕业，朱健是硕士毕业，3人都有光学领域或半导体领域的研究经历，朱健还有3年企业管理及团队管理经验。创始人团队的技术出身，奠定了迈塔兰斯对技术研发的重视和追求。此外，迈塔兰斯拥有4名光学领域的专业教授作为科学顾问，他们对超透镜、光学领域有着深刻的理解，提升了企业的技术研发实力。超透镜是一个尚在高速发展中的产业，其产业化也是近几年才开始，郝成龙博士在迈塔兰斯筹备之时，就意识到技术、知识产权的重要性，超前布局知识产权，使得迈塔兰斯形成了知识产权方面的优势。这种超前的预见性得益于他在超透镜领域的深入研究、对超透镜产业局势的正确判断。创始人的能力、想法对创业企业的发展有着极其深远的影响。

（3）技术和产品优势。

基于迈塔兰斯创业团队的配置，企业在超透镜设计、生产等领域深耕，积累了丰厚的技术成果，在国内超透镜领域具有技术和产品方面的领先优势。在设计方面，迈塔兰斯独创单层超透镜设计理论，自主研发出一套完备的超透镜设计方案，使超透镜设计更加高效、准确。在生产方面，迈塔兰斯拥有全球领先的生产工艺，企业应用国内中低端光刻机实现了远红外超透镜的批量化生产。目前，企业的产品可应用于智能家居、安防监控、消费电子等场景，已在国内实现量产。

3. 发展与总结

迈塔兰斯在成立一年左右的时间就获得业内主流风险投资机构的多轮投资，彰显了其巨大的潜在价值。风险投资机构在投资之前都会仔细调查和识别拟投资企业的可投资性，迈塔兰斯能够获得风险投资机构的认可，得益于其选择的超透镜市场具有发展前景、专业实力雄厚的创业团队、领先的核心技术和加工工艺，这3个方面保证了迈塔兰斯的产品有市场、有质量、有竞争优势。未来，迈塔兰斯将实现超透镜全系列的自主生产，让超透镜广泛应用于各种领域，引领光学产业的变革。

资料来源

1. 侯焰 .FG 公司发展战略研究 [D]. 厦门：厦门大学，2020.

2. 程慧云，李燕兰，仲崇慧 . 中国光学元器件行业发展概况 [J]. 激光与红外，2022，52（7）：963−969.

二、投中管理：积极推进

明确了投资对象之后，为了保护风险投资人和风险企业双方的利益，需要进行投资协商以及签订相关合同、协议。投资协商是促进双方进一步了解的过程，在协商过程中需要确定投资金额、股权分配等方案。投资金额的确定是基于风险投资人对风险企业的估值以及对风险企业的期望，因此，风险企业应该充分展示自身的实力，突出自身的竞争优势，提高风险投资人对自己的估值，也能提高自身协商谈判的底气，为自己争取到所需的资金。风险投资人在谈判中要设计好对谈判结果有重要影响的因素，包括股权比例、报价、投资协议等。股权比例涉及控制权，必须要进行合理的设计；报价会在极大程度上影响风险企业的交易意愿；投资协议需要经过双方的认可，可以综合双方的意见进行制定。

经过协商谈判后，形成投资协议，投资协议规定了本次交易的具体内容，双方需要履行的权利、义务等，投资协议需要经过慎重审核，并最终签订，形成法律效力。如果投资协议审核不当，其中可能存在一些风险隐患，造成双方的利益损失。对投资协议的审核包括经济因素条款和控制因素条款。经济因素涉及投资金额、获取的股权比例、对股权稀释的要求、优先清算权的方式等，明确这些条款有利于保障投资人的收益；控制因素涉及限制创始人权利、优先认购权、回购权、领售权等，控制因素是投资者的权利，可以对风险企业和创始人进行限制。对投资协议的条款进行审核确定后，双方达成一致意见，就可以签订投资协议，按照协议内容进行本次交易。

风险投资中的一个关键事项是控制风险，风险投资人需要基于对风险的把控采取相对分散、规避风险的措施。筛选投资对象是降低风险的第一步，在投资过程中，可以运用金融工具、分阶段投资、分散投资模式等方式降低投资风险。风险投资人可以通过将股权和债权结合投资的形式，将部分风险转移给风险企业创始人，风险投资人较常运用的金融工具有可转换债券、可转换优先股等。风险投资人还可以通过分阶段投资，在发现项目难以发展时及时退出，避免一次性投入资金的风险，也可以投资多个项目，将投资分散，提高投中成功项目的概率，从而在一定程度抵消失败项目的损失。

三、投后管理：助力成功

风险投资人在完成投资后，并不是坐等收益，而是要参与风险企业的经营管理，提供一系列的增值服务，帮助风险企业成长，也就是投后管理。投后管理可以分为 4 个部分：财务管理、运营管理、关系管理和资本运营管理，如图 3–8 所示。

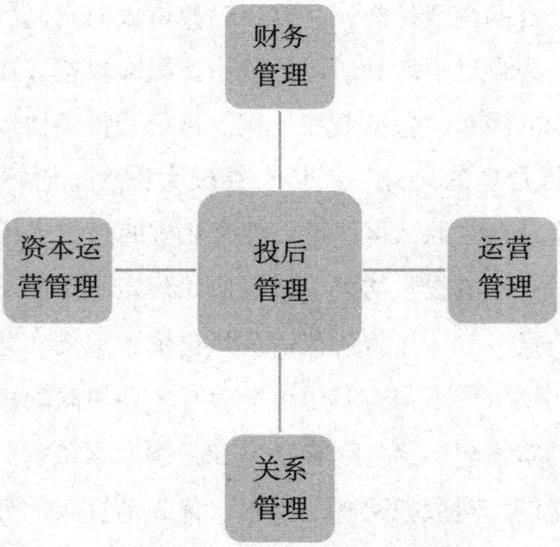

图 3–8　投后管理的 4 个部分

1. 财务管理

财务管理主要是了解企业的现金流变化，现金流变化可以反映企业的经营状况、业务状况、投融资情况等。如果企业经营活动的现金流为正，则说明企业的经营业务稳定，能够为企业创造持续的收益；如果企业投资活动的现金流为正，则表明企业没有可投资的项目，抗风险能力较弱；如果企业筹资活动的现金流为正，则表明企业的收入无法满足企业的经营管理，需要从外部筹资。由于企业的经营权和所有权分离，管理层所做的决策不一定完全符合股东的利益，所以在企业现金流为正时，投资者也需要关注企业的投资机会，促进资本增值，提高自身收益。

2. 运营管理

一些初次创业者缺少创业经验，在企业的运营管理方面容易力不从心，可能有好的创意和想法却难以落地实行。风险投资家一般是经验丰富的创业者或企业家，风险投资机构具有专业的投资团队，有丰富的投资经验，都能为风险企业提供相关建议和指导。风险投资人为了提高风险企业的创业成功率，也会积极跟进风险企业的经营情况，对管理人员的选择、更换提供建议，基于自身的丰富经验和对商业环境的前瞻性分析，识别可能的危机，与创业者协商解决方案，避免创业的失败。

3. 关系管理

投资人应该和创业者建立伙伴关系，将自身置于和创业者平等的地位，把自己当作风险企业的一员，设身处地为风险企业的发展考虑，真诚地帮助创业者减少创业旅途中的困难。创业者也应该和投资者保持良好的关系，积极向投资者寻求帮助，认真听取投资者的建议。风险投资是一种中长期的投资，投资者更会关注创业者的个人能力和潜力，有时候某个项目失败了，但是有能力的创业者还可能在其他项目中获取成功，因此，和优秀的创业者建立良好的关系，与其进行长期合作，比盲目寻找项目更可能投资成功。

4. 资本运营管理

风险企业发展到一定阶段之后，可能需要进行再融资、并购或上市等资本运作活动，实现资本增值，获得进一步发展。风险投资人是专业化的团队，长期在资本市场打拼，对资本运作驾轻就熟。对于再融资活动，一般风险投资人都会借助自己的资源和经验帮助风险企业筛选、寻找合适的下一轮投资者；对于并购活动，风险投资人可以提供并购顾问服务，其具备相关的专业能力；对于上市活动，风险投资人对上市运作十分熟悉，上市一般是较为喜欢的退出方式，风险投资人可以为风险企业提供大量的实质性帮助。

四、退出机制：获取回报

风险投资人只有明晰地看到资本运动的出口，才会积极地将资金投入风险企业。投资退出机制存在的根本意义是切实保障投资人的基本权利，退出机制可以决定投资的成败。因此，商业计划书中的退出机制是影响投资人进行投资决策的关键因素之一。退出方式主要有公开上市、股份回购、兼并与收购、破产清算 4 种，如图 3–9 所示。

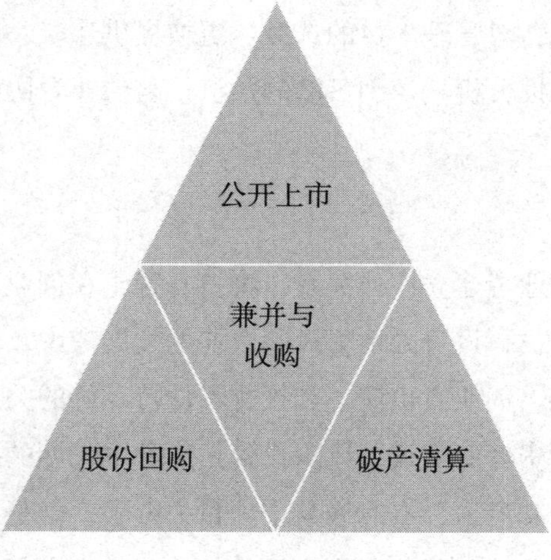

图 3–9　退出机制的主要方式

1. 公开上市

风险企业通过在证券交易所上市，使得投资者的股份可以在资本市场增值、变现，从而获得收益。公开上市的优点在于投资回报率较高。如果一家风险企业能够成功上市，则表明其具有一定的实力和发展前景，并且风险企业还能利用上市筹集资金，获得更多投资人的支持和帮助，进一步提升企业实力，提高企业价值，风险投资人能够获得的收益也就越高。因此，公开上市是投资人比较喜欢的退出方式。公开上市的缺点在于股权出售的条件和时间都会受到限制，风险投资的退出因此受限，增加了投资风险。而且公开上市对风险企业要求较高，风险企业可能难以达到上市标准，使得投资人的投资收益难以实现。

2. 股份回购

股份回购指创业者或者风险企业将风险投资人手中的股份进行回购。股份回购能够让创业者收回股权，增强对风险企业的控制权，也能让风险投资者及时退出，保证投入的资本不会“打水漂”，这种退出方式对投资双方都是有利的，尤其是当风险企业发展一般，不是很成功时，风险投资人为了避免损失，便可采用这种方式。股份回购这种方式在国外市场发展较快，得到广泛应用，成为主要的退出机制之一，但在国内的应用不是很普遍。随着国内资本市场的更加成熟以及风险投资的进一步发展，股份回购也会成为我国风险投资退出的一种重要选择。

3. 兼并与收购

兼并与收购可以统称为并购，并购也能让风险投资者获得较高的收益。风险投资人可以借助并购将自己拥有的股份出售，从而成功退出。并购比公开上市的约束少、要求低，能够立即收回投资，因此受到部分风险投资人的喜爱，并购也成为风险资本退出的常用方式。但是并购会影响风险企业的独立性，不受风险企业管理层的欢迎。

4. 破产清算

风险投资的风险性较高，有很多风险企业都不能成功，使得风险资本无法获得收益。当风险企业的发展前景不佳、成长缓慢时，未来收益的可能性较小，风险投资人为了降低损失，可以采用清算的方式退出，从而收回一定的资金。破产清算是一种及时止损的方式，风险投资人将资金收回后，可以投入下一个项目中，防止资金被套牢，错过好的项目。破产清算虽然是风险投资人不愿看到的局面，但在实际中，由于风险投资的高风险属性，仍是一种应用频率较高的退出方式。

篇末案例

科大讯飞：资本运作奠定行业龙头

1. 企业简介

科大讯飞股份有限公司（以下简称科大讯飞），成立于1999年。科大讯飞定位为一家智能语音和人工智能企业，主营业务包括两大板块：面向C端的人工智能产品和面向B端的行业解决方案。人工智能产品有翻译机、学习机、智能录音笔、智能键盘、讯飞输入法、讯飞文档等；行业解决方案涉及智慧教育、智慧医疗、智慧城市、工业智能、金融科技、智能客服、AI营销等。科大讯飞专注于技术创新，拥有自主研发的核心技术，是国内智能语音和人工智能领域的领军者。

2. 发展历程

科大讯飞创立伊始，语音产业正处于起步阶段，需要大力投入技术研发，是一个非常烧钱的过程。科大讯飞的第一笔融资来自安徽美菱集团和安徽省信托投资公司，两家企业都是国企。由于科大讯飞创始团队都是非常优秀的中国科学技术大学的毕业生，当时政府鼓励大学生创业，科大讯飞得到政府的支持，此次融资规模为3000万元，给了科大讯飞整合资源、研发产品、追逐梦想的机会。科大讯飞的第一款产品是面向消费者市场的“畅言2000”电脑软件，但是市场需求不大，产品积压，差点让企业破产，也让科大讯飞意识到自身市场战略的问题。随后，科大讯飞转向企业级客户，如华为、中兴、联想等，在这一过程中，科大讯飞不断升级、优化自己的产品和服务，满足客户需求，提升企业实力。得到这些行业内知名企业的认可，为科大讯飞插上了腾飞的翅膀。2002—2005年，企业进行了第二次融资，获得联想和复星的战略投资，不仅获得资金上的帮助，更是收获了成熟大企业在管理、趋势判断等方面的积极影响。科大讯飞在此阶段也进入发展的快车道，逐渐明晰战略目标，坚定语音产业的发展方向，优化管理和业务。此后，科大讯飞不断地在智能语音和人工智能领域扩大业务范围，持续深耕技术研发，获得多项技术研发成果，逐步覆盖产业链，构建以科大讯飞为中心的人工智能生态，成为国内乃至全球智能语音和人工智能领域的领军者。

3. 资本运作

（1）资本运作的目的。

科大讯飞的商业模式是围绕智能语音和人工智能的核心技术，研发相关产品和赋能各个行业，保持 To B 和 To C 双轮驱动，覆盖多个行业，最终构建以科大讯飞为中心的人工智能产业生态。基于这一商业模式和多赛道的发展战略，科大讯飞借助资本运作，快速拓宽业务领域，加快布局人工智能产业，实现企业的发展战略，提升行业地位和市场规模，资本运作让科大讯飞的发展如虎添翼。

第一，促进产业链的全覆盖。AI 赋能是当前社会发展中的重大命题，科大讯飞凭借在智能语音、自然语言理解、机器学习推理等人工智能领域的领先技术，已经布局教育、医疗、智慧城市、营销、企业数字化等多个赛道，逐步覆盖人工智能产业链。资本运作是科大讯飞快速拓展赛道的重要手段，通过融资、并购等方式，提高企业的资金使用效率和盈利能力，快速获得其他领域的业务能力和资源，使得科大讯飞在较短的时间内发展到如今的规模。

第二，深化技术研发实力。科大讯飞自创立之初，就立足于技术研发，领先技术是企业发展的根本，是高科技企业的核心竞争力，是必须保持的优势。目前，人工智能领域仍处于探索、发展阶段，技术更新迭代速度快，需要企业大力投入研发，但研发是一个极其费钱费力费时的过程，仅靠企业内部的研发也很难达到多个领域的技术领先。资本运作为科大讯飞提供了吸收新技术的手段，通过并购目标领域内有技术实力的企业，可以获得被并购企业的技术、研发人员等，帮助科大讯飞进行先进技术的储备，提高技术实力，有利于科大讯飞进入不同的行业领域，快速弯道超车，抢占高地。

（2）3 次并购。

2011 年，科大讯飞正式成立教育产品事业部。2012 年，科大讯飞的教育板块包含教学产品、普通话测试和英语口语考试 3 个内容，但市场还未完全打开，产品体系仍不完善。2013 年 6 月，科大讯飞收购启明科技 100% 股权，启明科技成为科大讯飞的全资子公司。启明科技是一家为全国教育招生考试提供信息化支持的企业，拥有招考信息管理、网络化考试、教育资源管理等平台，与国家考试中心、多个省市的教育招考部门形成了深度合作关系，具备强大的考试服务能力。启明科技的业务内容能够与科大讯飞形成互补，其拥有的客户资源以及强大的业务能力，能够让科大讯飞在完成收购后大幅提升教育板块的业务水平，开拓全国市场，增强服务能力。

2014 年 10 月，科大讯飞收购上海瑞元 100% 的股份，分 3 期进行。第一期为收购协议生效后，上海瑞元向科大讯飞转让 80% 的股份；第二期为上海瑞元完成 2015 年实际净利润超过 2250 万元的目标后，向科大讯飞转让 10% 的股份；第三期为上海瑞元完成 2016 年实际净利润超过 2700 万元的目标后，向科大讯飞转让剩余 10% 的股份。上海瑞元的主营业务是为各大移动运营企业提供与移动互联网相关的分析和业务优化。随着移动互联网的普及，移动互联网流量快速增长，各种应用花样百出，客户数量爆发性增加，对数据分析的需求和要求都更高。上海瑞元的信令平台在国内处于技术领先地位，能够满足不断增长的数据分析需求以及具备较快的新业务分析响应速度。此次收购有助于科大讯飞在大数据分析领域的布局，在企业庞大业务量和用户量的基础上建立大数据分析平台，借助上海瑞元的先进技术，能够在该领域建立竞争优势，扩大企业的业务范围，提高收益，提升企业的综合实力。

2016 年 5 月，科大讯飞以发行股份和支付现金两种方式收购乐知行 100% 的股权，总价 4.96 亿元，其中支付现金 1.43 亿元。乐知行是一家发展势头强劲的教育信息化软件企业，也是北京市几家信息化试点中学的数字校园开发商，在北京市教育示范和数字化改革的过程中发挥了一定作用，具有一定影响力。科大讯飞具有覆盖全国的资源以及领先的人工智能技术实力，能够和乐知行的资源、业务有效整合，增强双方的实力。乐知行在数字校园整体解决方案方面拥有丰富的业务能力，能够为科大讯飞的教育业务提供良好的经验以及进一步拓宽业务范围。收购乐知行后，科大讯飞能够顺利进入北京市场，提高在公立校园市场的影响力，为站稳全国教育市场奠定基础。

4. 资本运作亮点

第一，围绕核心产业进行产业链延伸，利用并购完成产业布局。科大讯飞深耕语音识别、人工智能等领域，向下游应用端发展至智慧教育、智能家居、智能客服等领域。科大讯飞的并购即围绕其核心产业进行布局，教育领域是其重要发力点，也是其并购的主要选择。从以上并购可以看出，科大讯飞借助并购实现了教育领域的业务完善、市场拓展和技术优化。

第二，资源整合持续增强核心竞争力。科大讯飞的并购选择是基于自身的战略目标，在教育领域业务初步发展阶段，并购启明科技公司，迅速提升教育信息化业务水平，开拓全国市场。在企业发展大数据领域的时候，并购上海瑞元公司，吸收其技术和客户资源，搭建具有市场竞争力的大数据分析平台。其后，又并购乐知行，提高构建数字校园整体解决方案的技术能力和业务能力。科大讯飞选择并购的对象都是能够和自身进行资源整合，形成协同效应的企业，通过并购能够吸收其互补优势，持续增强核心竞争力。

5. 发展与总结

科大讯飞从大学生创业发展至上市企业，再到如今的行业龙头地位，离不开有效的资本运作。在科大讯飞不断壮大的过程中，资本运作帮助企业快速进入新的领域，获取丰富的客户资源，吸收较为成熟的行业经验，增加新的利润点，使得企业能够围绕核心产业布局上下游产业链，构建以自身为中心的人工智能生态。科大讯飞进行资本运作的基础是自身具有核心技术实力以及雄厚的资金实力，在内部经营夯实的基础上，根据企业的发展战略，做出准确的资本运作决策，是科大讯飞成功的关键。

资料来源

1. 张世秀 . 人工智能企业多元化并购协同效应研究 [D]. 呼和浩特：内蒙古财经大学，2023.

2. 黄妍 . 科大讯飞连续并购绩效评价 [D]. 大庆：东北石油大学，2022.

本章小结

资本运营是对企业的一切有形资产和无形资产进行有效运营，实现企业的资产增值。资本运营有扩张性的，也有收缩性的，视企业需求决定。

本章从 5 个部分入手，重点探讨了资本运营相关问题。第一节介绍了资本运营的内涵、内容、模式、意义、风险及其防范。第二节至第五节介绍了 3 种资本运营的模式：并购、资本收缩和风险投资。并购是企业扩大规模的一种手段，资本收缩是企业缩小规模的一种手段，风险投资主要针对创业企业，是一种高风险高回报的资本运营行为，能够增强社会的创新创业动力，促进科技进步。

第四章

股权激励

高新技术的发展、商业模式的创新、日趋激烈的竞争背后，是人才的竞争，企业对人才的把握程度将在很大程度上决定企业的竞争优势。股权激励是一种应用广泛的长期激励手段，能够有效帮助创业企业保留核心人才、激发核心人才的工作动力，并且保持企业的长期稳定。股权激励计划从设计到实施，涉及的方面和需要注意的问题众多，创业企业必须要科学认知、合理运用股权激励。

华为主张在顾客、员工与合作者之间结成利益共同体。努力探索按生产要素分配的内部动力机制。我们决不让雷锋吃亏，奉献者定当得到合理的回报。

——华为创始人　任正非

开篇案例

比亚迪：股权激励的进阶之路

1. 企业简介

比亚迪股份有限公司（以下简称比亚迪），成立于1995年。比亚迪的主营业务包括电子、新能源、汽车、轨道交通等，是国内的新能源汽车行业领导者，在电池、轨道交通等领域也有着举足轻重的地位。比亚迪专注于技术研发，设立了多个研究院，强大的研发能力成为比亚迪多年发展的坚实后盾。比亚迪是新能源汽车发展战略的坚定践行者，拥有新能源汽车产业链上多个环节的自主生产能力。

2. 发展历程

比亚迪是从电池行业起家的，其创始人王传福在创业之初，非常看好电池行业，经过7年的发展，比亚迪在镍镉电池领域名噪一时。2002年，比亚迪在香港上市。2003年，比亚迪进入汽车制造行业，以生产燃油车为主。但是比亚迪一直有生产电动车的打算，只是彼时电动车市场还处于萌芽阶段。2006年，比亚迪研发了第一款电动车F3e，但是由于国内的电动车市场不成熟，充电设施不完善，这款电动车并未上市。不过比亚迪看到了这款电动车的优势，坚持新能源汽车战略，大力投入研发，逐步完善研发机制，为后面的新能源汽车市场爆发做足了准备。2008年，比亚迪推出了中国第一款自主品牌的混合动力汽车F3DM。随着我国新能源汽车政策从公共车辆开始松动，比亚迪也在深圳出租车领域进行电动车的尝试，投入纯电动车E6。随后，比亚迪在深圳证券交易所A股上市。2014年后，我国不断加大对新能源汽车产业的扶持力度，新能源汽车更是于近几年进入爆发期。凭借着对电池技术的精通以及长久以来坚持对电动车的探索、研发，比亚迪进入快速增长期。由于新能源市场的爆发，众多竞争者也纷纷入场，但是比亚迪拥有深厚的技术沉淀，在新能源汽车产业链上的电池、电机、电控等环节能够实现自主生产，拥有丰富的技术专利，全产业链协同发展的能力让比亚迪具备极大的竞争优势，成为国内新能源汽车行业的领军者。

3. 股权激励

新能源汽车研发、生产属于知识密集型和技术密集型行业，特别是比亚迪十分重视自主研发能力，采用垂直一体化的商业模式，在新能源汽车制造的上游、中游、下游环节都有布局，对新能源汽车的核心零部件电池、电机、电控等都能够独立生产，因此，企业对高科技人才具有一定依赖性，对人才的激励也自然成为企业的重要策略。股权激励是比亚迪激励核心人才的重要方式，一直伴随着比亚迪的发展，是比亚迪能够取得今日成绩不可或缺的策略之一。比亚迪的股权激励可以分为两个时期，即A股上市前和A股上市后。

（1）A股上市前。

比亚迪在H股上市前不久，其内部股权比例如下：企业的三大创始人分别占有企业约38%、16%、8%的股份，企业的核心管理层（不包括三大创始人）以注册资本金进行出资，拥有企业约22%的股份。由于H股的性质，境内股东的权益暂时无法流通变现，但是企业股份可以在未来获取收益，对核心管理层而言仍然具有极大的激励性。2007年，比亚迪采取了分拆业务上市的策略，成立了比亚迪电子，以境外架构在香港上市。借比亚迪电子上市的契机，比亚迪实行了股权激励，将一定比例的股份无偿赠予比亚迪和比亚迪电子的核心管理人员、关键技术人员，数量达到35人，锁定期为获授后的5年。这些获得股权激励的对象多是老员工，有些甚至是在企业创立之初便与企业共患难，对这些人的激励，是对他们为企业做出贡献的认可。比亚迪实现A股上市后，激励对象更是能够获得超额收益，实现身价的飞跃。这一时期的股权激励主要是针对核心管理层，个人激励力度大，限制期长。在企业发展初期，核心高管的个人能力对企业的影响较大，这种股权激励能够较为有效地保留核心高管人才，激发高管的工作动力，助力企业的长期持续发展。

（2）A股上市后。

2011年，比亚迪实现A股上市。2015年，比亚迪股价表现良好，同时，员工持股计划获得政策支持，值此之际，比亚迪推出了员工持股计划。激励对象为比亚迪和子公司的近百名关键核心员工，激励总量为企业总股本的1.32%，股权来源为控股股东王传福，王传福通过大宗交易受让1.32%的企业股份，激励对象的购股资金来源于自筹或向控股股东无息借款，锁定期为一年。此次员工持股计划发生在企业股价上涨之际，旨在让激励对象获取更多收益，同时激励员工继续提升业绩，保持股价的稳定上涨。但是，2015年中至2016年突发股灾，比亚迪的股价也是跌宕起伏，不得不对股权激励计划进行调整，延长计划存续期，以保障激励对象的合理利益。

2022年3月，比亚迪宣布停产燃油车，专注新能源汽车领域，这一重大战略转变，对企业的业务和管理是极大的挑战，因此，在不久后，比亚迪推出了新一轮员工持股计划。员工持股计划的实施一方面可以稳定资本市场的信心，另一方面可以稳定老员工、吸纳新人才，增强企业的实力，应对战略转变的挑战。此次员工持股计划由比亚迪出资超过18亿元回购企业的部分股份，免费授予激励对象，激励对象也从企业的核心管理层扩大至众多其他员工，激励对象数量达到12000人。根据企业的发展规划，比亚迪为这次的员工持股计划设置了3年解锁期，第一年至第三年分别解锁30%、30%、40%，同时约定了解锁条件，包括企业业绩条件和个人业绩条件。第一个解锁期的条件为2022年的营业收入同比增长不低于30%，第二个解锁期的条件为2023年营业收入同比增长不低于20%，第三个解锁期的条件为2024年营业收入同比增长不低于20%。个人业绩达标可实现解锁100%，个人业绩有待改进可实现解锁80%，个人业绩不达标实现解锁0%。3年锁定期可以减少企业的人员流动，在企业面对强劲的挑战时保持企业的稳定性，并且分阶段解锁能够保证员工长期的工作激情，减少出现后劲不足的可能性。

4. 发展与总结

纵观比亚迪的发展之路，可以发现股权激励是其在不同发展阶段保留人才、保持竞争优势的重要举措。在发展初期，激励对象主要针对核心高管人员，激励力度较大，限制期长。到企业发展初见成效的时候，及时对企业的核心员工采取偏奖励性质的股权激励，增强核心员工的忠诚度和信任度。进入企业发展的成熟期和战略转换期，股权激励的对象由集中激励转向普惠激励，激励对象数量大幅增加，设置了分阶段的解锁期和相应的约束规则，以最大限度地激发员工的工作积极性，应对激烈的市场竞争。未来，比亚迪仍将面临不断的挑战，人才战役持续打响，比亚迪需要不断完善长期激励机制，继续运用好股权激励手段，保持企业的长期竞争优势。

资料来源

1. 李泽容，张雅．新能源汽车企业投资价值分析——以比亚迪为例 [J]. 企业改革与管理，2023（10）：61-62.

2. 罗梨丹．比亚迪员工持股计划案例研究 [J]. 中国乡镇企业会计，2023（4）：25-27.

第一节　认知股权激励

随着人力资本价值逐渐被认可以及员工需求的改变，普通的薪酬激励已难以满足企业管理的需求。股权激励通过授予员工股权，使员工利益和企业价值挂钩，能够最大限度地激发员工的工作积极性和创造性，提高员工忠诚度，充分发挥人力资本价值，为企业创造利润。

一、股权激励的内涵与原理

由于现代企业制度的发展，企业的所有权和管理权分离，意味着股东和管理者的利益出现不一致，股东追求的是企业价值最大化，而管理者追求的是自身薪酬的最大化。一般情况下，管理者的薪酬是和企业业绩挂钩的，因此，可能会出现管理者为了追求短期业绩而过度投资，忽略企业长期发展的问题。股权激励是一种长期激励措施，能够有效应对管理者和股东利益不一致的问题，同时，也能对管理者起到巨大的激励效果。横跨经济学、公司财务与治理两大领域的大师詹森（Jensen，1976）将股权激励定义为以股票作为管理层激励的标的物，激励管理者达到业绩目标获取企业股票。顾斌和周立烨（2007）指出股权激励将管理者收益和企业的长期利益挂钩，有效增强管理者经营企业的主动性。可见，股权激励的内涵包括以下 3 点：一是股权激励的长期性。股权激励利用本企业股票为标的，激励对象并不会立刻获得现金收益，激励过程一般长达 3～5 年，甚至更久，从而减少管理者的短视行为，注重企业的长期利益。二是股权激励将管理层的利益和企业利益保持一致。向管理层授予部分股权，使管理层成为企业股东，当企业价值增加、股票价格上涨时，管理层也会获取相应的收益。将管理层从打工人心理转变为主人翁心理，使其能够设身处地为企业的发展和价值创造考虑，重视投资企业的主营业务，关注企业的长期项目价值，增强工作的积极性和主动性。三是股权激励具有约束性。企业授予管理层股权一般都会附加条件，例如达到一定工作年限或者达到一定业绩水平，对管理者形成约束作用，让管理者长期为企业服务，激励管理者提升业绩。如果企业发生经营损失也会反映在股票价格上，管理层的利益也会受损，这是股权激励对管理层的又一种约束，使其不做损害企业利益的事情，保持良好的工作态度。

股权激励的理论基础主要包含以下 3 种理论：委托代理理论、人力资本理论和激励理论，如图 4–1 所示。

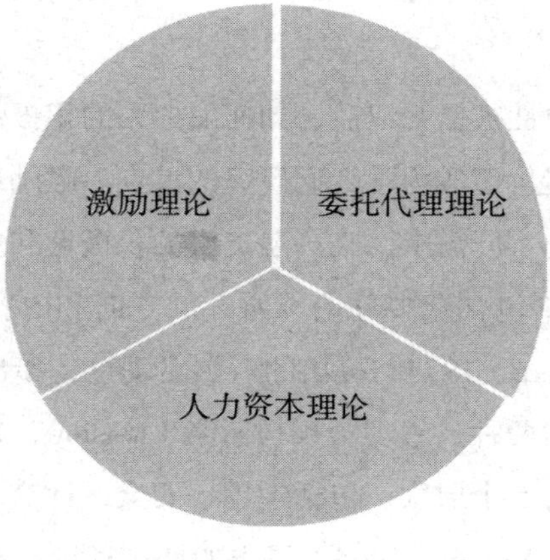

图 4–1　股权激励的 3 种理论基础

1. 委托代理理论

经济学家伯利（Berle，1933）和米恩斯（Means，1933）指出，委托代理问题的产生是由于管理层和股东利益不一致。由于经济社会的快速发展，竞争越来越激烈，企业面临的商业环境越来越复杂多变，随着企业规模的不断扩大，业务范围越来越广，管理难度也会越来越大，企业所有者的精力有限、专业能力有限，就会聘请专业的人才对企业实施管理，从而形成了委托代理关系。在这种关系下，企业的所有权和管理权分离，双方存在利益不一致的问题，管理层可能为了自身利益损害股东的利益，由此产生了委托代理问题。针对此问题，要尽可能降低代理成本，提高管理层的工作积极性，发挥管理层的人力资本价值。

2. 人力资本理论

1979 年诺贝尔经济学奖获得者舒尔茨（Schults，1990）是较为公认的人力资本理论的构建者，他将人力资本定义为存在于人身上的知识、技能、体力等价值的总和，并且强调了其对经济增长具有重要作用。在人力资本理论盛行之前，人们普遍认为物质资本是最重要的资本，但随着科技的发展，改变了传统的生产方式，人的智慧和创造力发挥着更重要的作用。人力资本可以对物质资本进行运作，为企业创造价值，提升价值，具有无限潜力，因此，人力资本越来越受到企业的重视。但是，人力资本依附于人，受人的主观能动性影响，需要被激发和运用，要想最大化地利用人力资本，就需要对员工进行激励。

3. 激励理论

在人力资本的重要性被认知以后，如何发挥人的积极性和主动性，利用员工的人力资本为企业创造价值成为学者们研究的重点。激励理论从员工需求的角度出发，通过满足员工的不同需求，来刺激员工的积极性和主动性，发挥员工的人力资本价值。激励理论包含众多理论，研究的方向和内容各有侧重，例如心理学家赫茨伯格（Herzberg，1975）提出的双因素理论，指出影响员工绩效的因素有保健因素和激励因素两种；心理学家马斯洛（Maslow，1943）提出的需要层次理论，将人的需求分为 5 个层次，包括生理、安全、社交、尊重和自我实现的需求；心理学家弗鲁姆（Vroom，1964）提出的期望理论，指出激励效果的大小与完成目标的可能性、对目标的渴望程度两个因素相关。根据激励理论可以知道，股权激励是对员工较高层级的激励，具有较强的激励效果，能够有效激发员工的积极性和主动性。

二、股权激励的动因和实施效果

1. 股权激励的动因

股权激励对企业而言是一种成本较高的激励手段，并且主要针对企业的核心员工。企业实施股权激励的动因主要有 5 种，如图 4–2 所示。

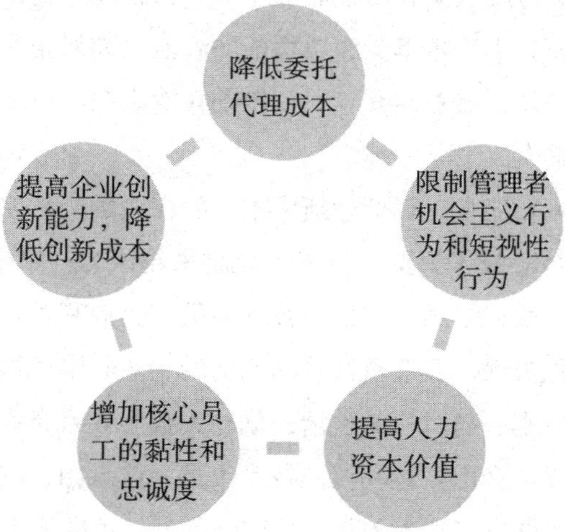

图 4–2　股权激励的动因

（1）降低委托代理成本。由于所有权和管理权的分离，产生了委托代理关系，委托人和代理人都追求自身的利益最大化，即股东和管理者处于利益不一致的位置。股东为了保证管理者不做损害企业利益的事情，会对管理者进行监督，形成监督成本；管理者做出不利的决策会造成企业的损失，形成机会成本，这些都属于委托代理成本。实施股权激励能够使管理者和股东的利益趋向一致，降低委托代理成本。

（2）限制管理者机会主义行为和短视性行为。普通的激励方式主要关注管理者任期内的业绩，导致有些管理者会做出机会主义行为以及短视性行为，谋取短期的业绩上升，从而获得奖励，而不考虑企业的长远利益。股权激励使得管理者必须重视企业的中长期利益，否则无法获得股权收益。

（3）提高人力资本价值。由于人具有能动性和创造性，其在创造价值方面发挥的作用逐渐被认为大于物质资本，人力资本越来越成为企业的关键核心资本。企业的利润主要由核心员工创造，通过股权激励，可以让核心员工分享企业的税后利润，股权激励是对人力资本价值的认可。

（4）增加核心员工的黏性和忠诚度。通过授予核心员工股权，可以获得企业的剩余控制权以及剩余价值分配权，当企业股票价格上涨的时候可以获得溢价收益，这种激励方式的力度较大，对核心员工吸引力较高。如果核心员工离开企业就会失去授予的股权，无法再享受股票增值的收益。如果企业的发展良好、经济效益好，核心员工必然不愿意离开。股权激励对稳定核心员工，提高核心员工的黏性和忠诚度意义重大。

（5）提高企业创新能力，降低创新成本。股权激励的对象不仅是企业的管理层，还针对企业的核心技术人员。技术创新越来越成为一家企业的核心竞争力，对核心技术人员进行股权激励，使核心技术人员和企业利益一致，有利于提高核心技术人员的创新积极性，营造重视技术创新的企业氛围，提升企业价值创造能力。创新是一件高成本、高风险的事情，创新失败会导致企业利益受损，实施股权激励后，失败的成本会由企业和核心技术人员一起承担，核心技术人员就会以更加认真和谨慎的态度进行技术创新，从而降低创新失败成本。

2. 股权激励的实施效果

股权激励的实施效果主要体现在降低管理成本、提升企业绩效和价值、减少非效率投资、提高创新绩效等方面。詹森（Jensen，1976）指出股权激励在一定程度上解决了委托代理问题，能够降低代理成本。汉森（Hanson，2000）和宋文华（2000）经过研究得出股权激励有降低管理成本的效果。沈小燕和王跃堂（2015）从企业产权性质的视角研究股权激励对企业绩效的影响，发现实施股权激励的企业绩效优于未实施的企业。许娟娟和陈志阳（2019）通过实证研究比较限制性股票和股票期权两种激励模式对企业绩效的影响效果，得出股票期权更有利于提高企业绩效水平。詹森（Jensen，1999）和墨菲（Murphy，1999）认为股权激励有利于促进企业的高管团队开展长期投资，从而提高企业的经营绩效和投资效率。宋玉臣、乔木子和李连伟（2017）检验了股权激励对上市企业投资效率的影响，结果发现股权激励能够从整体上提高上市企业的投资效率，既能减轻上市企业的投资不足，也能减少其过度投资行为。吕长江和张海平（2011）研究发现股权激励机制有利于抑制上市企业的非效率投资行为。翟胜宝和陈紫薇（2016）通过研究表明股权激励能够促进企业创新能力的提升，并且严格的激励型股权激励比严格的福利型股权激励的影响效果更显著。王婧、李田和霍梓轩等（2020）研究得出核心员工股权激励的广度、强度、约束条件等因素对“研发投入—创新产出”转化过程会产生不同的影响。

三、股权激励的设计原则

在长期的股权激励实践中，为了保障股权激励的顺利实行，达到激励效果，企业在设计股权激励方案的时候，必须遵守以下 5 个原则并结合实际情况进行，如图 4-3 所示。

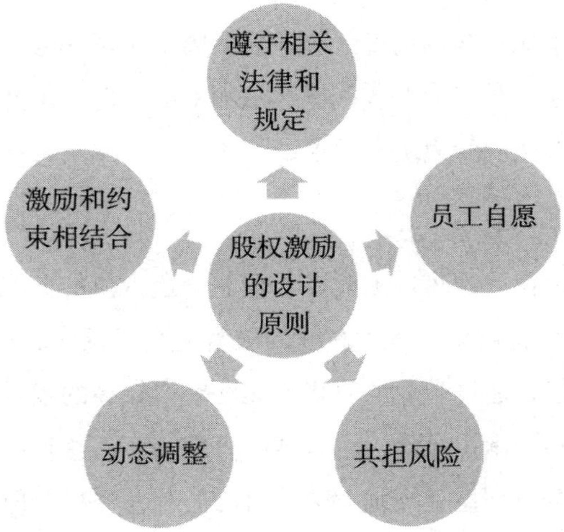

图 4-3　股权激励的设计原则

1. 遵守相关法律和规定

股权激励设计符合法律法规是最基本的原则，也是必须遵循的原则。如果股权激励方案违反了法律规定，不但不能达到激励效果，反而会对企业造成负面影响。不同性质的企业遵守的法律法规也会不同。证监会颁布的《上市公司股权激励管理办法》对上市企业股权激励的模式、实施程序等做了明确规定，上市企业必须遵守，否则股权激励方案得不到证监会的审批，无法实施。如果是国有控股上市企业，还需要遵守国资委有关文件的规定。对非上市企业而言，实施股权激励的限制性较小，但是仍要遵守相关法律的规定。

2. 员工自愿

股权激励的目的是激励员工更加积极主动地进行工作，只有员工对企业的激励方式感到满意，激励才能达到预期的效果，因此，股权激励必须是员工自愿参加，如果是强迫员工加入，就会失去激励的意义。一般情况下，一个好的股权激励计划，员工都是愿意参与的，因为股权激励的激励力度较大，并且跟企业价值挂钩，如果企业发展得好，员工就会获得更多收益。但是股权激励也有较多的限制和一定风险，例如激励股权有一定锁定期、股权需要员工出资购买等，所以也可能存在一些员工不愿参与的情况。企业要明晰员工不愿参与的原因，是股权激励方案的设计问题还是员工的个人问题，从而对症下药。由此，股权激励也可以用来甄别人才，了解他们的想法和需求。

3. 共担风险

股权需要员工出资后购买，由此参与企业剩余价值的分配，企业的经营状况越好，企业赚取的利润越高，员工获取的收益越高，反之，企业经营状况不佳，未来发展看不到希望，通过企业的股权就无法获取较高的收益。员工出资购买企业股权就是和企业共同承担风险，也是共同分享利益，这种激励方式会让员工更加珍惜企业，因为企业利益受损则意味着自己的利益受损。但这也会导致不愿意承担风险的员工拒绝股权激励，因此，企业在设计股权激励时需要考虑到员工的需求，适当降低员工的风险，增强员工参与股权激励计划的积极性。

4. 动态调整

由于股权激励是一种长期激励行为，在激励过程中可能会发生各种变化，例如企业发展进入不同阶段、企业战略变化、激励对象岗位价值变化、激励对象心态变化、激励对象身份变化等，这些变化要求股权激励也要进行相应的调整，因此股权激励设计时要留有余地，建立动态调整机制。股权不仅代表分红权，还包括表决权，能够参与企业的经营决策，股权激励设计僵化，不能应时而变，可能会导致股权纷争对企业造成负面影响。股权设计的动态调整包括激励对象的选择、激励方式、激励数量、进入价格、行权时间、退出机制等要素，这些要素都是可以基于约定进行增减的。

5. 激励和约束相结合

股权激励设计除了要考虑方案的激励效果，还要注意建立股权激励的约束机制。没有约束的激励对企业而言意义很小，因为员工可能会“躺”着拿收益，而不干实事。只有明确约束条件，员工为了获取收益，才会尽职尽责，履行自己的责任和义务。股权激励的约束条件包括对激励对象的绩效考核要求、企业整体的业绩提升要求、激励对象的服务时间要求等。如果激励对象没有达到约定的要求，则企业有权减少授予的股权，甚至剥夺已授予的股权，或者退还股权收益，赔偿经济损失等。约束机制的建立能够有效减少损害企业利益行为的发生，保障股权激励的效果。

第二节 股权激励的设计

要想使股权激励发挥效果，必须对股权激励的整个过程进行明确，也就是进行股权激励设计，包括激励模式、激励数量、激励来源、股权定价等。股权激励设计是实施股权激励的“图纸”，为股权激励的落地奠定基础。

一、激励模式

股权包含 4 种权利，分别是所有权、表决权、净资产增值权和分红权。企业为了针对不同的人群最大限度地发挥股权激励的效果，保护企业和股东的权益，会采用不同的激励模式，设计相应的激励方案，授予员工具有不同权利的股权。股权激励模式就是将不同类型的股权进行组合，应用于不同的情境中。用于股权激励的股权可以分为三大类，包括实际股权、期权和虚拟股权。实际股权和期权都能使员工获得实实在在的股票，成为企业的股东，享有与股权共生的所有权利。二者的区别在于实际股权可以即时获得，而期权是需要到一定时间、达到一定条件才能行权，具有延迟性的特点。被授予虚拟股权的员工不会实实在在地获得股票，不会成为企业的股东，不会改变企业的股权结构，只是享受股权的净资产增值权和分红权。实际股权的激励方式有管理层收购、员工持股计划、定向增发等，期权的激励方式有股票期权、期股、限制性股票等，虚拟股权的激励方式有虚拟股票、股票增值权、账面增值权等。

创业企业的股权激励模式主要有以下 3 种，如图 4–4 所示。

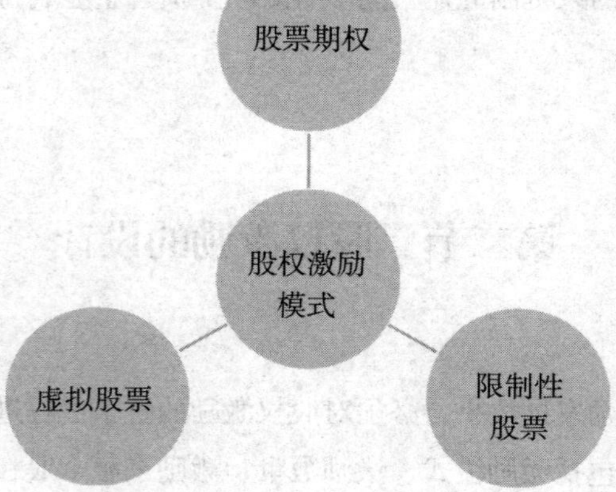

图 4–4　创业企业的股权激励模式

1. 股票期权

股票期权是在期货的基础上产生的一种激励工具。期权是一种选择权，期权持有者可以在未来能够买卖授予的股权时选择买或不买、卖或不卖。股票期权就是创业企业将一定数量的股票作为激励标的物，与员工签订合同，授予员工在未来以约定价格购买企业股票的权利，员工在规定时间内可以选择行权或不行权。如果创业企业股票价格在这段时间上涨，但员工能以较低的约定价格购买企业股票，由此，员工就能够获得差价收益。如果股票价格比约定的购买价格低，员工也可以选择不购买企业股票。股价反映的是企业长期创造价值的能力，为了保障企业股票在约定期限内升值，获得更高的差价收益，员工就会以积极的工作态度促进企业业绩增长，促使股价上升，从而获得高收益。

2. 限制性股票

限制性股票是指授予激励对象的股票有一定限制条件，一般会对限制性股票设置一个禁售期，在禁售期内，如果激励对象没有达到规定的条件，就无法自由处置这些股票，限制条件一般是工作年限或业绩目标。如果激励对象达到限制条件，就可以无偿或者付出少量的投资获得企业股票。限制性股票的优点在于可以为激励对象设置限制条件，保障激励对象在限制时间内的稳定，或激励员工为了达成业绩目标而付出努力。工作年限的设置要合理，业绩目标的设置要有挑战性且能够达到，才能够充分调动员工的积极性，因此，限制性股票对限制条件设置要求较高。

3. 虚拟股票

虚拟股票和普通股票的区别在于虚拟股票只有分红权，能够享受股价升值收益和分配企业税后利润，而普通股票除了分红权还有所有权、表决权等。虚拟股票由创业企业无偿派发给激励对象，激励对象不需要出资，也无法转让和出售。在实现既定目标后，激励对象可以获得现金收益或等值的股票或二者的结合。由于虚拟股票不具有所有权、表决权，所以不会影响创业企业的总资本和股本结构。而虚拟股票的分红和创业企业业绩挂钩，企业赚取的利润越大，员工分得的收益越多，因此，虚拟股票具有内在激励性。

创业企业选择股权激励模式需要根据实际情况而定，可供参考的因素有创业企业的财务状况、想要达到的激励效果、公众形象和股权稀释问题。从财务状况的角度来看，如果创业企业财务状况较好，就可以选择限制性股票，对激励对象的工作年限或业绩提出要求，有利于创业企业的长期发展；如果创业企业的资金压力较大，则可以选择股票期权的方式，因为股票期权在行权时需要激励对象支付一定现金购买企业的股票，能够缓解企业的现金压力。从激励效果的角度来看，如果创业企业希望和员工共担风险、共享收益，则可以选择限制性股票的方式；如果员工希望减小承担的风险，则可以采取股票期权的方式，因为股票期权是否行权可以由持股人决定。从公众形象的角度来看，股票期权的激励方式可以向外界显示创业企业对未来的信心，释放企业未来向好的积极信号，有利于树立公众形象。从股权稀释的角度来看，虚拟股票的方式使激励对象只享有收益权，不会获得实实在在的企业股票，因此不会产生股权稀释问题。

股权激励专栏 4-1

昆仑万维：股权激励增强竞争力

1. 企业简介

昆仑万维科技股份有限公司（以下简称昆仑万维），成立于2008年，是一家在全球范围内享有盛誉的互联网企业，以游戏开发和运营为主营业务。企业的核心产品包括“部落冲突”“皇室战争”等知名游戏，在国际市场上拥有庞大的用户群体。昆仑万维以其卓越的产品设计和运营能力，持续为股东创造价值，同时也积极探索新的业务领域。

2. 股权激励制度

昆仑万维在企业的发展过程中积极实施股权激励计划，为企业吸引和保留优秀人才，提高员工工作绩效，提升企业业绩，促进企业的长期发展。昆仑万维的股权激励制度主要有以下几个特点。

第一，昆仑万维的股权激励模式主要包括股票期权和限制性股票两种。股票期权是昆仑万维股权激励模式的重要组成部分，它是企业授予员工一种权利，允许他们在未来某一特定时期内以事先约定的价格购买企业的股票。这种权利通常是无偿授予的，但员工需要承担在行使权利时支付购买价格的责任。股票期权是一种有效的激励手段，可以使员工关注企业的长期发展，从而降低经营短期化的风险。限制性股票是昆仑万维的另一种股权激励模式，企业以折扣或免费的方式向员工发放一定数量的企业股票，但这些股票的交易受到限制，员工在持有这些股票期间，不能随意出售或抵押，否则会面临企业回收的风险。限制性股票的激励效果与股票期权相似，但这种模式更注重对员工的长期承诺和稳定性的奖励。昆仑万维采取多元化的股权激励模式可以更好地满足不同员工的需求，更好地激励员工，同时也增强了股权激励制度的灵活性和适应性。

第二，昆仑万维的股权激励制度中，将行权条件与企业的经营业绩挂钩。通过这种方式可以激励员工更加关注企业的业绩表现，提高员工的工作积极性和主动性，还可以将员工的利益与企业的利益紧密地联系在一起，增强员工的归属感和忠诚度。

第三，昆仑万维的股权激励制度中，员工具有一定的参与决策的权利。通过这种方式可以让员工更加了解企业的经营状况和未来发展方向，增强员工的主人翁意识，提高员工的凝聚力和向心力，增强股权激励制度的吸引力和有效性。

第四，昆仑万维的股权激励制度不仅覆盖了中国市场，还逐步拓展到海外市场。这种全球化的股权激励制度可以更好地满足企业在全球范围内的发展需求，促进企业在全球范围内的扩张，吸引更多的国际化人才加入企业，提高企业整体的竞争力和创新能力。

3. 股权激励的作用

昆仑万维的股权激励制度，对于企业的发展产生了巨大的正向促进作用。

第一，股权激励计划作为一种福利政策，帮助企业吸引和留住了优秀人才。通过授予员工股票的方式，可以让员工分享企业的成长成果，获取丰富的收益，为企业的长期发展提供了稳定的人才支持。

第二，股权激励的实施促进了企业业绩的提升，提高了企业的竞争力。在股权激励制度下，员工会更加关注企业的长期业绩，更加努力地工作，不断提高工作绩效，推动企业业务的增长。同时，员工会更加关注企业的创新发展，推动企业在激烈的市场竞争中及时升级和转型，增强企业的市场竞争力。

第三，股权激励的实施使员工更加关注企业的长期发展，而不是短期收益。股权激励不仅可以帮助企业降低经营短期化的风险，使企业更加注重长期战略的实施，还能鼓励员工更加关注企业的财务状况和经营情况，从而更好地发现潜在的风险，解决潜在的问题。

4. 发展与总结

昆仑万维的股权激励制度是一种多元化的具有针对性、灵活性和适应性的制度，其具体实施包括股票期权和限制性股票两种模式，并且具有特殊的行权机制、员工参与决策、股权激励全球化等特点。这种激励制度在提高员工的归属感、促进企业业绩提升、降低经营短期化风险、稳定人才队伍、增强企业的竞争力等方面均有显著的积极影响，为企业的长期发展提供了稳定的人才支持和保障。

资料来源

1. 曾苗．昆仑万维持续性股权激励效果研究 [D]. 武汉：中南民族大学，2022.

2. 杨柳．股权激励影响分析——以北京昆仑万维科技股份有限公司为例 [J]. 企业科技与发展，2019（12）：144−145.

二、激励数量

股权是企业的宝贵资源，必须要物尽其用，发挥其应有的价值，因此，确定股权激励的范围是避免股权浪费的重要举措。激励有价值的人并且要能充分发挥激励效果，需要科学规划合理的激励对象数量以及激励对象能得到的股权激励数量，也就是激励的总量和单量。确定激励数量需要考虑的因素主要有 3 种，如图 4–5 所示。

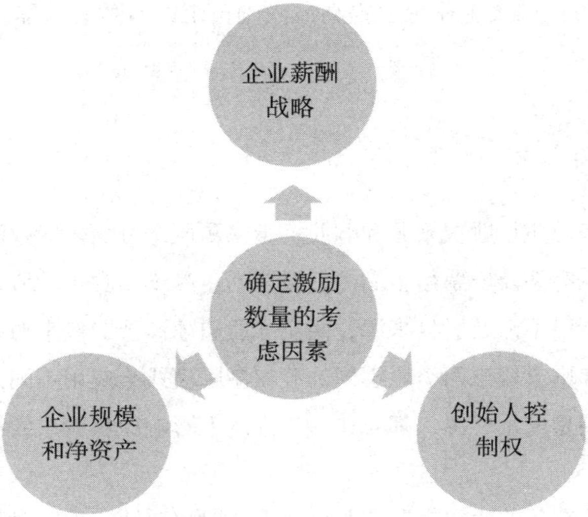

图 4-5　确定激励数量的 3 种考虑因素

1. 企业薪酬战略

企业在不同的发展阶段会根据企业需求采取不同的薪酬战略。在创业期，企业需要员工充分发挥积极性和创造性，开拓市场，发展业务，使企业在激烈竞争中脱颖而出，因此，企业的薪酬战略设计会更加激进，激励对象主要集中在核心技术人员和核心业务人员，激励对象数量有限，但激励单量比较大。

2. 创始人控制权

有些股权激励模式会让员工获得企业的股票，影响创始人控制权，所以确定股权激励数量的时候要考察创始人的控制权掌握情况，在创始人能接受的控制权底线基础上确定激励数量。此外，企业在确定股权激励数量的时候不仅要考虑现在的情况，还要考虑未来的发展。企业在未来还需要不断地注入新鲜血液，创始人的控制权还会被稀释，因此激励数量的设计也要留有余地。

3. 企业规模和净资产

企业规模越大，净资产越高，股本数就会越多，可用于股权激励的数量也会更大。在企业规模和净资产的限制下，企业可以选择激励更多的员工或是提高被激励员工的收益。如果企业想要提高被激励员工的收益，就需要减少股权激励总量。

三、激励来源

股权激励来源包括股权来源和购股资金来源两个方面。股权激励模式有涉及实际股票的，也有涉及股票衍生品的，股票衍生品不是真正的股票，只是享有股票的收益权，所以不涉及股权来源，而实际股票才涉及股权来源。股权来源可以分为存量资源和增量资源两类，不同的股权激励模式会应用不同来源的股权。无论是存量资源还是增量资源，都会在一定程度上影响原有股东的控制权，改变股权结构。

跟存量资源有关的股权来源有股份回购、股权转让、预留股份。股份回购不会影响大股东或实际控制人的控制权，企业的总股本数保持不变，需要企业的现金流充足，财务状况良好。股权转让是股东将享有的股东身份和权益依法有偿让渡给他人，股权转让会影响原股东的控制权，但大股东会保证自身的控股地位，股权转让的方式需要股东同意并且来源不具有持续性。预留股份是企业为吸引未来的优秀者，又不对企业的股权结构造成剧烈影响而提前预留的部分股份，可由大股东或董事会指定股东代持。

与增量资源有关的股票来源有定向增发和增资扩股。定向增发又叫非公开发行，是指上市企业增发部分股票，但只面向指定企业或机构。定向增发对原股东的股权稀释影响较小，会使企业的总股本增加。增资扩股可以适用于非上市企业，也具有对原股东的股权稀释影响较小的优势。

采用不同的股权激励模式，购股资金来源也有所不同。虚拟股票不涉及资金来源，而股票期权、限制性股票等实际股票需要筹集资金进行购买。购股资金的来源有自筹资金、激励基金、信托方式、借款或担保等。如果员工收入可观，能够筹集足够的资金，可以自筹资金购买，采用分期付款的方式，从工资或奖金中扣除，也可以使用员工拥有的其他资金。激励基金是企业从税后净利润中提取的，当企业的业绩指标完成后，可分配给激励对象用以购买股票，但是这种方式会加大企业的现金流压力。信托方式是通过信托机构采用股票抵押贷款融资、企业资金委托贷款、企业资金委托购股等方式解决购股资金问题。借款或担保必须是非上市企业才能操作，企业为激励对象提供贷款或提供贷款担保，解决购股资金问题。

四、股权定价

付出成本的东西更容易引起人们的重视。有些股权激励模式中激励对象需要支付一定现金购买企业的股票，并不是无偿获得的，这种方式能够让激励对象付出一定成本，从而以更加积极、认真的态度对待工作，尽力改善企业的业绩。激励对象愿意花钱购买企业股票也能表明他对企业的未来有信心，愿意成为企业的一份子，帮助企业更好地发展。在这个过程中，股权激励的价格就成为一个需要考虑的问题，如果定价过高，激励作用太小，就无法产生企业实施股权激励希望达到的效果；如果定价过低，就会触及原股东的利益，也会让激励对象付出的代价变小，在一定程度上削弱激励效果。

上市企业和非上市企业的股权定价方式有所不同。对于上市企业，根据不同的股权激励模式有不同的定价要求，证监会也对上市企业的股权激励价格做出了限制，例如限制性股票和股票期权的定价要求就有所不同。限制性股票既是权利也是义务，激励对象需要满足约束条件，才可以获得这些股票，如果股票的市场价格低于激励对象的购买价格，激励对象就会受到损失。而股票期权只有权利，没有义务，激励对象可以选择行权或不行权，以此避免损失。因此，为了保证激励性和约束性的对等，限制性股票的授予价格标准比股票期权的行权价格要低，限制性股票一般只需要激励对象付出少量的投资额，甚至由企业支付现金购股。上市企业的股权激励价格可以参考二级市场的价格。

对于非上市企业，其股权定价并没有明确的法律规定，也没有二级市场价格供参考，只能对股权价格进行合理的估值，获得企业、原股东和激励对象的一致同意，即可采用。非上市企业股权定价方法有净资产评估定价法、市盈率估值法、现金流折现法、市场类比法、综合定价法等。

股权激励专栏 4-2

高新兴：从创业企业到集团上市企业

1. 企业简介

高新兴科技集团股份有限公司（以下简称高新兴），成立于1997年。高新兴的主营业务包括两大部分——车联网及智慧交通、公共安全，企业聚焦物联网、大数据等核心技术，大力投入研发，打造物联网产业集群。截至2022年5月，企业已申请超过1350项专利。高新兴拥有省级企业技术中心、广州市创新型企业、广东省软件企业等众多资质，在国内物联网大数据应用领域处于领先地位。

2. 发展历程

1997—2010年是高新兴的初创期。高新兴起步于通信物联网，成立以来快速占领相关市场，成为动力环境监控细分领域的龙头企业，并于2010年在深圳创业板成功上市。

2011—2017年是高新兴的发展期。在10余年的积累下，高新兴向多个行业渗透。2011年，高新兴拓展视频物联网领域；2012年，企业基于高清视频监控技术方面的优势，进军平安城市建设领域；2014年，企业重点开展智慧城市及智能交通建设，中标多个项目并完成终验，奠定了企业在安防行业的地位；2015年，全面推进公安信息化，积极推进智慧城市业务和轨道交通、通信等行业安全业务的融合，促进大安全产业链的形成；2016年，切入汽车电子标识和车联网领域。

2018年至今是高新兴的战略深化期。围绕全息智能和泛在通信，企业深挖行业市场，提供优质产品和数字化应用解决方案，构筑物联网大数据应用产业集群，秉持合作共赢的理念，与客户、合作伙伴等构建产业生态圈。

3. 股权激励

自2012年上市以来，股权激励就一直伴随着高新兴的发展，企业分别于2012年、2016年实施了限制性股票激励计划，于2019—2022年实施了股票期权激励计划。限制性股票的关键在于“限制性”，上市企业以低于市场价格授予激励对象股票，但这部分股票有限售期，激励对象需要达到企业规定的目标和要求，在一定期限后才能解锁，在市场上流通。2012年，高新兴正值发展期，需要核心员工共同努力，克服技术难关，拓展不同的行业领域，于是决定实施限制性股票激励计划。此次激励计划的限售期为12个月，限售期后的36个月为解锁期，分3次解锁，每次分别解锁30%、30%、40%。标的股票解锁的条件包括企业业绩条件和对激励对象的考核要求。业绩条件涉及年度净利润和年度营业收入。2016年，企业再次采用限制性股票激励计划对核心员工进行长期激励，此次计划涉及814名核心管理人员、技术人员等。此次激励计划的有效期最长不超过72个月，设置了3个解锁期和5个解锁期两种安排，并预留部分限制性股票。标的股票解锁的条件仍然包括企业业绩条件和个人考核要求，企业业绩条件涉及年度净利润。发展期的限制性股票激励计划帮助高新兴的核心员工朝着确定的目标不断努力，使企业在这一时期逐步发展壮大，进入不同的行业领域，积累技术实力。

股票期权是指企业授予员工在未来以约定价格购买企业股票的权利，员工在规定时间内可以选择行权或不行权。如果企业股价上涨幅度大，对员工的激励力度就大；如果企业股价下跌，则员工可以选择不行权，也没有损失。2018年以后是高新兴的战略深化期，企业在2019—2022年实施了3期股票期权激励计划，累计涉及500余位核心管理、业务、技术人员。股票期权的行权条件由企业业绩指标和个人绩效考核指标组成。第一期的业绩考核指标为净利润，第二期的业绩考核指标为营业收入增长率，第三期的业绩考核指标为净利润或营业收入增长率。股票期权激励计划能够激发员工的积极性，并且风险较低，有助于高新兴在战略深化期持续发力，坚定走物联网大数据产业集群道路，推动企业的收入增长。

4. 发展与总结

高新兴从一个创业企业逐渐成长为一家集团上市企业，在这个过程中必然会遇到很多挑战和阻碍，但高新兴以技术研发与创新为主要发展动力，洞察客户需求，有效进行技术成果转化和应用，集结了一群充满激情、富于创造的“高新兴人”，使企业在行业内具备竞争优势，发展势头强劲。股权激励是伴随高新兴成长的重要的长期激励工具，在不同时期以不同模式刺激“高新兴人”的共同努力，促进企业的一路领先。

资料来源

1. 程浩远．高新技术企业股权激励对创新绩效的影响研究 [D]. 景德镇：景德镇陶瓷大学，2022.

2. 沈怡晴．高新兴物联网公司投资价值分析 [D]. 广州：广东财经大学，2022.

第三节　股权激励的机制

股权激励机制是保证股权激励计划顺利实施的底层逻辑，通过股权激励机制的设计，可以明确计划的完整实施过程并且控制整个实施过程。股权激励机制包括进入机制、运行机制和退出机制。进入机制是股权激励的开始，包括明确激励目标、激励对象和激励规则；运行机制涉及股权激励的实施、管理和调整；退出机制包括股权激励计划的调整和激励对象的退出两种情形。

一、进入机制：定目标、定对象、定规则

股权激励涉及企业的治理结构、股权架构等长远战略规划，需要谨慎实施。在实施股权激励计划之前，需要对企业的内外部环境进行调查和评估，确定企业拥有实施股权激励计划的条件，并将调查和评估结果作为实施股权激励计划的基础。

外部环境调查要关注相关的法律法规和政策，确保股权激励依法开展，符合

相关政策法规。外部环境还包括企业所在行业、地域的资本表现情况以及经理人市场的表现情况。资本表现越活跃，股权激励的实施越容易，股权定价、激励模式等关键步骤就有章可循，有利于股权激励的顺利开展。经理人市场越完善，对股权激励的接受程度越高，则股权激励的实施成本越低，效果越好。外部服务能力也是需要考察的一部分，企业实施股权激励的股权结构设计以及股权买卖等操作，需要专业咨询团队的服务和帮助，企业要能够和专业咨询机构合作。

企业实施股权激励需要考察的内部条件众多，包括企业的规模、发展潜力、财务状况、股权结构等。企业在初创期，大多是创业团队内部进行股权分配设计，激励创业团队成员，当企业具有一定规模和实力时，股权激励主要面向创业团队和关键核心员工，实施空间更大。企业的发展潜力关系到股权的市场价值，也关系到股权激励对员工的吸引力。如果企业具有成长性，发展潜力可观，员工通过自身努力可以使企业获得业绩增长，股权激励就容易发挥激励效果。创业企业的财务状况会影响股权激励模式，如果财务状况良好，现金充足，则可以选择限制性股票；如果财务状况不佳，现金不足，则可以选择股票期权，缓解现金压力。股权激励的实施会导致股权结构变动，所以还需要根据原有的股权结构选择合适的股权激励模式和激励数量。

对企业的内外部环境进行调查评估后，确定企业实施股权激励计划，就需要设计股权激励进入机制，包括定目标、定对象和定规则，如图 4–6 所示。

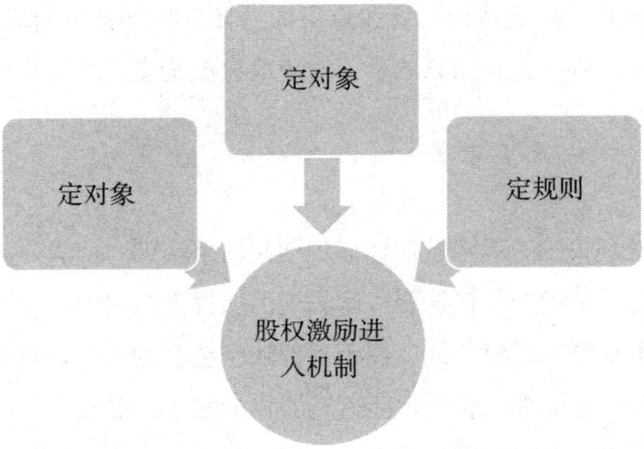

图 4–6　股权激励进入机制

1. 定目标

明确目标是行动的第一步，只有明确目标，才能确定力往何处使，达到企业的预期。股权激励的作用广泛，可以达到的目标很多。股权激励可以吸引和保留关键核心员工，包括核心管理人员、核心技术人员以及核心业务人员，形成企业的竞争优势。股权激励也可以用于提升员工工作的积极性和主动性，提高员工工作绩效，从而提升企业业绩。股权激励还可以作为长期激励措施，减少奖金等短期激励方式的支出，降低企业的短期成本，采用股票期权等激励模式，员工在行权时需要支付一定现金，能够缓解企业的现金压力，节约现金流。创业企业需要根据自己的发展战略、发展阶段、当前的发展任务、财务状况等因素，设置股权激励要达到的目标。

2. 定对象

股权激励会造成企业内的员工收益差距拉大，有可能引起员工的不公平感受，所以股权激励的对象要合理，激励那些真正需要激励、为企业做出关键贡献的员工，赢得其他员工的信服和认可。激励对象的选择一般由企业的董事会进行，激励对象一般需要具有不可替代性和长期价值，针对企业的关键核心员工。但是股权激励发展到今天，激励对象的范围越来越广泛，逐渐纳入了一些普通员工，例如全员持股计划。全员持股能够激发企业全体员工的主人翁意识，促进企业全体员工同心协力、积极工作。但全员持股容易形成一种普惠的局面，降低股权的激励性，因此，全员持股也要注重形成差异，根据员工的职务、工作绩效、工作态度等进行配股，并且动态调整，避免股权激励变成一种简单的福利，失去其应有的效果。

3. 定规则

股权激励需要关注的规则包括外部规则和内部规则，前者是指企业必须遵守的法律法规，后者是指企业在符合法律法规的前提下制定的约束条件。约束条件分为两种：授予条件和行权条件。授予条件涉及企业的主体资格和激励对象的资格，只有两者都合乎要求，企业才能进行股权的授予。股权激励的授予方式既可以采用一次性授出权益，也可以采用分次授出权益。一次性授出权益的激励性更强，但分次授出权益的绑定作用更强。行权条件是激励对象行权时需要达到的条件，一般会设置企业业绩要求和个人绩效考核要求，只有满足了企业制定的行权条件，激励对象才可以行权。如果激励对象没有达到行权条件，则企业可以选择注销这部分股票或者按照授予价格进行回购。

二、运行机制：实施、管理

明确了股权激励的目标、对象和规则之后，就需要根据股权激励方案落地实施股权激励计划，设置相应的管理机构保障计划有效运行。股权激励的运行机制包括两个方面：实施和管理。

1. 股权激励的实施

股权激励的实施，包括股权激励工具的选择、股权激励方案的设计和股权激励的实施程序。

（1）股权激励工具的选择。股权激励工具有股票期权、限制性股票、虚拟股票、员工持股计划、延期支付计划等。创业企业需要根据自身的实际情况、激励目标和员工的意愿，科学选择适宜的激励工具。

（2）股权激励方案的设计。股权激励方案没有标准答案，也不是一成不变的，需要根据所处的内外部环境，例如不同的激励对象、不同的企业发展阶段、不同的企业类型等，设计不同的股权激励方案，而且需要随着环境变化动态调整。常见的股权激励方案有超额利润激励、超额业绩激励、在职分红激励、渐进式激励等。超额利润激励是为激励对象设置业绩目标，当激励对象超额完成目标时，按照约定的比例为其分红，有利于激励对象关注企业利润的增长。超额业绩奖励主要针对业务人员，为业务人员设置业绩目标，再根据超额完成的情况进行一定比例的分红。在职分红激励是根据激励对象的职位授予虚拟股权进行激励，激励对象只能获得分红权。渐进式激励一般采用“135 渐进式激励法”，“1”指 1 年的在职分红，“3”指 3 年滚动考核，“5”指 5 年锁定期，意味着激励对象成为企业的正式股东需要 8 年的时间。进入 5 年锁定期后，企业可以逐步解锁，每年发放部分股权。

（3）股权激励的实施程序。股权激励需要经过特定的程序才能生效、执行，企业需要安排专门的人员拟定股权激励方案，经由董事会审议并公示公告，再由股东大会审议，并授权董事会负责方案的落实。股权激励方案生效后，企业要举行授予仪式和签订仪式，表明企业对股权激励的重视以及对激励对象的尊重。企业还需要对激励对象进行相关培训，让激励对象了解激励方案、激励协议的具体内容，让激励对象充分理解股权激励计划，有问题的地方还可以调整，避免激励对象不清不楚、不明不白地接受，在未来又产生纠纷。在专业人员的指导下，企业需要和激励对象签订合同和协议、办理工商变更登记手续。

2. 股权激励的管理

股权激励计划不是短期内就可以完成的，企业需要安排专门的人员或者设置股权激励负责部门，全过程管理股权激励的实施。根据股权激励方案的内容，考核、记录企业的业绩情况和激励对象的绩效，实时关注股权激励的实施情况，跟踪激励股权的授予、解锁、行权等情况。股权激励的管理是对股权激励计划有效运行的重要保障，是不容忽视的重要环节。

三、退出机制：计划调整、对象退出

只有激励对象行权之后，将股票顺利卖出变现，激励对象才真正获得了收益，因此，退出机制对激励对象至关重要。股权激励的退出机制有两种情形，一种是激励计划的调整，一种是激励对象的退出。

1. 激励计划的调整

激励计划调整的原因主要可以分为两类：一是企业的主体资格出现变动；二是激励对象出现问题。企业的主体资格变动可能是由于企业进行了合并、分立、变更控制权等行为，也可能是企业进行股权激励的主体资格出现问题。激励对象的问题包括职务的变更、辞职或辞退、退休、合同期满、考核不合格、个体丧失劳动力或死亡等。

法律法规对上市企业的股权激励退出机制做出了限制和要求，要求上市企业在股权激励计划中表明企业主体资格变动或激励对象出现问题时应该采取的股权激励退出方法。例如，企业可以在股权激励计划中规定，企业出现财务会计报告被注册会计师出具否定意见以及其他不能实行股权激励的情形，股权激励计划立即终止，尚未行权的股权不得行权；企业发生控制权变更或者进行并购、分立等行为时，股权激励计划不做变更；激励对象因个人原因辞职、负伤等，激励对象已经获得授权的股权但还未行权的作废；激励对象因工负伤、死亡或者因为正常原因退休、职务变更等，仍然按照原计划进行股权激励，但需要对行权条件进行适当调整。

对非上市企业而言，法律法规对其限制较少，股权激励计划终止或调整主要是由于激励对象出现问题，常见的问题有以下 4 种。

（1）激励对象退休或合同期满。这种情况下，激励对象正常离开企业，一般和企业没有什么矛盾。股权激励计划中已经行权的部分仍然属于激励对象，未行权的部分企业可以收回，也可以继续保留，以奖励员工为企业做出的贡献。这时候，行权条件需要进行调整，不再设置员工的绩效目标。

（2）激励对象辞职或被辞退。这种情况下，激励对象未能履行其职责，企业应该收回激励对象的股权，未行权的部分自动作废。

（3）激励对象丧失劳动能力。如果激励对象是因公负伤，则企业必须进行优待，保障其生活，可以选择继续保留股权激励，修改行权条件；如果激励对象不是因公负伤，则企业需要收回股权激励，但从人道主义角度考虑，可以给予价格优惠。

（4）激励对象考核不合格。如果激励对象考核不合格，即无法达到行权条件，则行权比例应为零；如果激励对象多次考核不合格，则可以在股权激励计划中规定，将其从激励对象名单中剔除。

2. 激励对象的退出

激励对象退出股权激励的方式主要有两种，一种是企业回购，另一种是激励对象转让股权。

在行权期内，经由企业同意，激励对象可以退出股权激励，已经成熟的股份，可以约定价格由企业回购或对外转让，激励对象可以从中获得收益，未成熟的股份由企业无偿收回。企业回购有协议回购和诉讼回购两种方式，协议回购是双方达成一致意见，签订书面协议，完成股份回购；诉讼回购是双方意见无法统一，通过诉讼程序促进股份回购的完成。激励对象转让股权涉及第三方，会对企业的股权结构产生影响，因此，企业一般会对转让的第三方设置条件，优先保护企业和股东的利益。

股权激励专栏 4-3

鸣志电器：股权激励创造价值

1. 企业简介

上海鸣志电器股份有限公司（以下简称鸣志电器），成立于1998年。企业主营业务围绕运动控制领域展开，深耕核心技术，进行相关产品的研发、制造、运营和服务，主要包括控制电机及其驱动系统业务、电源与照明系统控制业务、设备状态管理系统业务和贸易代理业务四大板块。鸣志电器是国家高新技术企业，研发了丰富的技术成果，是国内该领域的领军者。

2. 股权激励

技术研发是鸣志电器最为关键的经营模式之一，企业的技术研发从基础技术到核心技术再到应用技术，形成一个相对完善的技术研发体系。技术研发离不开优秀的技术人才，尤其是鸣志电器将技术研发作为核心竞争力之一，必然需要大量的人才储备。企业需要通过建立激励机制来吸引、激励和保留优秀人才，充分发挥人力资本价值，构建、保持核心竞争力，推动企业的发展进程以及维护企业的长远发展。对优秀人才而言，除了完善的奖金、福利制度，股权激励更是一种有效的激励手段，同时，股权激励也具有长期激励效果，能够有效提高优秀人才的稳定性，减少优秀人才流动。2021年，鸣志电器制定了限制性股票和股票期权激励计划，具体包含以下几个部分。

（1）进入机制。

鸣志电器制定该计划的目标是完善对优秀人才的激励机制，促进企业的长远发展，激励对象包括企业的董事、高级管理人员、业务及技术骨干人员，数量达到110人。针对这一股权激励计划，企业制定了详细的授予条件和行权条件，其中针对企业业绩的考核要求涉及企业的年度净利润增长率，同时设置了个人绩效考核等级。只有满足了授予条件和行权条件，企业才能向激励对象授予股票，激励对象获授的权益才能行权。

（2）运行机制。

此次鸣志电器选择的股权激励工具包括限制性股票和股票期权，能够满足激励对象的不同需求。企业董事会薪酬与考核委员会负责制定本次股权激励方案，并提交董事会、股东大会审议。由股东大会授权董事会进行本次股权激励计划的相关管理工作，包括股票的授予、解除限售、行权、注销等事项。鸣志电器需要聘请专业的顾问，对本次股权激励计划提出专业的指导意见。计划正式执行后，企业需要和激励对象签署《股权激励授予协议书》，根据拟定好的授予规则以及审核激励对象的获授条件授出权益。

（3）退出机制。

根据不同的激励计划调整原因，企业的股权激励方案中规定了不同的处理方式，调整原因分为企业异动和激励对象变化两大类，并且在两大类中还细分了更多小类，保证面对不同情况时都能找到相应的解决方法，减少纠纷的发生。例如，如果是企业发生变动导致股权激励计划终止，则需要对获授的股票进行回购注销，在某些情况下，还需要收回激励对象已经获取的部分收益。

3. 发展与总结

鸣志电器的竞争力建立在深厚的技术研发上，而技术研发离不开人力资本价值的发挥。股权激励作为应用广泛、卓有成效的激励机制，在鸣志电器现阶段的发展机遇期中发挥的作用至关重要。未来，鸣志电器还将继续追求科技进步，提供更高端、更有价值的产品，引领行业的发展。

资料来源

1. 肖怡洁 .YS公司管理层股权激励设计研究 [D]. 昆明：云南财经大学，2023.

2. 汪自梅 .2022年中小型电机行业经济运行分析及展望 [J]. 电器工业，2023（8）：1–6.

第四节　创业企业股权激励的实施

创业企业基于自身的特点，可以从 9 个方面进行股权激励方案的设计。创业企业股权激励的实施一般有 6 个步骤，在实施过程中，需要采取相应的控制措施，保证股权激励方案的顺利执行，然后通过财务指标和非财务指标评估股权激励效果。如果股权激励运用不当，也可能引起创业企业的内外部风险。

一、创业企业股权激励方案设计

创业企业处于发展的初期，其业务还未被市场完全接受，需要不断探索和推广，同时企业的人员、资金、管理、机制等都有不完善的地方，常常出现人才匮乏、资金短缺、收益不稳定等问题。股权激励能够帮助创业企业留住优秀人才，有效促进业绩提升，维护创业企业的长期稳定发展，是非常重要的长期激励方法。为了保证股权激励的效果，创业企业应该具备以下 3 个条件。

第一，企业具有发展潜力，处于发展上升期。企业的发展潜力关系到企业股票未来在市场上的价格表现，直接关系到激励对象可能获得的股权激励收益。创业企业现阶段可能财务表现一般，但是发展的潜力是无限的。企业若能够让员工对企业未来保持信心，股权激励就容易获得员工的认可，发挥激励效果。

第二，企业具有完善的薪酬制度和短期激励机制。股权激励是一种中长期激励，而且一般是针对企业的核心员工，企业完善的薪酬制度和短期激励机制是基础，股权激励是一种补充、完善，从而更好地满足员工的激励需求。

第三，企业内部有成熟的激励对象。股权激励主要针对企业的管理层、核心技术人员、核心业务人员等，这些员工能够对企业的发展起到关键作用，是企业不希望流失的关键人才，而不是所有员工都适合股权激励。

创业企业的股权激励方案可以从 9 个方面进行设计和制定，如图 4–7 所示。

图 4–7 设计股权激励方案的 9 个方面

1. 定目标

创业企业要基于自身的优势资源、目标市场和价值主张制定长期战略目标。企业创始人要基于长期战略目标明确企业股权激励的需求，是为了保留核心人才，或是提升企业员工绩效，或是其他需求，从而确定股权激励的目标，并体现在股权激励的方案中。

2. 定对象

创业企业受关键人才的影响更为突出，一项创新的技术成果、一个独具创意的想法就可能让创业企业从激烈的竞争中脱颖而出。因此，对创业企业而言，核心技术人员和核心业务人员是需要重点关注的激励对象。

3. 定激励工具

股权激励工具有虚拟股票、限制性股票、股票期权、员工持股计划等，需要根据创业企业的实际情况进行工具的选择。例如，创业企业资金匮乏、利益不稳定，可以选择股票期权，它能够将员工的未来利益和企业利益绑定，并且缓解创业企业资金不足的问题，产生较好的激励效果。

4. 定激励额度

激励额度包括总额度和激励对象的个人额度。由于股权激励可能影响企业的控制权，在确定激励额度的时候要注意保障创业企业控股股东的控制权和其他股东的利益。激励对象的个人额度确定要有据可依，例如激励对象的职级、业绩等，要保证公平公正和起到激励效果。

5. 定激励价格

激励价格的计算方法多种多样，创业企业需要根据自身的财务状况、企业未来的发展预期以及激励对象的想法和意愿，选择科学的计算方法。

6. 定激励条件

创业企业的激励条件一般涉及员工的绩效情况、工作年限、企业经营状况等。只有激励对象达到激励条件，才能按照计划行权，这种方式能够有效约束激励对象的行为，帮助企业提高业绩，实现激励目标。

7. 定激励来源

股权激励的来源有两个途径：原股东的股权转让等存量资源、定向增发等增量资源。创业企业一般股权资源比较富余，可以采用存量资源。

8. 定激励周期

股权激励是中长期激励，一般周期长达 3～8 年。激励周期太短，达不到保留优秀人才、避免短视行为的目的；激励周期太长，会削弱激励对象的工作动机。创业企业可以基于“小额、高频、永续”的原则，设计股权激励计划的激励周期。

9. 定退出机制

退出机制可以分为股权激励计划的正常终止和不正常终止。正常终止情况下，激励对象能够获得股权激励计划中规定的相应激励股权。不正常终止可能是企业的主体资格问题或激励对象的问题，需要在方案中提前制定应对措施。

对创业企业而言，股权激励是推动员工个人和企业共同成长的重要激励工具，因此，创业企业要充分发挥股权激励对个人潜力和企业潜力的刺激作用，帮助企业走得更远。

二、创业企业股权激励的实施步骤

股权激励操作复杂，实施过程较长，没有固定的操作方法，不同的企业类型、不同的发展阶段，股权激励的实施都有所不同。对创业企业而言，股权激励的实施一般可分为6个步骤，如图4-8所示。

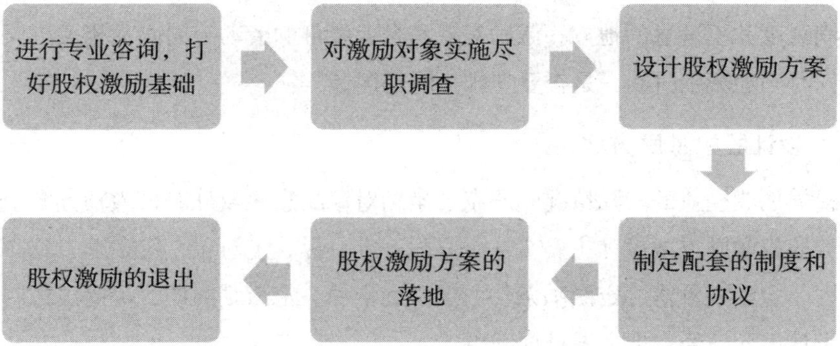
进行专业咨询，打好股权激励基础
对激励对象实施尽职调查
设计股权激励方案
制定配套的制度和协议
股权激励方案的落地
股权激励的退出

图4-8　创业企业股权激励实施的6个步骤

1. 进行专业咨询，打好股权激励基础

创业企业的股权激励实施经验不足，而股权激励实施又较为复杂和专业，因此，创业企业需要聘请专业的团队，进行专业咨询，打好股权激励基础。专业团队熟悉股权激励中的各个要点以及各类股权纠纷，股权激励容易触及法律问题，专业团队也能够以准确的法律语言描述股权激励方案，基于要点和过去的案例设计方案，以减少法律纠纷的发生，防范各种隐患。聘请专业团队后，创业企业需要和专业团队进行深度交流，让专业团队了解企业的需求、企业对股权激励的构想，考察企业的基本情况以及实施股权激励的条件，从而诊断企业想法的可行性，为股权激励方案的制定打下基础。对创业企业进行初步诊断的关注点包括企业的股权激励目的、员工对股权激励的看法和意愿、企业的财务状况和发展状况等，初步判断股权激励能否起到效果。如果判断有效，可以继续进行；如果判断

无效，则企业需要慎重选择该激励方法。

2. 对激励对象实施尽职调查

激励、保留激励对象，促进激励对象工作主动性、积极性提升，提高工作绩效，是大部分创业企业实施股权激励的目的，因此，对激励对象实施尽职调查，选择合适的激励对象是股权激励的关键步骤。尽职调查的方法主要有书面材料、调查问卷和访谈。调查的内容包括但不限于以下几种：激励对象的基本情况，例如可支配收入情况、对风险的偏好情况等；企业现行的薪酬福利制度，激励对象对其满意度和不满意的地方；激励对象和企业签订的劳动合同以及相关协议，明晰合同时间和激励时间，是否要安排合同延期等。

3. 设计股权激励方案

根据创业企业的实际情况和股东、激励对象的意愿设计股权激励方案。创业企业的股权激励方案设计主要有 9 个方面：定目标、定对象、定激励工具、定激励额度、定激励价格、定激励条件、定激励来源、定激励周期、定退出机制，具体的设计内容已经在上文做过详细讲述。

4. 制定配套的制度和协议

为了保证股权激励的实施有章可循，保证股权激励实施中的问题、纠纷有据可依，在确定好股权激励方案后，创业企业还要拟定一系列配套文件，形成书面证据，辅助股权激励计划的有序执行。配套文件包括但不限于以下 6 种：股权激励计划书、股权激励协议书、同业竞争限制激励书、公司章程修改建议书、劳动合同完善建议书、法律意见书。

5. 股权激励方案的落地

创业企业对设计好的股权激励方案进行实施、落地，需要注意以下几个要点：举办股权激励授予仪式和签订仪式；对员工进行股权激励相关的培训和指导，让员工清楚方案的内容、要点及如何实施等，有利于股权激励方案的顺利推行；设立股权激励负责部门，管理股权激励的考核、退出等，监测方案实施情况。

6. 股权激励的退出

创业企业股权激励的退出有两种情形：创业企业通过并购退出变现时股权激励如何退出、创业企业公开上市时股权激励如何退出。创业企业并购时，其原有股权激励方案可能被保留，也可能进行重新设计。创业企业上市时，清晰的股权权属是必不可少的。因此，创业企业在设计股权激励方案之初，就需要考虑到未来的情形，与激励对象沟通、协商，在股权激励方案和协议中提前约定并购发生时、企业上市时的激励股权处理方法，避免因股权激励问题影响创业企业的并购或上市。

股权激励专栏 4-4

掌趣科技：股权激励加速企业升级

1. 企业简介

北京掌趣科技股份有限公司（以下简称掌趣科技），成立于2004年，是一家移动游戏企业。掌趣科技曾经推出"全民奇迹""拳皇98终极之战OL"等在全球范围内盛行的游戏，致力于全球化游戏研发与发行，旨在为用户带来成就感和快乐。此外，掌趣科技借助游戏宣扬中国优秀文化，获得2019—2020年度、2021—2022年度、2023—2024年度国家文化出口重点企业荣誉。

2. 股权激励

（1）2014年股权激励计划。

掌趣科技成立之初，致力于移动游戏和互联网网页游戏的研发、制作和运营，游戏业务得到快速发展，企业于2012年在深圳证券交易所科创板上市。为了提升企业股票在资本市场的表现，增强管理者和企业员工的业绩表现，为用户创造更大价值，增强企业竞争力，掌趣科技于2014年实行了股权激励计划。此次股权激励计划的实施程序如下。

第一，准备阶段。由掌趣科技的董事会薪酬与考核委员会制定本次计划的草案，董事会进行审议，监事会审核激励对象名单，聘请专业律师出具法律意见。以上都通过后，将计划草案提交至相关部门报备，无异议后，筹备召开股东大会。在股东大会上对该计划草案进行审议，批准后，由董事会进行计划的执行。

第二，实施阶段。此次股权激励采用的工具是股票期权，激励对象主要是企业的董事、高级管理人员、核心技术和业务人员。此次激励计划的有效期是企业向激励对象授予股票期权之日起 5 年。行权价格是根据一定时期内企业标的股票收盘价和标的股票平均收盘价确定的。激励对象行权时需要满足的企业业绩条件包括企业年度营业收入和净利润。随着企业的不断发展，营业收入和净利润应该不断增加，企业希望营业收入年均增长 10% 以上，净利润年均增长 30% 左右，这是一个非常具有挑战性和激励性的目标。如果激励对象满足行权条件，则可在 4 个行权期内均速行权；如果条件未满足，则企业将对标的股票进行注销。

（2）2022 年股权激励计划。

随着互联网科技的发展，网页游戏的热度逐渐衰减，手游逐渐壮大，并且用户对游戏内容更加看重，追求精品、创意、丰富多样的玩法。在此阶段，掌趣科技加大研发投入，并购了优秀的游戏企业，致力于推出多样化、精品化的游戏。2022 年，掌趣科技适时实施了股权激励计划，旨在提高企业核心人才的积极性，吸引、留住核心人才，促进企业业绩增长，实现企业的进一步发展。此次股权激励计划的实施程序如下。

第一，管理机构和法定程序。此次计划由股东大会负责审批，董事会负责实施、执行，监事会负责监督。计划经由董事会、股东大会审议以及相关机构批准，方可实行。

第二，激励计划方案。此次计划采用的激励工具是限制性股票，激励对象是企业的董事、高级管理人员以及核心业务、管理人员。限制性股票有限售期，需要达成规定的条件才能解除限售，包括企业业绩要求和个人绩效考核要求。此次股权激励计划的业绩要求以营业收入增长率为指标，以 2022 年营业收入为基数，要求 2023 年增长率达到 10%，2024 年增长率达到 20%。个人绩效考核分为 5 档，达到前 3 档可解除 100%，达到第四档可解除 50%，被评为第五档则不能解除限售。如果此次激励计划需要变更，那么在计划实施的不同时间点，需要通过董事会或股东大会的审议。此次股权激励计划在不同时间点终止，也需要经由董事会或股东大会的审议以及律师事务所的专业意见。

3. 发展与总结

国内游戏市场经历过低谷，也经历过重大的转变，掌趣科技在不同时期采取不同的发展战略，瞄准市场需求，开发出丰富的具有全球知名度的游戏，成为国内游戏企业的佼佼者，在全球市场中也占据了一定份额。股权激励是掌趣科技发展战略和目标得以实现的重要工具，企业的发展必然是在员工积极提升业绩的基础之上。掌趣科技在不同的阶段实施了两次股权激励计划，满足了企业在不同阶段的发展要求，有利于企业不断增强盈利能力，扩大市场，从而实现企业的长远发展。

资料来源

1. 宋琪，吴可仲 . 掌趣科技半年营收 8.19 亿 手握头部 IP 加速全球化布局 [N]. 中国经营报，2021-08-30（B24）.

2. 姚霞波 . 基于 EVA 模型的掌趣科技企业价值评估研究 [D]. 南京：南京邮电大学，2020.

三、创业企业股权激励的效果评估与控制

1. 股权激励的效果评估

创业企业实施股权激励，必然是希望起到一定效果，达成一定目的。如果股权激励有效，激励对象受到股权激励之后，会优化自身的决策和行为，改善创业企业的经营。因此，可以通过各种指标体现创业企业的变化，反映股权激励的效果。从创业企业的角度来看，股权激励的效果可以从盈利能力、偿债能力、发展能力、产品市场竞争能力、创新能力 5 个方面进行评估，如图 4-9 所示。

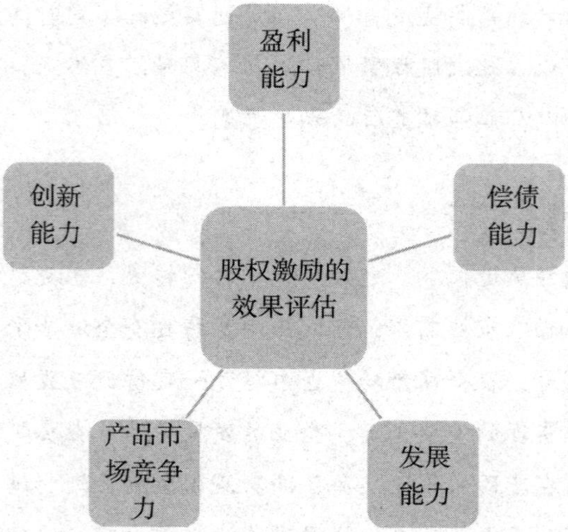

图 4–9　股权激励效果评估的 5 个方面

（1）盈利能力。盈利能力指创业企业获取利润的能力，和创始人的领导水平、核心员工的工作绩效息息相关。对创业企业盈利能力评价的量化指标有毛利率、净利率、总资产收益率、经济增加值等。如果评价指标与实施股权激励之前相比有稳定的增长，则表明股权激励对促进创业企业盈利能力提升有效果。

（2）偿债能力。偿债能力是指创业企业用自身资产偿还债务的能力，能够反映创业企业的财务状况，偿债能力强能够增强债权人对创业企业的信心，有利于创业企业的稳定发展。对创业企业偿债能力评价的量化指标有资产负债率、资本周转率、现金比率等，若这些量化指标表现更好，则表明股权激励发挥了效用。

（3）发展能力。发展能力主要考察创业企业的成长性、未来潜力，创业企业通过不断努力可以获得成长与进步，占据一定市场。对创业企业发展能力评价的量化指标有营业收入增长率、净利润增长率、资产使用效率等，如果这些指标呈现稳定增长的趋势，则表明股权激励是有效的。

（4）产品市场竞争力。产品市场竞争力越高，创业企业能够占据的市场份额越大。反映创业企业产品市场竞争力的指标有市场占有率、销售增长率等，如果这些指标上涨，则表明股权激励能够有效推动激励对象的工作业绩，进而促进产品市场竞争力的提升。

（5）创新能力。创新是创业企业发展的关键动力，在现代社会，创新能力的强弱直接影响创业企业的生存与发展。核心技术人员是创业企业股权激励的重要对象，创新能力的提升也是创业企业非常希望获得的结果。评估创业企业创新能力的指标有研发人员占就业人员的比重、企业发明专利申请量占专利申请量的比重等。如果这些指标在创业企业实施了股权激励之后表现更好，则表明股权激励发挥了作用。

2. 股权激励的控制

股权激励方案实施后，为了保证按计划执行，不偏离制定方案的初衷，创业企业必须对其进行控制。创业企业的股权激励控制可以从以下两个方面开展。

（1）建立配套管理机制。股权激励方案的实施需要设置相应的管理机构，负责方案的执行落地，如筛选激励对象、考核激励对象的绩效等。对创业企业而言，如果企业规模较小，设置相应的管理机构资源不足，则可以设置专门的人员管理股权激励。如果创业企业具备一定规模，则可以设置专门的股权激励管理机构或部门。通过设置完善的管理机制，保证股权激励的每一步都有人负责有人管，将方案里的要点完全落地，实现对股权激励实施过程的控制。

（2）建立完善的调整和退出机制。股权激励是动态变化的，随着创业企业内外部环境的改变，股权激励也需要做出相应的调整，才能保证激励效果。创业企业的未来具有不确定性，可能会被其他企业收购，也可能上市，因此，创业企业需要对可能发生的状况设计应对措施并事先约定，建立完善的调整和退出机制，保障股权激励计划的顺利实行。

四、识别创业企业股权激励中的风险

股权激励不仅是一种激励措施，也是一种企业治理方法。运用好股权激励，可以有效提高员工工作绩效和企业业绩，但是运用不当，也会给创业企业带来风险，产生不利影响。创业企业股权激励的风险包括控制权被过度稀释、财务风险、内部矛盾加剧、“搭便车”风险 4 种。

1. 控制权被过度稀释

将创业企业的实际股权作为激励标的，需要创始人让渡部分股权，其股权就会被稀释，影响创始人的控制权。因此，股权激励方案的设计需要考虑对创业企业股权结构的影响，可以进行一个股权结构变化的推演，预防可能发生的控制权被过度稀释的风险。创业企业一般通过设置员工持股平台的方式，对股权结构进行灵活安排。

2. 财务风险

股权激励的成本和费用是显著高于其他激励手段的，当激励对象行权时，不论是选择权益还是现金，都会给创业企业带来较大的财务压力，如果股权激励力度过大，就可能导致财务风险。因此，创业企业要考虑自身的财务状况，合理确定股权激励的范围和数量，节约实施股权激励产生的成本和费用。

3. 内部矛盾加剧

如果创业企业出现激励对象选择不合理、股权激励分配不公平、激励额度确定不合理、考核制度不合理等问题，就会引起激励对象的不满，股权激励反而起到反效果，使创业企业的内部矛盾加剧。因此，股权激励对象、激励数量、激励额度以及考核指标的确定，要有据可依、公平公正，能够使做出贡献的员工获得相应的奖励。

4. “搭便车”风险

如果股权激励的行权条件没有约束力，激励股权固化到人头后，激励对象不用努力，无论个人绩效表现如何，都可以享受股权收益，就会导致股权激励失效，引发激励对象“搭便车”的行为。因此，创业企业要确定好约束规则，明晰激励对象需要达到的绩效条件，对未达到绩效条件的激励对象不授予激励股权。

篇末案例

中兴通讯：领先通信企业的股权激励历程

1. 企业简介

中兴通讯股份有限公司（以下简称中兴通讯），成立于1985年。中兴通讯聚焦于通信领域，为客户提供领先的技术、产品和解决方案。企业坚持创新引领未来，大幅投入研发，2015—2022年连续8年研发投入超过100亿元。截至2022年年底，中兴通讯全球专利申请数量约8.5万件，5G标准必要专利处于全球第一梯队。

2. 发展历程

1997年，中兴通讯在深圳证券交易所上市。1998—2004年，中兴通讯依靠CDMA技术和小灵通占据市场份额，并且推出了国内第一款自主研发的全中文双频手机ZTE189。随着3G时代的到来，CDMA技术逐渐退出市场，手机业务的发展也不尽如人意，中兴通讯在摸索中艰难发展，面临亏损的局面。通过调整投资项目，优化管理流程，提升业务效率、研发效率，中兴通讯逐渐步入正轨。目前，中兴通讯的业务集中在运营商业务、政企业务、消费者业务和数字服务四大板块，随着5G的普及，中兴通讯拥有相关技术竞争力，虽然命运多舛，但是前途依旧光明，中兴通讯仍然是我国乃至全球通信行业的领先者。

3. 4次股权激励计划

中兴通讯是典型的科技企业，技术是企业的核心竞争力，人才是技术研发的主体，因此，如何保留、激励优秀人才是中兴通讯一直需要思考的命题。股权激励一直伴随着中兴通讯的发展，为中兴通讯的人才战略保驾护航。1997年中兴通讯上市后，股价稳定上涨，为股权激励的实施奠定了基础。股价上涨表明企业发展良好，股权激励能够为激励对象带来丰厚的收益，使股权激励更具吸引性，增强激励效果。此后，中兴通讯实施了多次股权激励计划，以满足不同时期的企业战略需求。2004 年，中兴通讯在 H 股成功上市，募集资金 35 亿港元，标志着中兴通讯在资本国际化方面迈出重要一步。以下列举的是中兴通讯不同时期的 4 次股权激励计划，可以从中总结发现实施股权激励的规律、经验，为其他企业提供借鉴。

（1）第一次股权激励计划。

2006 年，《中华人民共和国公司法》和《中华人民共和国证券法》修订完成后实施，国内的资本市场运行更加规范，股权激励在国内企业的发展受到保障。中兴通讯非常希望建立有效的长期激励机制，充分发挥人力资本价值，提高企业在激烈的行业竞争中的竞争力，满足企业发展的需要。在此背景下，中兴通讯于 2007 年启动了股权激励计划。中兴通讯实施此次股权激励的目的在于将企业关键核心员工的利益与企业利益挂钩，完善企业的薪酬体系，形成有竞争力的薪酬制度，从而有效地激励、保留关键核心员工，助推企业战略目标的实现。此次股权激励计划的激励模式为限制性股票，限制性股票能够让激励对象以非常低的价格购买企业股票，同时设置约束条件，使激励对象在一定期限完成约定的条件后才能出售股票获益。限制性股票能够有效地激励关键核心员工完成目标、达成业绩，并且保持其稳定性，非常适合现阶段的中兴通讯。此次股权激励计划的激励对象是企业的董事、高级管理人员以及关键岗位员工，其中董事和高级管理人员 21 名、关键岗位员工 3414 名，激励对象名单需要经过董事会审议通过，监事会核实，在股东大会上说明。此次股权激励计划有效期为 5 年，包括 2 年禁售期和 3 年解锁期，禁售期内激励对象不得出售、转让本次股权激励计划获授的股票，3 年解锁期分 3 次解锁，每次解锁的股票比例为 20%、35%、45%。解锁条件包括 4 个部分，一是企业符合法律法规，能够继续实施股权激励；二是激励对象符合法律法规，能够继续参与股权激励；三是业绩条件，中兴通讯在股权激励计划方案中设置了业绩考核指标——加权平均净资产收益率，要求该指标在 2007 年度、2008 年度和 2009 年度均不低于 10%，达成指标要求才能解锁获授的股权；四是绩效考核条件，根据企业绩效考核制度，以激励对象 2007 年度、2008 年度和

2009 年度的绩效考核作为 3 次解锁的绩效考核条件，绩效考核合格后才能解锁。解锁期内任意一次未达到规定条件的，当次激励股票作废。达到规定条件后，激励对象需要自筹资金以授予价格认购相应股票。这是中兴通讯首次进行股权激励的尝试，当时国内上市企业的股权激励相关法规尚在完善，中兴通讯的大胆尝试取得了良好的效果，企业业绩提升显著，员工积极性得到大幅增强。从财务数据来看，2006 年以后 3 年，中兴通讯的净资产收益率、净利润增长率都有所提升，表明企业的盈利能力和发展能力都有所提高。

（2）第二次股权激励计划。

2011 年，中兴通讯所在的行业发展变缓，企业本身也出现一些管理问题，导致企业出现巨大亏损。2011—2012 年，中兴通讯都处在低谷期。2013 年是中国 4G 元年，随着移动互联网时代的到来，人们的生活方式发生巨大改变，网络的用途更加广泛，人们对网络的需求也大幅增加，4G 建设为通信企业创造了巨大的市场增长空间。中兴通讯迎来发展的机遇，企业必须要做好人力资源储备，激发员工工作动力，调动企业上下的积极性，充分利用这次机会，实现企业业绩增长。因此，中兴通讯于 2013 年再次宣布实施股权激励，采用股票期权这一激励手段，旨在健全和完善整体薪酬结构体系，稳定和激励人才，让人力资本参与分配，最大限度地发挥人力资本价值。股票期权是授予激励对象在未来以约定价格购买企业股票的权利，激励对象可以选择买或不买、卖或不卖。股票期权能够缓解企业的资金压力，降低激励对象的风险，非常适合当时的中兴通讯，防止核心员工因为不想承担太大的风险而不积极参与股权激励。此次股票期权激励计划的激励对象仍然是企业的关键核心员工，包括企业的董事、高级管理人员以及核心业务骨干，激励数量覆盖 1531 名员工，占企业员工总数的 2.3%，与第一次股权激励计划相比，覆盖的员工数量减少。此次股票期权激励计划有效期为 5 年，包括 2 年等待期和 3 年行权期，行权期分 3 次进行，每次行权比例分别为 30%、30%、40%。行权条件设置了企业业绩目标，包括两个考核指标——加权平均净资产收益率和净利润增长率。针对加权平均净资产收益率，要求在 2014 年、2015 年、2016 年分别达到 6%、8%、10%，呈现不断提高的趋势；针对净利润增长率，分别以 2013 年、2014 年、2014 年为比较对象，要求 2014 年、2015 年、2016 年与比较对象相比，净利润增长率不低于 20%、20%、44%。与第一次股权激励相比，新增了净利润增长率这一考核指标，体现出中兴通讯在这一时期对业务扩张、利润增长的需求。激励对象达成行权条件，获得所授予的股票后不能立即全部出售，设有禁售期，以防止激励对象只顾眼前利益，忽略企业的长期战略和可持续发展。禁售期的设置基于相关法律法规和公司章程，例如获得激励股权的企业董事和高级管理人员离职之后半年以内，不得转让其持有的股权等。

（3）第三次股权激励计划。

2017年，中兴通讯开展了第三次股权激励计划，仍然采取股票期权的模式。这一阶段是5G的预备期也是中兴通讯深化国际化进程的关键期，中兴通讯再次借助股权激励增强管理团队和关键员工的工作绩效，促进企业持续稳定发展。此次股票期权激励计划的激励对象仍然是董事、高级管理人员以及核心业务骨干，激励数量达到2013人，占企业总人数的3.5%，较上次激励数量有所增加。中兴通讯计划授予不超过企业股本总额3.6%的股票。此次股权激励计划有效期为5年，经过两年等待期后，可分次行权，3个行权期的行权比例均为1/3，同样设置有禁售期。业绩考核指标虽然设置了加权平均净资产收益率和净利润增长率，但与上次的具体数值不同。对加权平均净资产收益率的要求更高，要求3个行权期的加权平均净资产收益率都要达到10%。对净利润增长率设置了38.25亿元的基数，要求3个行权期的净利润增长率逐渐增加，分别达到10%、20%和30%。

（4）第四次股权激励计划。

2020年，中兴通讯宣布开展第四次股权激励计划，仍采用股票期权模式。这一时期是5G建设的关键期，也是中兴通讯经历“黑天鹅”事件后向上发展的重要阶段，企业要加强关键核心技术的研发，培养核心技术人才，提升企业竞争力，开启新一轮高速增长，实现企业的长期可持续发展。此次股权激励的对象仍为董事、高级管理人员以及关键岗位的核心业务骨干，但是激励数量大幅提升，约6124人，占据企业员工总数的8.84%。此次股权激励计划的有效期为4年，其中包括1年等待期和3年行权期，3年行权期分3次进行，每次行权比例均为1/3。预留授予的股票期权经过1年等待期后，有两个行权期，行权比例均为1/2。禁售期的设置与以往相同。此次行权条件与以往有所不同，设置的业绩考核指标为净利润，要求每个行权期的累计净利润达到一定数值。此次股权激励计划还有预留授予的股票期权，行权条件也是考核净利润是否达到要求的目标。净利润能够直接反映企业的经营成果以及对股东的价值回报，能够有效考察企业的盈利能力，因此，中兴通讯选择净利润作为行权条件的指标。在实施此次股权激励计划之前，中兴通讯遭受了重大打击，正是需要稳步经营、稳定员工信心、维持企业发展的关键时期。企业开启了第四次股权激励计划，广泛激励核心员工，并且关注经营成果和盈利能力，帮助中兴通讯度过困境，稳定员工和股东，快速开启新的增长，在新的机遇期抓住机会，获得可持续发展。

4. 中兴通讯的股权激励启发

纵观中兴通讯的 4 次股权激励计划，可以从中总结出一些规律和经验。

第一，中兴通讯 4 次实施股权激励的对象都是企业的董事、高级管理人员以及关键岗位上的核心员工，激励对象的数量整体呈上升趋势，惠及的员工越来越多，旨在让更多的人与企业共享收益，激发其人力资本价值，为企业发展贡献力量。激励对象以关键岗位上的核心员工为主，核心员工是中兴通讯需要重点关注的对象，是促进企业业绩增长的中流砥柱，因此必须重视对核心员工的激励。

第二，中兴通讯只在第一次股权激励中采用了限制性股票的模式，此后均采用股票期权的模式，限制性股票需要员工承担一定风险，而股票期权可由员工自行选择是否行权，对员工而言激励作用更大。第一次股权激励的时候，中兴通讯发展良好，股价表现优异，员工对企业未来是充满信心的，限制性股票能够稳定企业的运营，保留核心员工。此后都是中兴通讯遭遇发展的低谷期或面临发展的机遇期，希望通过股权激励刺激企业发展。如果采用限制性股票，激励对象会承担较大的风险，对于能获得的收益会有所怀疑，就会降低员工参与股权激励的积极性，减弱激励效果。所以，中兴通讯选择了股票期权模式。激励模式的选择需要根据企业的发展状况、想要达到的激励效果等因素，不能盲目进行。

第三，中兴通讯在不同的股权激励计划中设置了不同的考核指标。第一次股权激励的业绩考核条件只设置了加权平均净资产收益率，第二次、第三次增加了净利润增长率，考核指标更加丰富，目标设置更加明确，挑战性更大，能够最大化地激发员工的工作积极性，完成业绩提升的目标。第四次采用净利润作为考核指标，是考虑了企业的发展战略和发展前景，制定具有可行性和可实现的目标，旨在提高企业的盈利能力，最大化股东价值。考核指标是员工努力的方向，也是企业的发展需求，必须要科学合理，符合企业不同阶段的发展形势，这样才能发挥出激励效果，实现企业的健康发展。

第四，中兴通讯的 4 次股权激励都有其实施背景，根据企业的实际发展需求进行股权激励方案的设计。从这 4 次股权激励的背景可以看出，企业采取股权激励是为了满足企业发展战略的需求，适应不同时期的发展形势，为每一个发展的关键期做好人力资本准备，从而保证了企业的长期可持续发展。

5. 发展与总结

中兴通讯以研发立命，所属领域也是知识密集型和技术密集型行业，需要大量稳定的科研人才，人力资本对企业发展是不可或缺的需求。股权激励能够吸引和稳定核心人才，激发核心人才的工作热情，对中兴通讯有着重要意义，因此，股权激励伴随了中兴通讯的各个发展阶段，帮助企业健全薪酬体系，拉动业绩增长，实现不同时期的战略目标。

资料来源

1. 鱼玥 . 中兴通讯股权激励案例分析 [J]. 合作经济与科技，2022（2）：124–126.

2. 郭远明 . 中兴通讯股权激励动因和实施效果的案例分析 [D]. 南昌：江西财经大学，2021.

本章小结

股权激励是针对企业管理层和关键核心员工最常见的长期激励方式，能够使员工和企业形成利益共同体，转变员工的工作意识，最大限度地提升员工的绩效。

本章从 4 个部分入手，重点探讨了股权激励相关问题。第一节介绍了股权激励的内涵、原理、动因、实施效果和设计原则。第二节从设计股权激励角度阐述了股权激励设计的 4 个方面，即激励模式、激励数量、激励来源和股权定价。第三节从股权激励机制的角度阐述了股权激励的进入机制、运行机制和退出机制。第四节从实施股权激励的角度并且聚焦创业企业，阐述了创业企业的股权激励方案、创业企业股权激励的实施步骤、创业企业股权激励的效果评估与控制、识别创业企业股权激励中的风险4个方面的内容。

第五章

模式变现

在全民创业的时代，越来越多的人加入创业实践中，创业能够促进经济发展，实现个人理想，但创业是一个高风险、高难度的过程，创业失败的概率远高于创业成功的概率。创业要想成功，必须要明确创业企业变现的模式，只有能够变现的企业才可能创业成功，变现和盈利是创业企业的最终目的，也是创业企业生存的根本。创业企业变现可以从以下 4 个角度进行考虑：商业模式、创业团队、运营管理和创新变革。

无论何种商业模式，它的起点一定来自用户的痛点，是一种未被发现或满足的需求。简单来说，任何商业模式都源自企业对用户需求和痛点的理解。

——三六零集团创始人　周鸿祎

开篇案例

完美日记：爆红背后的商业模式

1. 企业简介

完美日记成立于2017年，是广州逸仙电子商务有限公司旗下品牌。完美日记专注于为新生代女性研发一系列高品质、易上手的彩妆产品。通过推出多款高性价比、高颜值的产品以及开展众多颇具创意的营销活动，完美日记快速“出圈”，吸引了大批粉丝，成为国货彩妆品牌的佼佼者。2020年，完美日记蝉联天猫彩妆品牌销售榜第一名；同年，完美日记进入“苏州高新区·2020胡润全球独角兽榜”。2023年，完美日记入选由上海报业集团出品的界面新闻“新颜榜”年度品牌TOP10。

2. 发展历程

随着人们生活水平的提高，对美的追求更加丰富，化妆品的消费需求不断增加，我国的美妆行业存在较大的发展空间。国货在国内的美妆市场中实力较弱，名气较大的美妆品牌多是来自欧美、日韩等地，消费者对优质的国货美妆有着较高的呼声。完美日记的消费者群体主要针对“Z世代”的年轻人，基于其追求颜值、性价比等消费特点，完美日记给自己贴上大牌平替、高颜值、个性化等标签。在这种情况下，完美日记进入国内美妆市场，并确定了低价高质、打造爆品、快速推新的产品战略。

发展之初的完美日记主要通过线上平台进行销售，借助聚集了大批流量的内容平台进行宣传，创新产品和营销，推出了“小黑钻口红”“动物眼影盘”等爆款产品，快速赢得消费者的喜爱。2017年，完美日记入驻天猫旗舰店。2019年，完美日记的品牌知名度在小红书、淘宝、微博、抖音等众多知名内容平台全面打开，收获了大批粉丝。2019 年的“双十一”，完美日记的销售额破亿元，登顶彩妆销售榜。在短短的两年时间内，完美日记从一个新生品牌到知名国货彩妆品牌，从默默无闻到霸榜彩妆销售榜，其背后的商业模式非常值得探讨，也能为创业企业的发展提供重要经验。完美日记在线上大获成功后，开始布局线下销售。2019 年，完美日记在广州开设首家线下体验店，并在多个城市进行门店的布局。2020 年 11 月，广州逸仙电子商务有限公司在纽约证券交易所上市，成为全球最年轻的美妆上市企业之一，处于国货美妆赛道的头部位置。但是随着营销热度的退去，以及美妆赛道的进入者增多，越来越多的国货品牌崛起，使得完美日记近两年的市场竞争更加激烈。

3. 完美日记的商业模式

（1）借助公域流量打开品牌知名度。

在内容平台火热的时期，完美日记非常善于利用各大内容平台进行营销，例如小红书、微博、抖音等。这些内容平台聚集了众多的消费者，是人们日常生活、娱乐的重要 App，使用频率极高，很容易对人们的消费产生影响。完美日记成立之初，以小红书为阵地，邀请了大量消费者进行产品的分享、推广。小红书的受众群体以都市年轻女性为主，正好符合完美日记的目标消费群体，并且小红书不仅分享产品，还分享相关的使用技巧、使用场景等。以美妆产品为例，小红书的博主不仅会介绍产品的特性，还会教学化妆技巧、妆容等，即使没有消费需求的用户也会进行搜索、查看，在潜移默化中增加了产品的知名度，培养了潜在消费者。完美日记不仅邀请小红书中的头部博主进行宣传，还大量邀请素人博主发布种草笔记，使产品营销更加贴近消费者，增强营销内容的真实性，获取消费者的信任感。完美日记依靠小红书的营销迅速“出圈”，跻身国货美妆品牌前列。此外，完美日记还邀请当红明星代言，获取“饭圈”流量，进一步开拓微博等平台的营销，在多个平台打开品牌知名度。

（2）深度运营私域流量，提升消费者黏性。

公域流量需要企业花费大量金钱进行运营、投放，而且难以形成消费者对品牌的黏性，消费者是不断流动的。私域流量与公域流量相对，企业培养了自己的私域流量后，能够以较低成本重复利用，直接和消费者接触，了解消费者的需求，向消费者传递企业的理念、文化、价值观等，与消费者建立情感联系，从而增强消费者对品牌的黏性，促进消费者的重复购买行为和提升口碑效应。完美日记利用公域流量的营销进行引流，积累品牌消费者，让消费者关注、加入企业自己创建的账号、群聊，为消费者提供产品售后、美妆顾问等服务，了解每个消费者的信息、消费习惯、消费需求等，从而进行精准推荐，有针对性地提供服务。完美日记开通了美妆社、福利社、美妆学院等数十个账号，打造了“小完子”“小美子”两个运营消费者社群的IP，将消费者转化为品牌粉丝，从而提高运营效率、降低运营成本，还能维持消费者黏性，提高消费者留存率、复购率。

（3）跨界营销，创意“出圈”。

完美日记针对的消费者群体是“Z世代”的年轻人，这一群体喜好高颜值、有个性、创新的事物，因此，完美日记充分利用跨界营销推陈出新，吸引年轻人的眼球，引爆话题，赚足关注度。完美日记的联名对象包括巴黎时装周、大英博物馆、《中国国家地理》等，每一次的联名产品都会让消费者眼前一亮，刺激消费者的购买欲望。

4. 完美日记成功的亮点

（1）营销造势。

完美日记相比于其他品牌，非常善于利用内容平台、明星、博主、IP进行营销。在成立初期，完美日记借助小红书、微博等内容平台打开知名度。完美日记的内容投放是依托消费者口碑写的“消费笔记”，能够调动消费者的情感认同，增加消费者对品牌的信任度，与其他品牌单纯打广告形成差异。完美日记通过邀请明星代言，头部主播、腰部主播种草和带货，为品牌吸引了巨大流量。同时，完美日记和知名IP联名打造爆款产品，使产品刚“出生”就自带话题和热度。这一系列操作使得完美日记成立不久就成为年轻人熟知的美妆品牌，频频成就电商销量佳话。

（2）打造差异点，塑造竞争优势。

完美日记选择进入低价市场，避开与大牌美妆品牌的竞争。在低价市场这一领域，完美日记又通过各种联名活动、公域流量和私域流量的大力推广，使得品牌具有一定知名度和美誉度，并且保证产品的高性价比，与低价市场默默无闻、不注重营销、低质量的产品区分开来，打造自己的差异点。完美日记通过打造“低价≠廉价”的差异点，形成自己的竞争优势，短短两三年的时间就成为国货美妆的头部品牌。对于品牌而言，贴上性价比的标签似乎就意味着走量策略，将此类产品归为廉价品，其一旦意图转向高价，消费者就会下意识地跟其他的高端产品来比较，使得转型较为困难。但完美日记为自己塑造的“人设”是低价但不廉价，借助低价打开市场，高品牌知名度和时尚的品牌形象为以后的品牌转型奠定基础。

5. 发展与总结

完美日记的快速崛起为其他创业企业提供了良好的借鉴。完美日记乘着电商的东风，抓住移动互联网时代的流量红利，找准消费者定位、市场定位，在短短几年时间就成为国货美妆中的爆款，取得了非常优秀的销售成绩，其母公司也在纽约证券交易所成功上市。完美日记的成功在于探索出了一条适合自己的商业模式，基于目标消费群的价值需求，通过独特的营销推广手段，不断增加品牌流量，提高产品知名度，从而收获大批消费者。

资料来源

1. 李霞．互联网环境下国货美妆品牌的创新营销策略研究——以“完美日记”为例 [J]. 内蒙古科技与经济，2022（22）：80-81+86.

2. 李意璇．完美日记的品牌战略分析 [J]. 商讯，2021（17）：10-12.

第一节　商业模式：变现的底层逻辑

商业模式是企业的顶层设计，是企业基于自身的条件、所在产业的状况以及企业的经营方略构建的具有企业特色的发展体系，能够在很大程度上影响企业的成长能力和运行质量。在现代社会，商业模式的竞争已经超过市场竞争，成为企业之间竞争的主要形式。

对创业企业来说，商业模式体现了创业企业如何赚取利润的途径。创业企业打造什么样的产品，选择何种市场，通过什么途径满足客户需求，吸引客户购买，赚取收益，都是商业模式的内容。因此，创业企业的商业模式是企业进行变现的底层逻辑，在商业计划书中，商业模式也成为投资者最重视的信息之一。下面从商业模式的内涵、设计、成功特征、创新思路 4 个角度帮助创业者更好地理解商业模式，应用商业模式赚取利润，实现企业变现。

一、商业模式的基本要素

管理学大师德鲁克（Drucker，2006）曾说，当今企业最大的挑战，并非市场之间的争夺，而是商业模式之间的争夺。魏炜、朱武祥和林桂平（2012）提出商业模式就是利益相关者的交易结构。学者蒂莫斯（Timmers，1998）在基于商业系统的观点分析企业模型时，提出它是商品、劳务、信息流的结构或系统，这一系统包含多个因素，例如市场需求、外部经营条件等，基于上述因素组成的作用构成了各种类型的商业模式。罗珉（2005）分析了模式的概念体系，提出企业的模式是一种企业管理和营销活动的方法。翁君奕（2004）则根据对企业组织内部管理环境与市场环境的分类，把整个企业系统划分为一种由价值主张、价值支撑与价值实现所构成的三维空间。李振勇（2006）认为商业模式提供的是一种整体的解决方案，具有全面性、高效率和核心竞争力的特征，通过集成企业内部要素，为顾客创造所需要的商品与服务，最终达到企业利益的最优化。本书综合不同学者的观点，总结出了商业模式的 4 个基本要素，如图 5-1 所示。

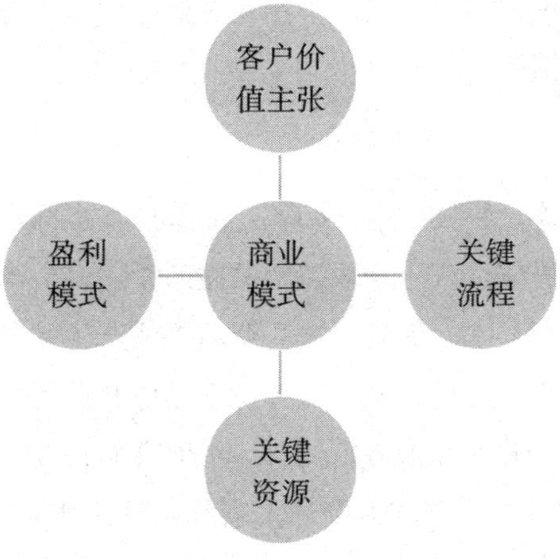

图 5-1　商业模式的 4 个基本要素

1. 客户价值主张

成功的商业模式一定有其独特的客户价值主张，企业通过为客户创造一个提供价值的途径，帮助客户解决某个问题、满足某种需求，从而实现客户消费、企业获利。客户能够从企业提供的产品和服务中获得的价值就是客户愿意付出的成本，因此，客户价值主张代表了企业产品或服务的特点和竞争优势。差异化是客户价值主张的关键，当企业能够提供其他企业无法满足的商品和服务，并且企业的产品和服务能够满足客户的实际需求，为客户提供了更优的解决方案，就能够占据一定市场，形成企业的客户群体，构建商业模式的基础。

2. 盈利模式

盈利模式是企业打造的既能为客户提供价值又能为自己创造价值的详细计划。企业能提供客户价值，并不意味着就能盈利。这也是很多创业企业极易陷入的误区，他们总要研究一下当客户规模达到什么样的数量后才能挣到多少钱，但事实上这是虚无缥缈的，因为创业团队无法确保一定时间内能实现理想中的客户规模，有盈利的能力与真的能盈利不能混为一谈。盈利模式除了必须有正确的收入模式外，还必须有正确的成本结构。不然客户数量还没达到一定规模，企业就先亏损难以为继了，或者客户数量达到了一定规模，但是客户的购买力不足，也会使企业无法正常获利。盈利模式考察的是一个企业的营销与管理能力。很多企业倒闭的原因都在于“烧钱”过于严重，盈利模式不够科学，或者企业的成本费用结构不合理，最后不得不被迫退出市场。企业的竞争力源于有市场竞争力的收入方式和有效的成本结构。

3. 关键资源

关键资源是指人才、科技、生产装备、品牌这一类固定资产，主要用于向目标客户群体传达企业价值主张。企业需要关注的是这些资源之间的互动方式，企业具有带来价值的基本要素，但有时这些资源无法产生差异化的竞争力，因为它们没有得到有效的整合、运用，没有发挥协同效应和最大化自身价值。关键资源优势可表述为“企业的最大依靠是什么”，优秀的企业需要了解、关注并开发自身的关键资源优势。以人才资源为例，大家都认可人才能为企业带来关键价值，是企业的关键资源，但人才需要通过企业的管理发挥效用，借助绩效管理、激励、职业规划等管理手段调动人才的工作积极性和主动性，最大化其价值，从而使人才资源成为企业的核心优势。

4. 关键流程

成功的企业通常拥有一整套的运作流程和管理程序，使得其价值交付模式可以进行重复和推广，它涉及人员的培养和管理、产品制定、预算和计划、营销和客户服务这些反复进行的管理工作。另外，相关流程还涉及企业的规章制度与规范、业绩目标等。制度和流程的建立始终是很多企业的软肋，其老板过于相信自身的个人力量和威望，却忽略了制度和流程的重要性，使得企业产生内部臃肿、发展缓慢、人浮于事、产品质量无法保障等问题。对于关键流程，企业的主要竞争优势来源于提高执行力与创造力，提高流程运行效率。

以上 4 个部分构成了商业模式的基本要素。客户价值主张和企业盈利模式分别确定了客户的价值和企业的价值；关键资源和关键流程则说明了企业如何形成竞争优势和可持续发展。4 项要素并不是独立的，而是相互作用、相互影响，4 项要素中的任意一项出现较大的变动，都可能对其他要素造成冲击。成功的企业能够创造出一种比较稳定的体系，使上述要素有机融合，构成企业生存和发展的基本模式。

模式变现专栏 5-1

大黄鹅：自动售货机生态服务商

1. 企业简介

深圳市乐科智控科技有限公司成立于 2014 年，主要从事新零售行业，专注于提供行业领先的自动售货机系统解决方案，大黄鹅是该企业旗下品牌，定位为智能售货机生态服务商。大黄鹅致力于构建无人零售数字化闭环生态，以“售货

机运营商 + 消费者”为中心，提供 SaaS（Software-as-a-Service，软件即服务）服务、B2B 供应链服务、行业知识培训、加盟服务、广告分发、金融服务等，让售货机更赚钱。

2. 商业模式

（1）行业背景。

随着互联网、大数据、人工智能等科技的进步，零售模式不断升级、优化，自动售货机是我国近年来快速发展的一种模式，并且仍存在较大的增长空间。自动售货机行业产业链条较为简单，上游主要是货物供应商、硬件 / 软件供应商，中游主要是自助售货机生产商和运营商，下游主要是广告商和消费者。传统自动售货机体量巨大，但分散度较高，传统运营商已经占据了较好的点位，拥有一定盈利能力，但是存在机器落后、数据孤岛、软件系统不统一、收益单一、运营效率低下等问题，自动售货机系统在线化需求爆发，急需一个能集中管理终端售货机的平台，帮助运营商开展智慧运营，解决管理不统一问题，提高销售额。

（2）客户价值主张。

大黄鹅的客户价值主张主要体现在 3 个方面。第一，由于售货机行业存在比较久，市场上运营商众多、设备庞杂，不同运营商的各个厂家的设备整合是最困难的。大黄鹅凭借自主研发的主板，具备高兼容性，拓展改装市场，提供专业的设备升级实施团队上门服务，同时与货柜厂商合作进行预装，通过售货机改装和预装，低成本高效率整合存量市场。第二，自动售货机行业中小运营商居多，设备庞杂、渠道混乱，通过 B2B 数字化平台，可以完美地连接品牌商和运营商，降低渠道成本。大黄鹅通过整合广东、江苏运营商供应链资源，搭建区域 B2B 供应链平台，前期重点抓头部客户，利用服务往下辐射，不断扩展市场、扩大平台。第三，打造效率更高、系统更稳定、收益更多的竞争优势，针对新增运营商，提供全方位的服务，从点位选址与安装、行业培训、商品采购、售货机运营、商品销售到售货机维护，大黄鹅拥有更便宜、更便捷的采购体系，更廉价、更稳定的智能售货机设备，帮助售货机运营商更快速地赚钱。大黄鹅通过发现自动售货机行业存在的不足，分别针对存量市场和增量市场提供更优的服务，帮助客户解决问题、满足需求，实现客户价值，从而占据市场。

（3）盈利模式。

大黄鹅针对传统自动售货机运营商存在的问题，挖掘出其中存在的价值需求，帮助传统运营商打通自动售货机的数据孤岛，提升运营效率，使售货机更赚钱。大黄鹅的盈利模式有两个方面：一是通过消费者画像、运营商画像、交易数据和点位画像，深入了解消费者、运营商、点位的相关信息，收集相关数据，厘清交易中存在的规律和趋势，基于数据模型，帮助运营商进行选址分析、智能选品、智能定价和金融风控，最大可能提高运营商的营收，降低运营商的风险，从运营商方面赚取各种服务费用；二是利用不同的点位在消费者方面获取收益，包括广告、交易、金融、增值等。围绕售货机运营商和消费者，大黄鹅构建了智能售货机生态服务平台，可以提供售货机运营平台服务、供应链服务、流量增值服务、产业金融服务、行业 ERP（Enterprise Resource Planning，企业资源计划）、售后服务保障等全场景服务项目。大黄鹅定位为智能售货机生态服务商，其盈利模式的核心是为自动售货机运营商提供全场景服务，收取相关费用，正如大黄鹅官网的标语“你负责点位，我们搞定机器、商品、融资服务”所说。

3. 发展与总结

自动售货机行业正处于快速发展阶段，行业空间巨大，存量和新进入的运营商都需要能集中管理终端售货机的平台以及提升运营效率，提高盈利水平。大黄鹅定位为智能售货机生态服务商，为售货机运营商提供全方位的服务，包括运营管理服务、供应链服务和金融服务等，凭借技术优势和优质的生态服务能力，快速获客，扩展市场。大黄鹅拥有清晰的商业模式，抓住行业机遇，以轻资产撬动巨大产业链，实现路径可行，业务快速增长，合作伙伴众多。未来，大黄鹅基于其商业模式优势，将可能成长为国内最大的自动售货机运营服务商。

资料来源

1. 张慧 . 数字经济背景下自动售货机发展影响因素及建议 [J]. 时代经贸，2022，19（4）：33-36.

2. 徐斌毅 . 我国无人零售的发展现状、趋势与案例研究 [J]. 中小企业管理与科技，2022（8）：62-64.

二、商业模式之路——如何设计

目前，商业模式的问题越来越被大众所认知。一个创业企业是否拥有优秀的商业模式，是评判该创业企业市场潜力、长期投资价值及其竞争优势程度的关键指标。商业模式的设计需要重视以下 3 个要点。

1. 明确产品定位

产品定位是根据消费者对产品某些特点的关注度，树立产品或企业的鲜明个性和特点，塑造产品在市场上特定的地位，以便让市场上的消费者知道并认同本企业的产品。产品定位主要包括以下 4 个步骤，如图 5–2 所示。

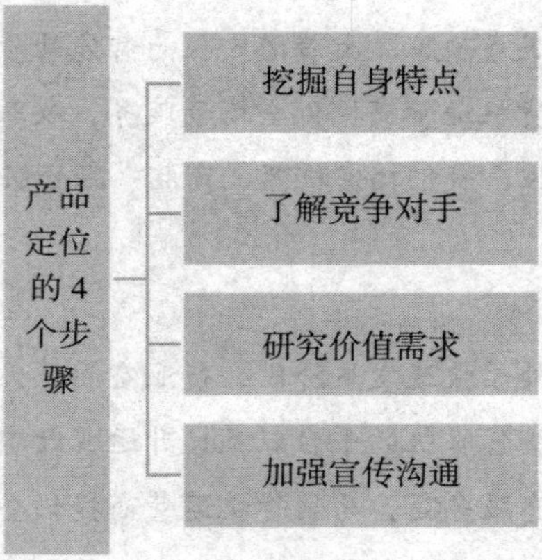

图 5–2　产品定位的 4 个步骤

（1）挖掘自身特点。产品定位首要的工作是全面了解自身的各种属性、价值、特点和优势，基于对自己的深入了解，挖掘能够让消费者眼前一亮的、直击人心的产品定位点。成功的企业都有自己独特的竞争优势，产品定位要充分展现自身的优势，才能够在众多竞品中脱颖而出。许多市场营销专业人员和研究者过于强调市场的作用，仅仅基于市场的判断构想出消费者可能感兴趣的产品定位，而忽略了自身因素。

（2）了解竞争对手。对市场上每个竞争者的产品定位都要加以深入研究，找到产品定位的蓝海市场，避免过多雷同的产品定位，使得竞争压力过大。差异化是产品定位成功的关键因素之一。当明确了自己要进入的产品市场后，需要对市场上的每一位竞争者做尽可能全面、细致的剖析，从而分析出竞争者的发展目标、发展潜力、当前的经营策略以及竞争优势等，以确定其行为的基本轮廓，预测市场竞争者在面临产业变革或受到竞争威胁时可能做出的反应。对竞争者的情况进行深入了解有利于企业更准确地进行产品定位并取得良好效果。研究市场竞争者的产品定位时，可采用排比图法。所谓排比图法就是把已经挖掘出来的各种产品属性排列起来，在每一种属性上依次分析，对比不同竞争品牌的各种产品定位和特点，并寻找各竞争企业产品定位中使用过的产品属性，最后在此基础上明确本企业产品定位中需要避免使用的产品属性。

（3）研究价值需求。从消费者的角度来看，努力解决消费者的实际问题和痛点，满足消费者需求，才能为消费者创造价值，引起消费者的消费欲望。从产品的众多特点中提炼定位点后，还需要思考目标消费者对产品最关心的点是什么，也就是说基于差异化提炼的商品特征，并不一定都是目标消费者感兴趣的或实际需求的。如果产品定位不符合目标消费者的价值需求，产品就很难为企业创造价值，即使你的产品足够特别，几乎没有竞争对手，此时也会失去产品的意义。因此，必须对目标消费者选择该产品所追求的价值进行调查分析，把不符合消费者需求、无法引起消费者消费兴趣的产品特征加以去除。

（4）加强宣传沟通。企业进行准确的产品定位后，需要在消费者面前“混眼熟”，使消费者产生相应消费需求时就能马上联想到企业的产品，在看到其互补产品或者相关产品时，也能很快地联想到企业的产品。在这种情况下，企业的产品市场就会较为广阔，并且在消费者群体中形成良性循环，使消费者对产品的印象越来越深刻。因此，产品定位的另一个关键因素便是做好宣传沟通工作。通过营销宣传的方式，将产品定位在消费者的脑海中不断巩固、加深，使他们对该品牌的鲜明特点形成差异化的深刻印象，从而实现消费者对产品的联想。

2. 做好产品规划

产品规划指的是创业企业经过调查研究后，在了解市场、了解消费者需求、了解竞争者、了解科技发展水平等外部条件的基础上，针对创业企业拥有的资源、达到的技术水平等内在条件，进行数据采集和分析，制定出能抓住市场机遇、符合企业条件的新产品销售的前景方向，以及实现该前景方向需要的策略、技术等程序和手段。产品规划要明确产品销售各阶段应该完成的任务和达到的目标，最后形成一条路线图，明确企业在什么时间做什么、为什么做这些、如何做好、需要使用什么资源等。为了做好产品规划，要根据企业的中心利益和最终目标进行分解，制定月度计划、半年计划等，保证各个阶段的目标完成，及时修正偏离的路线和总结过程中的不足，以实现企业的中心利益和最终目标。产品规划可以从目标消费者、产品应用情景、中心利益三要素入手，根据目标消费者的消费习惯和产品的应用情境设计营销宣传手段，根据企业的中心利益确定产品销售目标。

3. 打造竞争优势

打造竞争优势可以从以下 4 个方面入手。

（1）灵活选择市场。产品所处的市场决定了产品面对的竞争者，要想在竞争中脱颖而出，必须要有优于竞争者的特征，最常见的特征便是产品的价格，因此，有些品牌采取的竞争策略就是大打价格战，实现价格方面的竞争优势。但是价格战无法成为长期策略，对企业的损害也较大，如果进入这种类型的市场，很容易被动采取低价策略，否则难以生存。因此，企业需要根据自身的资源和能力灵活选择市场，如果自身不具备成本优势，就应该改变对产品的归类，塑造其他竞争点，和低价产品区分开来，避免参与到价格战中。

（2）聚焦细分市场。除了灵活选择市场以外，深入细分的消费人群也是建立品牌竞争力的途径之一。很多中小企业的目标消费人群都是直接面对大众，而这一点在快速消费品领域体现得尤为突出，因为本身市场与营销知识的欠缺，在进入新行业后往往只能跟风而行，忽略了细分市场的重要性。成功的企业往往能做到深入研究消费人群，确定目标细分消费群体，从小群体入手，集中资源在竞争力更小的小群体中建立品牌知名度和美誉度，更容易成功，再借助口碑效应不断壮大。

（3）制造稀缺感。制造稀缺感能够刺激消费者的购物欲望，缩短消费者的思考时间，容易引起消费者的冲动消费。例如，商家打出“只剩 ×× 件”“前

× × 名享受优惠”等口号，就是为了营造稀缺感，向消费者传达一种紧迫感，抓住消费者怕错过的心态，引导消费者快速抢购。但是在制造稀缺感之前，企业需要明白，消费者对稀缺产品的争抢，也是源于有实际需求，可能是产品使用的需求，也可能是购买限量产品的心理需求，企业要根据自身的产品定位和消费者的需求，制造相应的稀缺感氛围。

（4）附加品牌价值。消费者在接受一种产品后，除了产品本身的使用价值外，还有附加的品牌价值，每当提起该类产品时，消费者就能立刻联想到本品牌，这就形成了区别其他同类企业的竞争优势。要增加品牌价值，获得消费者的联想，需要通过各种营销手段让消费者对品牌形成认知，让消费者知道你是做什么的、定位是什么、有什么产品、优势在哪。在消费者认知品牌后再去建立品牌联想，寻找和消费者的情感共鸣，建立深刻的品牌印象，逐步形成品牌附加价值。

模式变现专栏 5-2

逅艺文化：科技与文化的碰撞

1. 企业简介

广州逅艺文化科技有限公司（以下简称逅艺文化），成立于2019年，总部位于广东软件科学园。逅艺文化秉持传统文化和高新科技的融合发展，专注于书法、美育、国学等文化产业，借助互联网、人工智能、云计算、智能终端等新兴技术，助力传统文化产业的转型升级。逅艺文化希望通过科技的力量帮助优秀传统文化学习者增效减负，助推传统文化在新时代的创新发展。

2. 商业模式

（1）产品定位。

陈映庭是逅艺文化的创始人兼董事长，自幼受家庭熏陶，练习书法，培养了深厚的爱国情怀。逅艺文化是陈映庭的二次创业，他希望能够结合自己的兴趣爱好，为社会创造价值，因此，陈映庭关注了传统文化领域，特别是书法领域。在“文化自信”的指导下，教育部鼓励中小学开展书法教育，弘扬传统文化，以文化育人，树立文化自信。在此背景下，陈映庭开始琢磨书法教学的商业模式，而教育部对教育信息化和数字校园的推行让陈映庭坚定了文化与科技的结合，对书法教学进行数字化改革，实现智慧课堂、智慧教学。国家对传统文化教育的重视会产生对相关师资的需求，但短时间内成熟的师资力量是很难培养的，而智能化设备和线上教学能够解决这一难题，逅艺文化的产品应运而生，能够针对个人、培训中心和学校等不同场景提供具有不同功能的产品，借助互联网、人工智能、云计算等技术，有效地帮助使用者进行书法学习、练习等。基于自身的兴趣、政策导向和市场需求，逅艺文化确定了自己的产品定位，研发书法教育领域的线上教学产品和智能化设备。

（2）产品规划。

逅艺文化基于自身的产品定位进行产品开发，其产品规划历程主要包括6个阶段。

2021年3月，逅艺文化上线了中国书法家协会培训中心招生系统，积累客户。

2021年11月，发布“云案桌式”“云案台式”智慧书法学习一体机，基于AI的智慧书法学习系统与大数据研发而成，内容包括历代碑帖、书法视频、名人手迹、篆刻赏析、国学精选、历代绘画等，内容丰富浩博，是书法学习者的重要资源库，将中华优秀文化藏于方寸之间，可供学习者进行书法的教、学、练、创。

2022年3月，发布“云观”便捷式直/录播设备，这是专为书画艺术培训、在线直播教育、视频会议、手工艺术类、活动现场等开发的，包括支架、主机、摄像头和遥控器，支持多种主流直播软件，是在线教育的重要帮手。

2022年6月，发布“云案e本”平板式产品，具有便携式、低成本的特质，可以用于家庭客户与礼品市场，同时发布了人工智能书法评价V1.0。

2022年12月，发布中国书画名家工作室平台，这是一个垂直领域付费的知识分享平台，将学习终端与互联网平台联动，连接艺术家与学习者，助力学习者快速提升水平，培养学习者黏性和重复消费模式。

2023 年，逅艺文化进行产品优化升级，不断丰富业务内容，上线了人工智能书法评价系统 V2.0 和校园智慧书法课室教学版 V2.0，布局名家书画数字藏品应用领域。

（3）企业文化定位。

逅艺文化的企业使命是“以书传道，以文化人”，致力于以科技手段加速传统文化的弘扬，打造传统文化的平台化、数字化、网络化和智能化，助力塑造文化自信，因此，企业围绕这一核心内容塑造企业文化，使规模并不大的创业企业能够秉持初心，研发符合企业定位的产品，保证团队的稳定。逅艺文化对企业文化的塑造主要是从办公环境、定期活动和理念传递等方面入手。办公场所的装修突出雅致和美学追求，在不同区域的墙上悬挂书法作品，既增添了整个环境的文化氛围，也代表了企业的主营业务。同时，办公场所的装修注重员工和客户的体验感，让员工感到舒适并给客户留下良好印象。逅艺文化定期举办“逅艺学堂”活动，每位员工轮流当讲师，确定一个主题，自行准备讲解内容，帮助员工从不同方面进行提升，培养员工的自主创造力。身为老板的陈映庭注重在企业内推广“快乐分享”的理念，企业内的员工以“90 后”为主，鼓励大家多进行经验、想法的分享。

3. 发展与总结

逅艺文化的商业模式设计有两个突出点——市场和产品。逅艺文化选择数字校园、智慧教育领域，并瞅准书法教育的缺口，在这一细分市场发力。数字校园、智慧教育是政策导向，必然具有一定发展前景，逅艺文化抓住此机遇，并结合自身特点和优势，先从书法教育这一细分市场入手，研发相关产品，树立品牌和培养客户群体。逅艺文化围绕书法教育推出相关产品，充分利用了互联网、人工智能、云计算等技术，帮助书法学习者提高学习、练习书法的效率，快速提升书法水平，成为书法学习者的得力助手，适用于个人、学校、培训机构等多种场景。在聚焦细分市场和优秀的产品体系下，逅艺文化打造了良好的创业基础，奠定了未来的发展。

资料来源

1. 梁顺生 . 运用信息技术推进书法教育的路径研究 [J]. 教学管理与教育研究，2023，8（11）：100–102.

2. 令军辉，李敏 . 小学书法教育现状调查与思考 [J]. 甘肃教育，2020（11）：113.

三、商业模式之路——如何成功

在这个世界上，没有完全一样的商业模式，也没有一种商业模式可以让企业照搬照抄直接套用，但成功的商业模式究其本源仍有其相似之处，其中具备的一些共性要素值得创业者们深入学习，如图 5–3 所示。

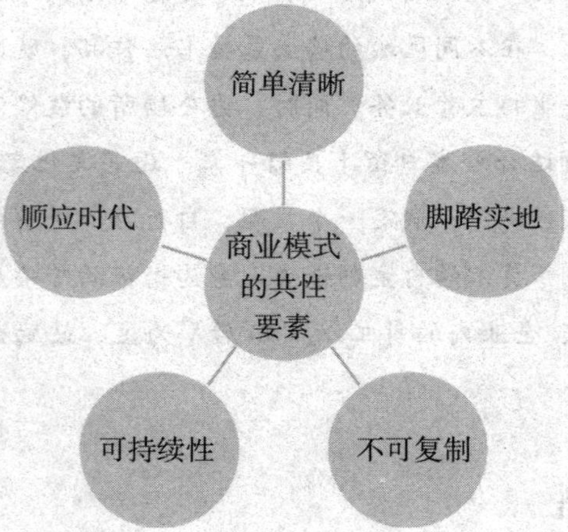

图 5–3　商业模式的共性要素

1. 简单清晰

成功的商业模式一定是简洁明了的，商业模式过于复杂不仅难以引起投资者的兴趣，也很难落地执行。可以将商业模式的核心主旨总结浓缩为一个词、一句话，写进商业计划书中，展现在投资人面前，使投资人能迅速理解创业团队的想法并判断该商业模式的可行性。如果商业模式过于复杂，创业团队需要花大量的篇幅去描述以及向投资者讲解，一旦讲解不到位，就可能使投资者认为创业团队自己都没有充分理解自己的商业模式，或者令投资人感觉花里胡哨，落不到实地。创业团队要清楚地理解以下问题：你为什么做这件事、你有什么优势、现有的资源和目标是否匹配、商业模式的亮点等。企业设计商业模式的关键是针对目标客户的核心需求，将目标客户的体验做到极致。

2. 脚踏实地

“潮水退去，才能看清谁在裸泳”。许多创业企业追逐风口，在不清不楚中就开始了创业之旅，不清楚自己的收入来源，不了解市场发展的趋势，不明白自身的优势和特点，就选择了风口开始创业。虽然开始也能维持生存甚至挣钱，但风口过后，市场低迷，经济环境不景气时，这批企业最容易倒下。脚踏实地是对自己的全面了解和对市场的准确把握，在此基础上，抓住客户实际需求，构建自己的商业模式，才能应对内外部环境的变化，经得起风雨。

3. 不可复制

如果一个商业模式很容易被复制，那么采用这套商业模式的企业就面临着随时被模仿者、优化改进者取代的风险。尤其对于创业企业来说，成熟的资本方很容易拿走这套可复制的商业模式，这对创业团队和投资人都是极大的潜在风险。因此，一个优秀的商业模式，应该具备一定的门槛，例如技术优势、人力资本优势等，树立无法被他人轻易模仿的竞争壁垒，从而为自己营造一个良好的发展环境。成功的商业模式通常都是难以复制的，具备不同的亮点，这些亮点可能体现在如何定位客户、如何定位竞争对手、如何定位产品与服务、如何定位经营内容吸引客户并产生利益等方面。企业在探索适合的商业模式时，要寻找自身的核心价值，商业模式的独特竞争性很大程度上源自企业自身的独特价值，企业自身的独特价值也是其他企业难以模仿的。

4. 可持续性

成功的商业模式必须具备可持续性，能够受到投资人青睐的商业模式一定是能够在未来为投资人创造收益的。企业的存在不能是昙花一现，需要考虑到长远的发展，因此商业模式也不能是短期性的，要能够长期存在、持续优化，支撑企业的可持续发展。

5. 顺应时代

成功的商业模式应该与时代的大趋势为伍。创业团队的宏观判断很多时候要大于微观的努力，顺势而为往往能够事半功倍，逆势而为要么企业无法生存，要么创业团队要付出巨大的、超越常规的努力。

四、商业模式之路——如何创新

随着时代的发展，企业的转型升级势在必行，企业的商业模式同样也需要升级更新，这是企业获得持续竞争力的有力保障。创业企业应该从哪些方面入手进行商业模式创新呢？这里提供了 3 种思路。

1. 重新定义客户需求

对企业来说，客户的需求有不同的实现途径，因此产生了不同的商业模式。重新定义客户需求就要求企业挖掘客户的新需求，或者从已有的需求出发，寻找新的需求满足方式。有时，客户为达到一个目标需要的并非是一个产品，而是一个解决方案。将提供解决方案作为企业的业务内容，可以实现企业商业模式的创新。因此，企业在满足客户需求时，可以从不同的途径入手，改变传统的思维，寻求一个全新的角度，带给客户新的体验感。这种方式能够为有潜在需求的客户带去意外惊喜，使他们无法抗拒，从而使客户群体快速扩张，促成全新的商业模式。

2. 改变企业的产业定位

从产业链的角度进行商业模式创新，跳出了企业内部，站在了整个产业的角度，从供应链最上游的原材料生产为起始，到成品被客户利用完成后废弃为结束展开研究。借助这条产业链，企业能够发现行业的利润流向，便于及时布局和赶超同行。一个企业的经营一般包括整个价值链的一至两个组成部分。评价目前产业链中各个环节的盈利能力，包括营收的多少以及收益率水平，然后分析未来企业的发展走向。企业可以从较低利润率的环节转向较高利润率的环节，也可以进入价值链上较新的阶段。如果是进入价值链上较新的阶段，企业就必须寻找这种新型的生产环节并提早布局。

3. 打破行业边界

大部分创业企业都是遵循现有的行业划分，将自己定位于产业先驱者划分好的某个领域中进行利益的争夺，长期的发展使得整个产业体系日趋完善，同时形成了一定的进入壁垒，对遵循现有产业划分的创业企业而言是非常不利的。尚未成熟的创业企业跟随标杆，进入同一行业，很难形成竞争优势，和标杆企业争夺客户资源，因此，这些后进入者要么无法生存，要么靠微利谋生，“后来居上”的发展途径是充满荆棘和需要机遇的。此外，随着行业竞争的逐步提升，行业中各个因素的竞争差异也会以“回归”的趋势逐步减小，很多企业就步入了深度同质化阶段，使得企业收益减少。在这种情况下，创业企业要想构建竞争优势，获取较高收益，就必须以创新为导向，打破行业边界，从不同的视角思考行业发展趋势，寻找新的突破点，开拓新的发展领域。

第二节　创业团队：变现的核心力量

创业团队是实现创业目标的行动载体。创业企业要想赚取利润，必须进行各种经营活动，而企业的所有活动都需要人员去实施。创业团队是创业企业的核心人力资源，处于早期阶段的创业企业还不具备规模，企业的关键事项都需要团队成员去实施，企业战略的制定、商业模式的构建、产品的研发、营销活动的开展等都需要创业团队集思广益，获取相关资源，合作执行。因此，创业团队是实现企业变现的核心力量，没有创业团队的执行，再好的变现想法也无济于事。

如何使创业团队更好地执行创业相关活动，将变现想法转化为变现事实，下面从创业团队的成员组成、搭建组织结构、创业团队激励 3 个方面给出了答案。资源互补的创业团队能够充分发挥每位成员的能力，减少创业活动中的短板，为创业企业积累各方面的资源；合理的组织结构能够提高成员工作效率，提升创业企业运行效率；有针对性的团队激励能够全面激发创业团队的工作动力，提高工作绩效。

一、创业团队：得天独厚的资源优势

创业团队是创业企业的重要资源，创业团队自带的背景、能力等资源是创业企业的天然优势。为了让创业团队的工作能力更加全面，对于企业的每一个业务领域、经营板块都能从容处理，创业者在组建创业团队时要尽可能招揽具有互补经历、背景的团队成员，使整个团队尽可能减少短板。

1. 领导者背景

领导者是创业团队的核心人物，通常也是一项创业活动的发起者，在创业团队中起到把控全局、管理团队、制定决策的作用。团队的领导者在企业中的岗位一般是 CEO。领导者不一定需要精通某一特定的企业经营职能板块，但是必须擅长对创业团队进行管理与协调，同时对行业发展情况、市场情况有敏锐的洞察力，制定企业的发展战略和合理可行的目标。

2. 财务背景

财务工作对于一项创业活动的重要性不言而喻，创业企业早期可能不需要一个独立的财务部门，但一定要有一名专业的财务管理人员。当企业发展到一定规模，资金交易更加频繁之后，就能以该财务人员为核心成立财务部门。具备财务背景的团队成员需要有专业的财务、会计、税务工作相关的知识，曾经在其他企业担任过重要的财务管理岗位工作。

3. 产品背景

创业团队需要招募有产品开发、产品质量把控背景的成员，这类成员可能在之前的工作中担任过产品经理或市场调研专员，也有可能是某一个领域的产品专家，对产品设计和商业模式设计有独到的认知。该类团队成员需要通过市场调查，明确消费者的需求，针对性地开发满足消费者需求的产品，建立产品开发部门，将想法最终落实为成熟的产品，同时还要协调产品营销、生产等环节的工作。

4. 技术背景

在某些科技制造行业，产品开发除了需要产品经理的“想法”还需要专业人员的“技术”，这关系到企业产品的核心竞争力，任何产品构思脱离了专业的技术、科技人才都是无法落地的。这是一个细分度比较高的领域，需要根据具体的产品定位精准地招募有相应技术背景的人才。

5. 运营策划背景

运营策划是企业开拓市场的重要环节，负责制定运营方案，使企业最大化利用拥有的资源，占据市场份额，获得销售业绩。运营策划工作的内容非常丰富，创业者要根据自身项目的定位选择合适的运营策划人员，这些人员可能曾经从事过用户运营、流程运维、大型活动策划、关键节点控制等类型的工作。

6. 市场营销背景

大部分企业的产品或服务都需要通过市场营销的方式进入市场、获取收益，因此，招募具有市场营销背景的成员进入团队是必不可少的。

二、组织结构：事半功倍的底层逻辑

组织结构是企业运行的基础，适宜的组织结构能够有效提升企业运行效率，提高企业业绩。组织结构设计有多种类型和不同层次，不同类型的企业和不同阶段的企业有不同的需求，要根据企业的实际情况进行设计。

1. 组织结构设计

组织结构是对组织成员的职权、职责、分工、协作关系的说明，组织结构的设计是为了明确组织成员的权责关系，规范组织的行动逻辑，帮助组织目标的实现。与其需要说明的问题相对应，组织结构分为职能结构、层次结构、部门结构和职权结构 4 个层面。职能结构说明了为实现组织目标，企业所需的所有业务工作之间的相互关系（如职能交叉、职能冗余等）；层次结构体现组织的纵向层次结构（如高层领导、中层管理等）；部门结构体现组织的横向层次结构（如销售部、财务部、技术部等）；职权结构是基于职权进行分配的组织结构（如权力集中、权力分散等）。

2. 组织结构类型

典型的组织结构类型有 4 种：直线型组织结构、职能型组织结构、直线职能型组织结构和其他组织结构，如图 5-4 所示。

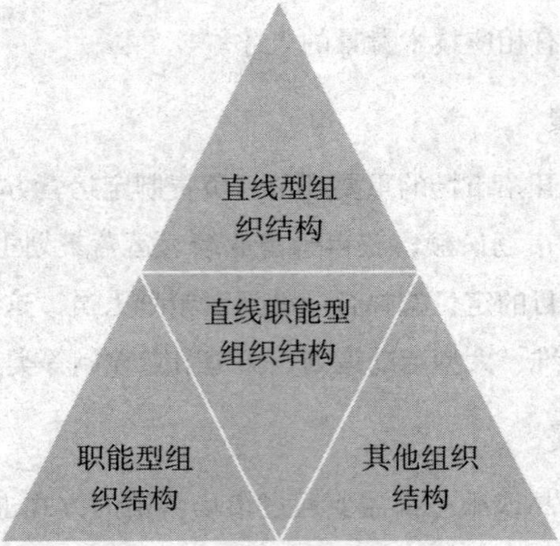

图 5-4　组织结构类型

（1）直线型组织结构。直线型组织结构是指将组织中的所有职务进行直线排列，按等级由高到低呈现组织结构，一个下属有且只有一个上级管理者，听从该上级管理者的安排与指令。这种组织结构简单清晰、权力集中，遇事可迅速响应，但对管理者要求较高，管理者需要兼顾所有的组织事务，不同部门之间缺乏沟通，较难协调。直线型组织结构最为简单、原始，但非常适用于创业初期的企业和小型企业。

（2）职能型组织结构。职能型组织结构是指在组织中按照职能不同分成多个部门，各职能部门管理自己的下级人员，进行指示与安排。这种组织结构形式开始将“分工”的理念引入组织结构设计中，适当分权，让专业的人员从事专业的工作，但不同部门较为割裂，管理难度较高，不易协调。职能型组织结构同样适合创业企业，当组织发展到一定的规模，且创业活动需要强调分工与专业性时，适合采取这种组织结构。

（3）直线职能型组织结构。直线职能型组织结构融合了直线型组织结构和职能型组织结构的特点，在组织结构的设计中引入两条线路，一名员工可能需要同时听从直线管理线路领导者的指令和职能管理线路领导者的指令，这种管理模式兼顾了员工的统一指挥和专业性分工，但是会产生职能管理线路与直线管理线路的指令不一致的问题，需要更强的组织协调能力才能保证该结构的正常运行。直线职能型组织结构是上述两种组织结构的升级，适合已经具备一定规模的创业企业。

（4）其他组织结构。以上 3 种组织结构较为适合中小型企业，此外还有一些更加复杂的组织结构，如事业部制结构（按照地区、产品类别、部门设立多个事业部，下放权力至各个事业部，事业部独立运营）和矩阵制结构（纵向职能领导与横向项目领导并存，针对具体项目成立项目小组）。大型集团化企业需要采用更加复杂的组织结构。

3. 组织结构的重要性

企业的组织结构是企业内部的构成方式，决定了每位员工的责、权、利配置，企业内不同部门、不同层次之间的关系。企业组织结构的设计关系到企业的生存和发展，合理的组织结构能够提高企业运行效率，起到事半功倍的作用。组织结构对企业的重要性体现在以下两个方面。

（1）组织结构与员工工作感受息息相关。组织结构决定了员工的职责范围、工作内容等，如果组织结构没有经过良好的设计，对这些要素没有明确的划分、清晰的规定，就会导致员工职责不清、工作内容不明朗，使得有些员工任务过重，一个人干多个人的活儿，而有些员工则任务过轻，工作量不饱和。长此以往，员工就会产生不满，真正有能力的员工就会流失。

（2）组织结构与工作流程息息相关。合理的组织结构设计能够保证整个组织内不同层次、不同部门分工明确，权责关系清晰，从组织高层到组织基层、从管理人员到基层人员，大家都清楚自己对谁负责、向谁汇报工作、发生问题时找谁。在这种情况下，企业的工作流程就比较顺畅，可以减少矛盾，避免责任推诿。

基于以上两点，在一个组织结构设计良好的企业中，员工能够清晰地知道自己的职责范围、工作内容、职权大小、工作关系，各层次、各部门分工明确，工作流程顺畅，员工就会保持良好的工作体验，没有厘不清的工作关系、没有责任推诿的情况、没有无休止的工作协调，员工的工作效率自然会提高，整个企业的运行效率也会提升，因此，合理的组织结构对企业至关重要。

4. 创业企业的组织结构设计

（1）控制管理幅度。管理幅度是指一个管理者直接管理的下级人员的数量。创业企业的组织结构设计往往比较粗糙，可能会让一个管理人员管理较多的员工，但任何一个管理人员的能力都是有限的，如果管理幅度太大，就难以对下级进行有效的管控，保证工作效率，因此，要注意管理幅度与管理者能力的平衡。

（2）分工与协作。分工与协作的平衡是创业企业组织结构设计必须处理好的问题之一。组织结构的设计促进了工作分工，组织结构越复杂、分工越细致，越能够发挥专业人才的能力，但同时也意味着不同部门之间互相协调的难度增加。为了提高组织的灵活性和及时应变能力，必须对组织结构进行控制，合理分工，使不同部门之间能够高效协作。

（3）目标一致。组织结构的设计要服务于组织目标，职能部门的设计必须能够提升组织运营效率。每一个部门都被赋予了一定的权力，但权力使用的前提是必须服务于组织目标的实现，部门领导者要清楚自己做的工作对整个企业运行的具体影响。通过搭建合理的组织结构，促进组织目标的实现。

（4）弹性结构。组织的内外部环境都是处在不断变化之中，突如其来的市场机会可能让企业不得不迅速提升规模，而一则利空消息就可能让企业面临危机，所以创业企业的经营是需要经常调整的，以应对环境的改变。因此，建立一个具备弹性的组织结构是很有必要的，有利于组织根据目标变化和市场环境变化迅速调整经营策略、人员安排。

三、创业团队激励：激情点燃的核心要义

激励是提升一个团队的绩效、积极性、创造力、热情等必不可少的手段。对创业企业而言，企业正处于起步阶段，非常需要团队成员的共同努力，提升企业业绩，因此，创业团队激励是不能忽略的重要部分。

激励的关键是具有针对性，针对被激励者的性格特点对症下药，发挥最佳的

激励效果。对一个表现欲强、自尊心强的员工，物质激励的效果就不如精神层面的激励，让他在公开场合表现自己，邀请他分享个人工作心得，可能会取得更好的激励效果。任何激励方式都因人而异，激励的第一步就是要了解被激励者的特点。创业团队可以采取的激励方式有以下 5 种。

1. 物质激励

物质激励就是给予员工金钱、礼品等奖励，这是最常用且效果良好的一种激励手段。如果员工在一些高层次的精神需求方面没有什么要求，仅仅希望能够赚钱，通过高薪酬提升自己的生活品质，此时用物质激励就能够产生很好的效果。

2. 位置激励

位置激励就是调整员工的工作岗位，让员工处于适合自己的位置做自己最喜欢的工作，从而激励团队中的每一个人为企业的成长与发展尽心尽力。如果将员工安排在最合适的位置，那么该员工就会对自己的工作充满热情、格外上心，在工作中能够感受到满足和快乐，通过设定工作目标，为实现目标而努力，提升工作绩效。

3. 榜样激励

将团队中表现较好的人树立成大家共同学习的榜样，并让其在所有人面前分享自己的经验方法、心得体会，以此来激励其他成员向其看齐。一方面，可以满足员工的成就感，使其更加努力工作；另一方面，可以塑造良性竞争氛围，激励整个团队积极向上。

4. 目标激励

每一个创业团队都会有自己的一个创业目标，作为创业的方向，经常性地将自己企业的发展近况与之前设立的目标进行比较，并与同行业中比较成熟的企业进行比较，以此来激励大家为实现共同目标而努力奋斗。

5. 授权激励

授权是奖励的一种形式，如果上级对下级有足够的信任，那么上级就会将一部分权力授予下级，让下级有更广泛的工作空间。授权的前提是被授权的员工有能力使用好权力，能够更好地完成工作。将权力下放给员工能够起到激励的效果，也能够使领导者有更多的时间和精力进行更高层次的工作，有利于企业的发展。

模式变现专栏 5-3

中山小神童：爬楼机“科技硬核”企业

1. 企业简介

中山小神童创新科技有限公司（以下简称中山小神童），成立于2016年。中山小神童从物料搬运自动化设备起家，致力于解决物流配送最后一百米搬运上楼、入户输送的问题。企业通过不断的研发和创新，成为该细分领域的领军者。基于物料搬运自动化设备领域的研究成果，企业将产品拓展至智能短交通出行工具领域，布局智能短交通出行全生态产品及服务，进一步拓宽企业业务领域，增强企业实力。

2. 企业优势

目前，中山小神童已经获得创新工场千万级投资、深圳市创新投资集团千万级融资以及海通开元、国家中小企业发展基金等多家一线投资机构的投资，产品销往70多个国家和地区，在行业内的影响力远超同行。中山小神童能够达到如此成就，其关键优势在于以下几点。

（1）市场认可。

网络购物的快速发展，推动了快递行业的繁荣，客户对物流需求越来越高，企业也希望能够为客户提供更优质的服务，但大件配送入户对快递员来说难度较大，搬运上楼、入户输送成为快递行业亟待解决的问题。物料搬运自动化设备是解决该问题的重要措施。针对国内市场，家家户户都会消费啤酒、米、面、水等，并且多是整箱整件购买，其中就会涉及送货、理货、物品搬运等需求，潜在市场非常广阔。针对海外市场，物料搬运设备市场规模同样庞大，并且仍在不断增长中。中山小神童针对这一市场情况，在爬楼机这一细分市场深耕，设立爬楼机实验室，研发出一系列爬楼机产品，是最早进入此行业的开拓者，因此，凭借拥有核心技术的产品，获得了最大的国内市场占有率，收获了物流快递行业的普遍认可，产品直接和间接复购率超过 50%。

（2）高效团队。

中山小神童的核心团队成员有 4 人：创始人赵勇、研发总监贺丽萍、技术总监包士维、销售总监黄伟成。4 位都是知名大学的工学硕士，具有相关技术基础。除销售总监外，其余 3 人都有丰富的研发经历，发表多篇论文，获得多项专利。销售总监也具有 12 年的销售管理经验和 5 年的重货配送管理运营经验。团队聘请了多位教授、副教授级别的顾问专家，保证企业的管理层均是相关领域的资深专家。中山小神童采用“专业教授 + 专业工程师”模式组建团队，提高研发效率，新产品迭代周期仅 6 个月左右。企业处于发展初期，规模不大，组织结构较为简单，设有财务部、人力行政中心、研发中心、营销中心、生产中心、项目部、品质部 7 个部门，和总经理直接对接，可以保证组织内的沟通、协调效率。创业初期，团队的稳定性是创业成功的关键，因此，中山小神童采用期权激励策略，留住企业的核心人才，同时提高核心人才的工作积极性。

（3）技术优势。

中山小神童是业内知名的“科技硬核”企业，拥有百余项专利和国内首个爬楼机测试实验室。企业在成立之初就十分重视技术实力的积累和核心技术的研发，是最早进入物流搬运自动化技术和设备领域的企业，基于对该领域自主技术的积累，构建了技术壁垒优势，并且成为行业标准起草单位。

（4）成本优势。

盈利是企业生存和发展的根本，对成本的控制意味着企业的利润空间增大，是创业成功的重要因素。中山小神童具有多个方面的成本优势：第一，拥有自主动力单元技术体系，能够从设计源头上降低成本；第二，采用通用电机技术，使电机成本降低；第三，整机 60% 以上的零部件由铸造而成，零件成本降低；第四，具有多年世界 500 强（FIAT）成本控制工作经验，有效降低管理成本。

3. 发展与总结

中山小神童的成功得益于找准国内物流搬运自动化这一空白领域，以领先的技术满足不同应用场景和市场需求，顺利打开市场，而后又从市场、团队、技术、成本4个方面建立优势，成为国内该细分领域的领军企业。中山小神童在取得优势后继续拓展产品领域，企业将持续发展，不断壮大，进一步提升整体实力，推动行业进步。

资料来源

1. 中山小神童创新科技有限公司官网 .

2. 张洁 . 中国物料搬运的现状及未来发展趋势 [J]. 现代制造，2021（15）：7.

第三节　运营管理：变现的实践支撑

运营管理是创业企业的整体运行和相关管理活动，设计创业企业运转的规则与逻辑，促进创业企业沿着正确的方向发展壮大。创业企业通过卖产品或其他模式变现，其背后靠的是创业企业的运营和管理，将产品推到客户面前，促进客户购买，此外，运营管理还可以使企业的创业成本降低、风险降低。因此，运营管理是企业变现的实践支撑，没有运营管理，企业活动就容易陷入无序、混乱的状态，企业变现的难度就会大大增加。

为了使企业的运营管理更好地为企业变现服务，成为企业变现强有力的支撑，特别需要强调运营管理的目标管理、成本控制、风险管理、组织学习4个方面。目标是一切管理的主线与思路，运营管理最好的工具就是目标管理，通过设定准确的目标，保持企业各种活动的有序进行，不会偏离企业发展方向；成本控制和风险管理是运营管理工作的准则，利用成本控制和风险管理可以积累自身实力，减小创业成本，让企业在激烈的市场竞争中生存下去；组织学习是企业保持长期竞争力的关键途径，通过组织学习，能够使组织不断自我更新、自我优化，适应环境的改变。

一、目标管理

简单来说，目标管理就是将企业所有的战略和计划转化为不同阶段、不同层级的目标，目标是员工工作的动力和方向，借助目标对员工进行管理，从而实现企业的最终目标和愿景，这就是目标管理。目标管理是创业者开展创业管理工作的一个重要思路和工具。首先，创业者需要制定目标规划，将最终目标分解为各个阶段目标、各个部门目标和各个层级目标；其次，将目标细化为组织成员可以明确执行的工作任务，跟踪监督目标的进度；最后，明确目标完成情况，对下一阶段的目标规划进行改进。

1. 制定目标规划的步骤

制定目标规划的步骤具体有 3 步，如图 5–5 所示。

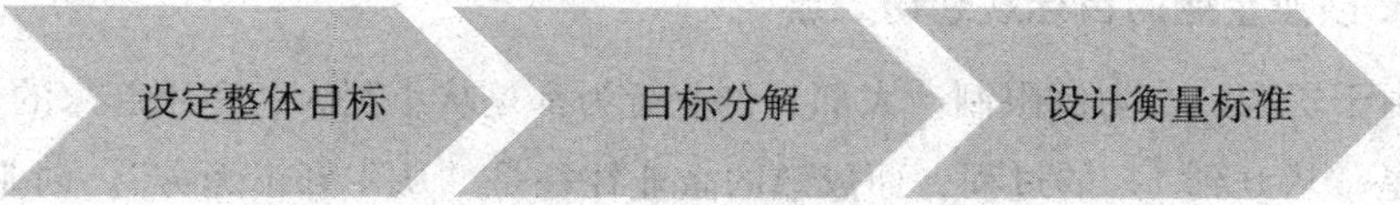

图 5–5　制定目标规划的步骤

（1）设定整体目标。企业整体目标是目标管理的旗帜，之后所有的工作都将围绕着企业整体目标展开。创业者在制定企业整体目标时要考虑的因素有很多，例如市场环境、竞争对手情况、企业资源情况、个人以及组织的愿景等。有的创业者倾向于制定一个易于实现的目标，希望用完成目标后的成就感作为一种激励手段，也有的创业者倾向于制定一个难度较大的目标，从而充分挖掘员工潜力，调动组织的积极性。创业者和组织的风格不同，设定目标的风格也会不同，没有一种目标设定定式，具体情况具体分析，适合的才是最好的。

（2）目标分解。根据企业的组织结构、业务分工，将企业整体目标分解为不同部门或岗位的目标。这一步骤需要创业者与各职能部门负责人进行深度的沟通与评估，结合每一个部门的能力水平确认企业整体目标下的各个部门分目标。将目标分解为一项项阶段性目标，一方面，使每个阶段的工作更加清晰，有利于整体目标的实现；另一方面，每实现一项子目标都会对员工起到激励的作用，如果只有整体目标，就可能会使员工在长期的努力中消磨掉积极性，感觉目标难以实现。当整体目标被细化为部门目标后，还要将其进一步分解为组织成员具体可执行的工作任务。在实现部门目标的过程中，每一位成员分别有怎样的职责、每一位成员对于部门目标的实现有何作用，是部门管理者需要了然于胸的问题。每一项工作都要安排责任人，设定任务的完成期限，明确界定组织成员的职责。

（3）设计衡量标准。一旦目标被细分为具体的工作任务，那么就可以明确目标完成情况的衡量标准。一个组织不同层级的目标衡量标准是不同的。整个企业的衡量标准可能是财务指标、销售额、利润率、市场占有率这些数据，也可能是客户开发、商誉这些较为抽象的概念；部门层面的衡量标准可能是部门绩效、产品研发进度、销售额、生产率等；个人层面的衡量标准就非常多样化了，往往与绩效考核挂钩。

2. 创业企业的目标规划切入点

由于资源、实力的限制，大部分创业行为都是从小到大、白手起家的过程，创业是“从 0 到 1”的过程，而成熟的企业往往是“从 1 到正无穷”。创业初期往往是比较混沌、企业经营目标难以明确和量化的时期，因此制定目标规划有相当大的难度。创业企业可以从以下 3 个角度梳理思绪，打破混沌，实现目标规划零的突破。

（1）模仿成功企业发展模板。大多数创业行为都是从学习、模仿成熟企业起步，目标规划的制定同样可以模仿。成功的创业故事有很多，同样可以查阅到成功企业在创业过程中的经营数据，以成功企业的发展模板为基础，结合自身情况进行微调。例如，查阅资料了解某上市企业在创业的每一个不同时期的里程碑事件，用多长的时间达到了千万元营收，用多长的时间达到了亿元营收，将这些数据作为自身的目标规划参考，让成功的企业成为自己的发展榜样。

（2）从小市场找到突破口。创业企业是无法与成熟大型企业在同一个市场内进行正面竞争的，这无异于鸡蛋碰石头。创业企业的生存机会是积攒力量、厚积薄发，尽可能避免没有胜算的竞争，在目标规划的制定中也可以体现这一点。创业者可以选择一个鲜有人涉足的新兴市场或者是深耕某一特定品类、专注于某一特定地区（产品结合地区特色，攻占本地市场），将企业的目标规划制定得小而专，从小市场找到突破口，理清自己的思路。

（3）动态、弹性的目标。如果实在难以进行目标规划的制定，创业者也可以将目标制定为弹性的、可动态调整的目标体系，在企业运行的不同阶段，根据市场变化动态适时地修正目标，不断进行试错与调整，度过“从 0 到 1”的初创阶段。值得注意的是，这样的目标管理方式需要对组织结构进行设计，使其同样具备弹性和可动态调整的特点，将分解给组织成员的工作任务随组织目标的变动而调整，每一个组织成员都要接受并适应这种工作任务的变化。

二、成本控制

成本控制是许多企业的战略追求。一方面，任何企业的经营都是以盈利为目的的，成本的降低就意味着利润空间的增大；另一方面，以低成本形成价格优势也是一个优秀的营销策略，能够帮助企业扩大市场占有率，在市场中立足。对于创业初期的企业，成本控制的意义更加重要，生存是创业企业的首要目标，大多数成功创业的企业都是通过严格控制成本才生存下来的。下面主要介绍成本控制的 3 个思路：节约成本、财务记账和产品把控。

1. 节约成本：成立之初节省资金

成本控制是一个非常复杂的概念，需要系统化地对运营模式进行改善与设计，其中最简单的一种方法就是节约企业日常运营所需的资金，减少不必要的开支。创业者可以从以下几个方面节省创业初期的运营成本。

（1）降低物资成本。创业初期的企业要精打细算，尽量集中购买物资，大量购买某种物资往往可以享受到批发价，节约费用，例如办公设备、桌椅、办公室装饰品、活动物资、办公耗材等，这些物品在创业初期应尽量集中购买。要在企业中宣传一种勤俭节约的文化氛围，以生存下去为第一要义。

（2）控制人员成本。企业运营最大的一部分开支是人员成本。员工的薪资、奖金、五险一金合在一起就是一笔很大的开销，而且这部分成本是企业经营必要的开支，有时为了招揽人才还必须增加这部分开支，这为创业企业的生存增添了难度。创业企业在这方面只能精简组织结构，减少人员冗余，人员配置上宁可少不可过剩，激励员工在能力范围内承担更多的工作量，或者是承诺在未来给予员工优待，暂时节省人员成本，帮助企业度过创业早期阶段。

（3）减少行政费用。行政费用是在企业的行政事务中产生的各种琐碎的费用，如客户接待、交通差旅、日常办公产生的费用等。创业初期要尽量降低客户接待费用，铺张浪费的风格不可取，重在以真诚的心意打动客户，招待客户时简约、得体即可。交通差旅费用也要节约，降低标准，严格按规章制度进行费用报销。日常办公也不忘从小事上节约，尽可能减少浪费的发生。

2. 财务记账

（1）重视会计档案的保管。大部分会计档案都是企业经营产生的原始单据，必须由财务人员妥善保存好，包括自制的单据也需要进行保存，不漏下任何一张单据，且单据要有单据号，任何会计档案的领用归还都要登记，按照日期或按照交易对象收纳，尽量方便查询和追踪流向。

（2）管好印鉴章。财务专用章和企业公章是企业最重要的两种印章，这两个章决定了企业的“钱”和“责任”，代表着企业运营的最高权限，必须由创业者自己保管或交给可靠的企业高层管理人员保管，使用印章时必须进行登记，把印章的使用视作严肃的事情。

（3）选择代理记账方式。代理记账是指将企业的会计核算、记账、税务工作委托给代理记账企业进行，它的本质就是将一部分财务职能工作外包。对于初创期的企业，代理记账只需要极少的费用就可以由专业的会计人员处理企业的财务问题，规范化程度高，规避了一些不必要的财务风险。选择代理记账并不意味着企业没有财务人员，企业也需要相应地配备财务管理人员，进行日常的企业财产管理和配合代理记账人员的工作。

（4）提高资金运作水平。提高资金的运作水平就是要求企业合理使用并分配资金，要对每一笔资金的使用都进行跟踪，增强企业资金的可调度性、可使用性。加速资金的周转非常重要，要严格控制资金外借，资金外借以及大数额资金使用时必须召开会议，评估风险后谨慎做出决定。控制债务规模，按时偿还借款，缩减利息支出。

3. 产品把控

（1）优化工作流程。从原材料采购到最终产品的形成，这中间需要经过多道流程，对整个工作流程进行优化，能够提高流程效率，有效控制成本，节约不必要的开支。例如，合理安排工人和机器的工作时间、工作班次，定期保养、维护设备，降低设备故障概率，合理安排物料的采购和运输等，这些行为能够使工作流程更加合规、精简和高效，提高生产效率，合理控制生产费用。对管理和营销方面进行创新也能够降低成本，提高管理水平能够提高劳动生产率和设备利用率，以减少每件商品背后的人力成本，通过营销手段的革新，则能够降低产品的销售费用。

（2）降低库存成本。产品过剩积压在仓库中，需要占用仓库资源以及提高管理成本，会形成库存成本。如果是食品类有保质期的产品，在仓库中滞留过长时间，也可能导致产品不新鲜、变质，无法投入市场而被浪费。即使产品没有保质期的限制，随着市场环境的变化以及产品的更新换代，库存产品还存在“过时”的风险，因为无法满足消费者的需求，成为卖不出去的“废品”。因此企业必须减少产品积压，降低库存成本。降低库存成本需要准确预测市场需求，合理安排生产，保证产品的销路。如果实在无法解决库存数量的问题，也可以降低单位产品的库存成本，提高仓库的空间利用率，优化产品的物流环节。

（3）控制质量成本。提高产品的质量，往往会带动成本的降低，因为产品质量的提升可以使产品的次品率降低，同时也降低了因产品质量问题而产生的消费者售后服务成本。把控产品质量也是在维护企业的商誉，优秀的产品质量就是最好的广告，因此，企业可以通过采用完善的质量管理体系、树立产品质量全员意识等方法把控产品质量。

（4）产品创新。产品创新是降低产品生产成本最根本、最有效的方式，当所有的生产、库存环节的成本控制达到一个较高的水平后，就只能通过产品创新来降低生产费用。技术创新是典型的产品创新，技术创新可能是减少产品的原材料消耗，或者是寻找新的廉价材料来代替原先的昂贵材料，或者是改进生产工艺，提高产品的良品率，这些都能够有效地降低产品生产成本。

三、风险管理

风险是创业活动过程中不可逃避的一个问题，它切实影响到企业的生存与发展，有很多企业就是因为突遭风险，凭借自身力量难以渡过难关，而在通向成功的道路上半途夭折的。创业者可以从风险识别和风险对策两个方面进行风险管理体系的设计，尽可能预防、规避和降低风险，在遭遇风险时及时解决，降低损失，在创业道路上走得更远。

1. 风险识别

风险识别就是识别到与风险相关的所有事件及其可能性，包括识别产生风险的原因、风险的发生概率、风险的表现形式、风险对企业的影响等，可以用以下4种方法进行风险识别。

（1）环境分析法。环境分析法就是分析企业内部的经营环境以及企业外部的市场环境，针对环境特点与企业的特点建立联系，推理识别出风险。环境分析法主要是研究不确定性对企业的负面影响，并尽量将每种负面影响出现的可能性进行量化。

（2）财务状况分析法。财务状况分析法就是根据资产负债表、财务状况表等材料对企业的资产情况、投资收益情况等经营情况进行分析。财务方面的数据有一定的参考值范围，如果企业的某一项财务数据不在合理范围内，就意味着企业在某一个方面可能存在风险。

（3）流程图法。流程图法就是将企业的经营过程按照一定的逻辑制成流程图，然后深入挖掘流程图中的关键部分，进行调查与分析，找出潜在的风险、风险的成因、风险一旦发生造成的损失以及风险对整个企业造成的影响。

（4）保险调查法。企业可以委托保险企业、咨询服务机构对风险事件和风险事件可能产生的影响、赔偿责任进行调查分析。保险机构可以帮助企业识别风险，提出预防风险的建议，企业也可以为高风险项目购买保险，这是一种很好的经营保障。

2. 风险对策

应对风险的策略主要有以下 4 种，如图 5-6 所示。

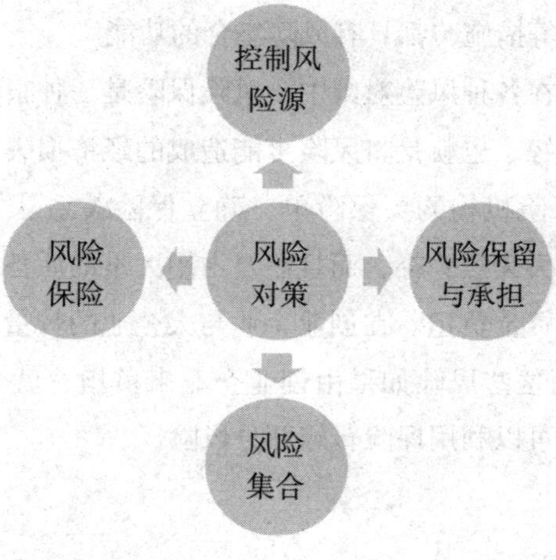

图 5-6　4 种风险对策

（1）控制风险源。控制风险的起源，将各种可能的风险因素消灭在萌芽状态，这是防范风险发生的有效途径。一方面，要求不断强化企业内部条件，提高自身实力，从而消除企业内部的风险隐患；另一方面，通过超前设计，努力调整和改善企业的经营状况，使企业的发展方向顺应环境的变化，最大限度地减少外部环境中的风险诱因。企业在对风险源头控制的事前设计中，应特别重视创新思维的作用，要依靠富有创意的企业策略来创造和加强企业优势，达到“强身健体”的目的。

（2）风险保留与承担。如果风险实在无法规避，那么只能考虑全局，尽可能地减少风险的影响，做出局部的牺牲，这是一种非常被动的风险对策，把风险承担下来意味着一定会有损失。承担风险有主动承担和被动承担两种类型。主动承担是“弃卒保车”策略的运用，即预知风险必然发生，却因技术、经济及管理等方面的限制，使风险控制不能实施或实施效果不明显，因此主动承担风险损失；被动承担是指受迫于风险的压力而自吞苦果，例如由于对风险估计不足，对其强度测定有误，或采取了控制措施但未达到预期等，从而不得不正面迎接风险，承担各种现实和潜在的损失。

（3）风险集合。风险集合就是把不同类型的风险集合起来，便于对未来损失进行预测并降低风险。企业的多元化经营、企业间的合作与战略联盟、在金融投资上进行多元化组合等措施，都具有风险集合的功能。

（4）风险保险。在各种风险对策中，风险保险是一种很明智的方法。风险保险本质上是将风险转嫁，也就是将风险可能造成的经济损失转嫁给保险企业。风险保险的方法是向保险机构购买保险单，确立保险关系。如果企业仅仅进行自保，不仅对可能的损失无法弥补，而且需要占用大量的后备基金，这对于创业企业来说无疑是巨大的资金负担。在创业企业与大企业的较量中，大企业可以安全地自留某些风险，而这些风险如果由创业企业来负担，就会使多数创业企业破产。因而，创业企业可以利用保险转嫁部分风险。

四、组织学习

一个组织如果不希望被激烈的市场竞争淘汰就必须不断进步，在日常运营过程中不断总结经验，形成新的、可以优化运营管理的知识，这就是组织学习的过程。这个过程可以使创业企业得到自我完善与发展，不断进化。

1. 组织学习的层次

组织学习有 4 个层次，分别是个体学习、集体学习、组织层学习、组织间学习。

（1）个体学习。组织是由个体组成的，组织学习的第一个层次就是个体的学习。当组织成员有明确的目标，希望可以提升自己，提高个人工作绩效，就会针对性地进行一系列知识探索、工作实践，从而引导个人的行为和观念发生积极的变化。个体学习是组织学习的起点。

（2）集体学习。集体与组织有所不同，虽然二者都是由个体成员组成，但组织包括所有的个体成员，而集体的定义就相对比较宽泛，这里将它定义为在组织学习过程中，进行知识互动的小群体、小单位。当个体学习了新的知识时，需要将新的知识在一个较小的范围内进行传播，在这个小群体中，个体互相交流传递知识，进行知识共享，讨论新知识在工作中的应用效果和改进方案，逐渐将成员们的观点、经验进行打磨、整合，形成较为成熟的知识应用。

（3）组织层学习。组织层学习是将个体学习以及集体学习与整个组织的特点（组织文化、组织结构、组织战略等）、内外部环境相结合，完善、优化个体学习与集体学习过程中发现的新知识、新方案，使其与组织面临的生存环境适配。组织层面的学习是集体层面学习的深化。

（4）组织间学习。组织间学习是指不同组织之间进行交流，在这一过程中发生的新知识的产生与应用。通常认为组织学习仅仅包括前3个层面的内部学习，但组织与其他组织进行的外部学习同样不容忽视，尤其是在当前的商业环境下，跨界融合、互联互通是重要的发展趋势。组织间学习具体包括个体与其他组织互动、集体与其他组织互动、组织与其他组织互动3种类型。对于创业阶段的企业，组织间学习是一种更高效的组织学习方式，它可以使组织在短时间内大量学习其他先进组织的工作方案，快速地将组织整体工作方案、组织设计提升至较高的水平。

2. 组织学习的过程

组织学习的过程可以分为4个逐步递进的阶段。

（1）直觉感知阶段。直觉感知是通过个体经验和自身潜能来感知环境变化、产生新认识和新想法的过程。在一个组织内，组织成员首先通过直觉感知，改变自己的行动，当一个组织成员与其他成员进行沟通时，那么个人的直觉感知就会对其他人的行为产生影响。直觉感知是最基本的组织学习方式。

（2）解释说明阶段。解释说明是将直觉感知到的东西用语言或行为进行解释，并从中学习的过程。这个阶段使相关的语言从无到有，并得以慢慢地发展。语言在解释说明过程中起到了极为关键的作用，它不但使人们能够解释他们的感觉及基于感觉的想法，而且能够描绘出其间明晰的关系。

（3）归纳整合阶段。归纳整合是组织各层面通过沟通磨合从而达成一致的过程。在这个阶段中，最重要的是组织成员共同参与、互相沟通，因为组织学习是个体思维方式和行为的改变，因此归纳整合的重点也是个体之间的沟通和相互适应，以实现组织行为的协调性。

（4）制度化阶段。制度化是将个人或集体的学习成果在组织中深化发展，直到可以为组织所用的阶段，本质上是组织消化吸收个人、集体学习成果的过程。组织学习的最终阶段是制度化，学习的主体由个人转向集体，再由集体转向组织，是一个循序渐进的过程，但不同环节的连贯性和可操作性是越来越弱的。制度化阶段的变化常常是不连续的，因此组织学习最后的系统性、规则性变化是激进的变革，而不是循序渐进、温和的演变。随着组织学习体系的成熟，为了提高组织学习的效率，制度化阶段必须潜移默化地融入组织结构中，成为组织的一部分，这样自发的个人和集体学习就会发展为全组织范围内的学习。

3. 组织学习的作用

根据不同的作用对象，可以将组织学习的作用分为两个方面。

（1）组织学习对个体的作用。组织学习对个体最显而易见的作用是提升了个体的工作绩效，解决了个体工作中出现的困惑与难题，优化了个体的工作方式，大幅提升了工作效率。组织学习能够提升个体的工作满意度和对组织的认同感与信任感，个体在组织学习的过程中直接参与了知识的挖掘与传递，最终呈现在组织的工作方案中，这就激发了个体的成就感以及希望再次通过努力获得成果的强烈意愿，进而把个人的努力和组织发展联系在了一起。组织学习效果与员工的离职倾向有一定的负相关关系，当通过组织学习改变了工作方式、优化了组织战略和结构时，员工会感受到组织的改变，看到组织的发展希望，因此会更加相信组织的未来，更愿意留在组织里。

（2）组织学习对组织的作用。组织学习对组织的直接作用就是提升了组织绩效和解决问题的能力，改善了组织的心智，丰富了组织的知识经验库。组织学习对组织的长远影响更甚，重视组织学习的组织能够获得更强的创新能力，既包含管理方面的创新，也包含技术、产品方面的创新，这会形成组织的核心竞争力。组织学习需要各层次成员协作与理解，这有利于促进组织各部门的沟通，在组织中形成一种开放、包容的氛围，使组织成员更愿意通过合作解决问题，为了组织目标的实现团结一致，在默契的协作中创造更多价值。

第四节　创新变革：变现的瓶颈突破

创新是当前的热点话题，无论是国家发展还是企业升级都离不开创新的驱动力。创业和创新更是“天生一对”，刚开始创业的行动以及创业的瓶颈期都需要创新的想法和做法来推动、突破。当创业企业陷入变现的瓶颈时，无论是找不到利润点，还是增长乏力达到极限，都需要通过创新来解决困境，例如创业企业研发出一款新产品，获得市场认可，产品销量好，为企业赚取了大量收益。因此，创新是企业变现的瓶颈突破，没有创新的企业其生命力是有限的，当遭遇瓶颈期时就会“死亡”。

创业企业的创新是一个全方位、立体化的综合过程，可以将其分为 4 个方面：创新方法、创新内容、创新领域和创新生态。创新方法方面的趋势是由产生价值转向共创价值，创新内容方面的趋势是由单点突破转向百花齐放，创新领域方面的趋势包括专精特新和跨界融合，创新生态方面的趋势是由裂变思维转向共享思维。通过这 4 个方面的创新布局，可以帮助创业企业获取更多的变现途径、变现内容、变现方法和变现思维。

一、创新方法：改变价值创造之路

1. 价值创造的创新

创业活动的表现形式就是价值的创造过程，为谁创造价值、创造什么样的价值是创业必须要回答的问题，因此对创业的方法进行创新可以从价值创造的角度展开设计。价值共创理论的产生背景是在企业的价值创造过程中，消费者也逐渐参与到了价值创造的过程中，消费者除了可以提出对产品或服务的需求之外，还可以亲自投入产品的设计与生产过程中，消费者的角色改变了，价值产生的方式也改变了。创新型的价值创造模式就是让企业和消费者共同创造价值，以提高价值创造的效率和准确性。

价值共创是由消费者主导的，在价值共创视角下，企业与消费者之间需要进行高强度的沟通交流，沟通交流的方式就是企业把自己代入消费者的个人情境中，以消费者为中心，将价值创造的逻辑由“怎样为消费者提供产品”转变为“怎样帮助消费者用企业的产品满足自己的需求”。同时，消费者结合自身的需求以及自身拥有的资源，参与到产品的创意征集、设计、生产、售后等环节中，改变产品的部分功能或增加、减少部分功能，使产品更加符合消费者需求。消费者为企业创造了价值，企业会给予消费者相应的奖励、回报，消费者也从中获得了收益。

2. 价值共创的过程

价值共创的过程涉及 3 个方面，如图 5–7 所示。

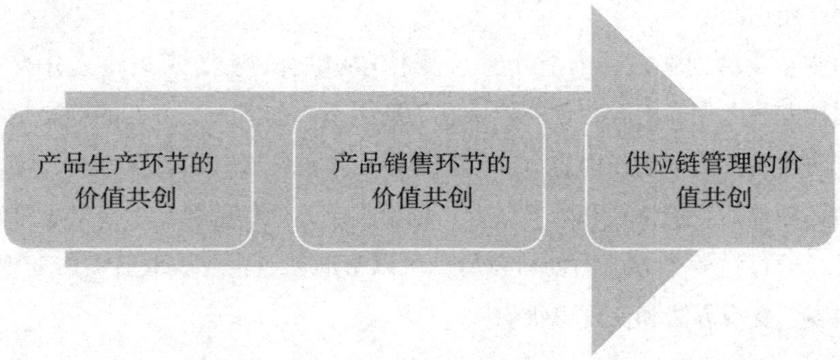

图 5–7　价值共创的过程

（1）产品生产环节的价值共创。产品生产环节的价值共创是指企业让消费者参与产品的设计和生产环节，利用消费者的智慧改变企业原有产品的功能或其他特性。消费者最清楚自己的实际需求，让消费者与企业进行产品的价值共创，可以激发消费者提供创意，更精准地满足消费者需求，提高价值创造的效率。

（2）产品销售环节的价值共创。产品销售环节的价值共创是价值共创前沿问题，在此过程中，消费者是价值创造的主导者，对相关资源进行整合，消费者体验是核心内容。消费者基于企业提供的产品或服务，与自身资源和技能进行结合，在日常生活中创造价值。例如，消费者利用自己的社交圈资源帮助企业进行产品营销，提高产品销量，从而获得企业给予的物质报酬或精神奖励。企业和消费者合作，让消费者在自己的社交圈内分享产品使用感受，进行产品推荐，形成产品口碑，比广告更加真实，更容易获取消费者信任，从而引起其他潜在消费者的注意，激发其购买欲望，而企业也会给这些推荐产品的消费者金钱奖励或是免费使用自家产品、提前试用新品等特权。企业和消费者达成一种双赢的局面。

（3）供应链管理的价值共创。供应链管理一般涉及多家企业，供应链上下游企业是利益相关者，不同企业之间的协作将直接影响供应链能够创造的价值，因此价值共创在供应链管理中发挥着重要作用。供应链上的企业需要积极地进行资源共享和互动合作，形成“1+1>2”的效果。借助互联网工具，可以实现供应链信息的实时监控、跟踪和管理，有效提高供应链的运作效率，也可以让消费者随时知晓物流信息，优化消费体验。

二、创新内容：突破单一创新角度

新时代创业企业的创新应当改变传统单点突破的创新模式，在创新的内容方面做到百花齐放。单点突破和百花齐放指的是企业进行创新的角度，以前的企业更倾向于对企业经营的某一个方面进行深入的研究，推陈出新，例如一味追求价格优势或是一味关注质量优势。而现在企业经营的方式方法越来越丰富，单纯针对一个角度的内容进行创新很难形成创业企业的优势，难以扩大市场，即使有时候找到了影响创业运营的关键因素，对创业企业的生存和发展起到很大的影响，但是与之相关的其他要素也需要进行匹配和改变，才能使创新的内容与企业的整体状况相兼容。因此，创业企业有必要树立一种创新内容百花齐放的思路，从企业的多个角度思考创新的措施，如图 5-8 所示。

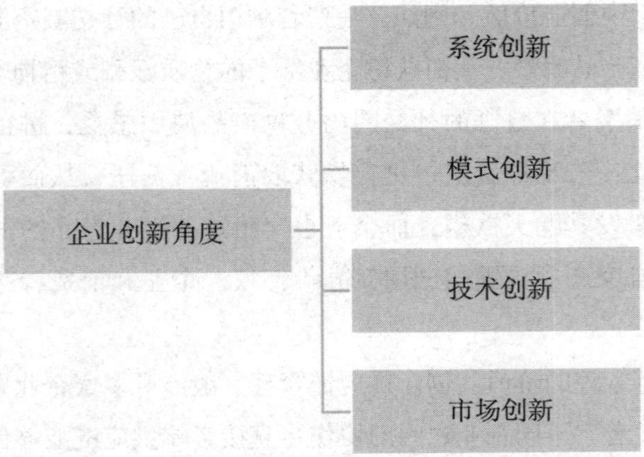

图 5-8　企业创新的 4 个角度

1. 系统创新

企业处于若干系统之中，是若干系统的要素，而企业内部也有若干系统。每个系统都有其构成要素、系统结构、所处环境，企业可以针对内部系统去创新，从构成系统的要素、要素与要素的作用、系统所处的环境等方面进行创新，使系统整体的功能优化升级，运行效率提升。

2. 模式创新

拘泥于一种模式，属于模式依赖。单纯依赖任何模式，最终都会到达增长上限，陷入增长乏力的困境。因此，可以对模式进行创新，改变一些元素，发挥不同元素之间的互动作用，寻找新的增长途径，模式创新可以从盈利模式、降本模式、增效模式、保证质量模式、保障安全模式等方面入手。模式的应用要考虑自身具备的条件，尽可能地发挥自身的优势因素、规避劣势因素，构建独特的竞争力。

3. 技术创新

技术创新是当前的主流趋势，是创业企业塑造竞争力的重要手段。技术创新既可以是自主创新，也可以是引进吸收再创新。除了进行生产技术创新、产品设计创新、工程建造技术创新，还可以从设备设施、工艺装备、检测装备及检测技术等方面考虑创新，或是从使用的材料方面考虑创新，或是从仓储、物流、交付技术方面考虑创新。技术创新的角度非常丰富，产品从无到有的全流程中都可以进行技术创新，技术可以提高产品的生产效率、提高质量、优化功能、降低成本等。

4. 市场创新

市场创新的关键在于挖掘潜在需求，开拓新的市场。根据不同的分类标准可以划分成不同类型的市场，不同市场的分类可以基于地域、消费者需求、产品等方面，企业可以从这些方面进行创新。市场创新的方式有产品方式、价格方式、营销方式等，创造新的产品或改进现有产品、设置不同的价位、采用不同特点的营销、提供新的服务都能使企业进入不同的市场，创造新的价值。

三、创新领域：涌现天马行空想法

创业企业在创新领域方面的努力有两个方向，一是专精特新，找准某个领域深耕，实现某个领域的专业，突出自身的特色和新颖；二是跨界融合，将两个看起来不可能的领域进行结合，让客户眼前一亮，既是开发新市场、获取新客源，又是对原市场的升级、保留原客户群体。

1. 专精特新

专精特新是一种创业理念，即专业化、精细化、特色化和新颖化。具体而言，“专”是指创业者专注于某项业务，在这项业务中深耕，提升专业水平，提高产品的技术含量，开发有竞争优势的、可以完美融入产业链的专业产品；“精”是指在创业过程中精心运营、精细管理，用细致的规章制度、工作流程规范创业企业的运营，同时也用精细化的标准严格要求产品的研发、生产和服务，提高产品品质；“特”是指创业者针对特定的市场、特定的客户开发出特色的产品或服务，包括文化特色、地域特色、技术特色、工艺特色、功能特色等，产品有特色才能提升企业的知名度和影响力；“新”强调创新能力，突出创业活动的技术创新，通过增强对自主知识产权成果的研究，研发出高技术含量的产品，应用于前沿产业，获得更高的附加值。国家大力支持专精特新中小企业的高质量发展，鼓励企业加大创新投入，加快研发成果的产业化应用，有利于企业专注主业，深耕核心技术，突破技术瓶颈，在自己的领域做优做强，构建核心竞争优势。创业企业可以基于专精特新这一理念，找准自己的核心领域，构建强有力的竞争优势，获得市场和客户的认可，从而提升企业价值。

2. 跨界融合

跨界融合是指某种业务领域不属于传统意义上的产业分类，而是一种多产业的相互融合，形成了一种全新的产业模式。从广义的角度，可以将跨界融合当成一种思想，企业创造价值的不同环节都有可能应用跨界融合的思想，增强其创造价值的能力。例如，在产品领域，喜茶与威猛先生相融合，威猛先生推出了喜茶油柑饮料味道的清洁剂；虾米音乐与盒马相融合，推出了唱片形状的面包等。在营销领域，喜茶和奢侈品牌 FENDI 跨界联名，赚足年轻人的话题，成功吸引流量。跨界融合是一种非常新潮的创业指导理念，当今社会涌现出越来越多的跨界融合模式，不同行业、不同地区的产业都有可能发生融合，为客户制造各种“惊喜”，引起客户的关注。

跨界融合的意义在于拓展了某个市场的边界，一个行业发展到一定程度后，必然会进入瓶颈期，增长乏力，如果将现有产品结合其他行业的概念进行改造，重新定义这种产品，就有机会突破瓶颈，吸引其他领域的消费者或激起现有消费者的重复消费欲望。跨界融合就是让企业拥有多元化的价值创造方式，开阔视野，结合不同的视角和资源开发新产品，拓展新市场，从而保持不断更新迭代、持续增长的活力。

模式变现专栏 5-4

承泰科技：核心科技引领行业发展

1. 企业简介

深圳承泰科技有限公司（以下简称承泰科技），成立于 2016 年。承泰科技专注于毫米波雷达领域，致力于自主研发相关技术，立志成为毫米波雷达技术方案的领导者，采用“技术＋市场”双轮驱动战略，致力于实现该领域的国产替代和自主可控。承泰科技拥有实力雄厚的创业团队，研发人员占团队成员的多数，在毫米波雷达领域拥有多项专利，核心技术突出。

2. 行业前景

毫米波雷达最早应用于军事领域，包括预警探测、武器制导、电子对抗等，随着技术的不断成熟以及元器件成本的降低，开始出现在民用市场上，涉及智能汽车、5G通信、医疗健康、智慧安防等诸多领域。目前，毫米波雷达在车载领域发展最为迅猛。毫米波雷达的特点是体积小、性能高（作用距离远、分辨率高）、坚固耐用，具备全天候工作能力和多目标跟踪能力，其优势在于低成本、高可靠性，不受天气和光照情况的影响，探测距离可达200米以上，逐渐成为汽车标配的安全部件。随着汽车智能化浪潮的掀起，高级驾驶辅助系统（ADAS）渗透率提升，而毫米波雷达是ADAS的重要配件，因此毫米波雷达在车载领域快速发展。中金公司研究报告预测2025年中国毫米波雷达市场规模可能达到114亿元，2020—2025E的年均复合增长率为19%。随着智能汽车的进一步渗透、毫米波雷达技术的逐渐成熟以及应用范围的扩展，毫米波雷达的未来行业空间巨大，前景广阔。

3. 竞争优势

2018年，企业成立仅两年时间就获得国家高新技术企业认证，通过ISO 9001、IATF 16949体系。2022年，承泰科技已经成为多家知名一级汽车供应商（Tier1）的合作伙伴，恩智浦半导体（NXP）的金牌合作伙伴，以及华为、大华等行业客户的合作伙伴和供应商。承泰科技能够快速发展至今，离不开团队对技术研发的重视。承泰科技发挥了专精特新的创业理念，专注主业，深耕核心技术，构建竞争优势，立志做最好的雷达，让毫米波技术改变世界。

（1）自主研发核心技术。

承泰科技的核心团队来自华为和行业优秀头部企业，团队年轻化、专业化，刻苦钻研，极富创新精神和死磕精神，有着深厚的技术研发、毫米波雷达和射频技术背景。承泰科技秉持核心技术自主研发的理念，集合了众多优秀的研发人员，大力投入研发，实现核心技术全部自主研发，获得10余项专利，技术领先友商一年以上，加速毫米波雷达技术领域的国产替代。

（2）自建自动化生产线。

产品是任何企业取得竞争优势的关键因素。承泰科技自建自动化生产线，保证产能和业务连续性，并且是国内少有的具备77GHz毫米波雷达量产能力的厂商。企业在仓库实行ERP系统管理，二维码扫描追溯入库出库，环境管理严格符合ESD静电环境保护标准。此外，承泰科技自主设计了雷达自动测试校准系统，实现了雷达全自动无人装配、测试、校准，极大地提高了雷达产品批量一致性、缩短了产测时间。基于此，承泰科技以精细化的生产管理保证了产品质量，提高了生产能力。

（3）雷达性能全球领先。

承泰科技的77GHz前向毫米波雷达可以有效检测三角警示牌并控制AEB系统（汽车自动紧急制动系统）自动刹停，是全球第一家能够实现该功能的毫米波雷达企业。基于承泰科技单雷达传感器（Radar Only模式）的AEB系统，全项目通过JT/T 1242检测，成为国内首家基于全国产化部件通过1242检测的AEB系统，该AEB系统经过诸多场景的测试，样车行驶近10万千米无异常。承泰科技的雷达性能全球领先，有超越同类产品的独特优势。

4. 发展与总结

随着5G的大规模建设和智能网联汽车的快速发展，毫米波雷达将迎来爆发性增长，承泰科技拥有自主研发的核心科技，并且持续在该领域深耕，建立起先发优势。目前，承泰科技已经占据了一定市场份额，和业内知名企业合作，获得客户认可。承泰科技的创业路体现了专精特新的理念，认准毫米波雷达领域，然后不断做优做强。未来，承泰科技将成长为毫米波雷达技术方案的领导者。

资料来源

1. 李益，姚杰，周安华．智能网联汽车中毫米波雷达应用分析[J]. 汽车测试报告，2023（6）：43−45.

2. 陈炳欣. 毫米波雷达走出“汽车圈”[N]. 中国电子报，2021-08-31（1）.

四、创新生态：激活共享新增长点

1. 裂变思维

裂变思维，顾名思义，就是在解决问题时找到问题的中心点，由中心点向外进行发散、分裂。裂变思维在创业过程中有非常多的应用。一方面，创业规模的扩大需要裂变思维，创业者在创业取得一定成果之后，继续扩大规模，成立若干个子公司，子公司依附母公司相对独立运作，在不同的细分市场中成长，获取利润，为母公司积累资源。发展事业合伙人、开放连锁店加盟这类措施都是裂变思维的应用。另一方面，产品的营销过程、创业品牌的推广过程也需要让客户裂变，客户裂变就是让客户帮助你宣传产品，把客户变成你的推销员或合伙人，每一个客户背后都有亲戚朋友、邻居、同学，这些都是潜在的客户资源，把一个客户服务好，让这个客户再去影响他背后的客户资源，这就是裂变思维的逻辑。

裂变思维的运用有利于扩大创业生态系统，但这并不能算是真正意义上的创新。用裂变思维发展创业生态系统效率较低，近年来裂变思维的滥用对一些客户的个人生活产生了不良影响，也引起了部分客户的反感。在共享经济时代，共享思维取代了裂变思维，成为创业生态发展的创新思想。

2. 共享思维搭建创业生态系统

共享是新时代的热门商业概念，从层出不穷的共享经济模式开始，共享这个词汇就开始进入人们的视野，共享思维逐渐从共享经济中独立出来。创业者可以将共享思维应用到创业活动的各个环节，从项目共享、技术共享与客户资源共享这几个方面进行创业生态创新，提高资源利用效率，从而有效地提高创业成功率。

（1）项目共享。创业企业发展到一定规模之后，就产生了挣更多的钱、获得更大市场的野心，但是无限制地进行规模扩张并不现实，即使创业企业有资源有实力获得项目，但是人力资源、创业者的精力也存在局限。这时可以用项目合作和共享的方式，分“半碗粥”给别人，同时自己也能受益。如果独自包揽，就可能无法完成项目，反而损失更多。

（2）技术共享。很多创业企业在某个领域都具有很强的技术和执行力，但包揽从研发、推广到系统的维护会让企业的技术人员压力倍增。要想在某一领域达到技术优势已经需要付出很多的精力和成本，更不用说在多个领域进行技术研发，会占用企业的大量资源，使企业的成本过高。技术共享是一种很好的方式，与其他企业形成技术联盟，各自在自己擅长的领域深耕，把自己的技术分享出去的同时获得其他企业的技术，这是一个互惠互利、事半功倍的过程。

（3）客户资源共享。客户资源是每一个企业最为宝贵的财富，大多数创业者都不愿意将客户资源分享给别人，认为共享客户资源会导致客户的流失和利润空间的压缩，但实际上灵活进行客户资源的共享能够让企业快速获得更大的收益。进行客户资源共享需要寻找与自己的行业相关、面向同一批客户群体但是具体业务又不相冲突的企业，与这类企业进行合作，可以互相影响、互相扩充对方的客户资源。

篇末案例

天合光能：光伏行业的领军者

1. 企业简介

天合光能股份有限公司（以下简称天合光能），成立于1997年，是一家研发、生产和销售光伏产品和光伏系统领域的上市企业，至今已有25年的发展历史，中间经历了多次转型，从事过铝板幕墙生产、光伏组件、光伏电站等各种不同产品的生产，产能由低到高，经营范围从国内到全世界100多个国家和地区，一步一步发展成为全球光伏产业的巨头企业。这样一个经验丰富、在全球范围内具有影响力的企业，其成功离不开优秀的创业管理。

2. 团队管理

（1）创始人。

天合光能的创始人高纪凡在之前尝试过两次创业，并且为了从商放弃了学习深造的机会。1988年，高纪凡在吉林大学取得了化学硕士的学位，在创办企业和出国攻读博士学位之间，选择了前者，他希望可以将知识转化为财富，成为一名企业家。当时正处于改革开放的时代，有不少人尝试进行创业，高纪凡的第一次创业成本只有几十块钱，他只身来到广东，凭借自己丰富的知识开发出了8种当时国内市场还没有的新型化工产品，成立了广东顺高纪凡德富有洗涤剂厂和武进协和精细化工厂，这次创业使高纪凡取得了巨大的成功，积累了数十万元的财富。

随后高纪凡从广东回到江苏，他敏锐地观察到当时一些发达国家开始使用氟碳铝板幕墙作为新型的建筑外装饰材料，这种材料性能优良、利润空间较大，且在国内几乎无人知晓，仅有一家外资企业从事这种材料的生产与销售，于是高纪凡开始以铝板幕墙产品作为他的第二次创业产品。经历了一段时间的产品开发后，铝板幕墙产品上市，再次取得了成功，成为市场上的热门产品，引得众多企业模仿。但高纪凡并没有就此止步，1997年，《联合国气候变化框架公约》要求降低发达国家的温室气体排放，采用清洁能源，延缓全球变暖。在公约签订会上，美国提出了太阳能屋顶计划，在建筑物的屋顶安装光伏系统。高纪凡发现了商机，希望光伏产品也能够走入中国，实现节能减排，于是在此背景下成立了全国最早的光伏企业——天合光能，由此开启了天合光能的创业之旅。

（2）核心团队。

作为一家科技企业，天合光能的成长与发展离不开核心团队的推动。天合光能的核心团队包含管理、研发和销售3种职能的员工，企业将管理职能和销售职能的核心员工定义为不断提升自身工作能力、工作绩效突出且努力推动组织绩效实现、在企业的重要项目中有贡献的员工；将研发职能的核心员工定义为在某个专业领域内有较强的实力，并且能够帮助企业发展、实现技术进步的专业技术人员。这3种职能的员工在帮助企业获取收益中起到关键作用。有大约20%的员工被归类为天合光能的核心员工，他们在企业的各个部门中身兼要职，而企业也特别重视对核心员工的激励，增强其工作积极性和对企业的忠诚度。

（3）团队激励。

天合光能成立了专门的小组，进行核心员工激励方面的措施设计。小组向企业核心团队的 72 名成员（通过飞跃者项目和远征者项目选拔出的潜力员工）发放问卷进行调查，了解团队成员对薪酬、员工福利、职业发展、知识技能学习等方面的偏好。根据这些团队成员的问卷数据，小组发现这些团队成员最在乎的是能否给自己提供全球发展的平台以及在工作中提升自己的使命感和荣誉感，于是企业根据调查结果调整团队激励措施，强化团队成员最重视的激励因素，力求满足团队成员的激励需求，提高其满意度。

在具体措施上，天合光能首先为核心团队提供远高于所在地区平均水平的薪酬，每年进行员工职级和薪酬的调整，每月、每季度和每年都设置绩效奖金。其次，非物质式的员工激励是一大亮点，天合光能每年都会组织“天合之星”优秀员工评选以及寻星计划，评选出业绩表现突出的员工，授予员工奖状、奖杯以及大额的奖金。除此之外，优秀员工的事迹会被拍摄成宣传片、海报，在企业中大力宣传，提升优秀员工的成就感、荣誉感。最后，天合光能为员工及其家人提供了非常好的福利。企业会定期组织员工家庭日活动，邀请员工及其家人进行游戏和户外郊游；开办高规格国际学校，员工子女可以以优惠价在此就读；企业还运营了一个占地 1100 多亩的“天合田园”，定期向员工供应优质的绿色水果蔬菜，闲暇时光员工可以与家人一起前往田园进行农家乐体验。

（4）项目型组织结构。

在传统的常规组织结构中，一项产品从设计到售后服务都是一环扣一环的过程，并且每一个步骤都有不同的责任人，这就有可能出现组织响应不敏捷的问题。如果产品在某一个环节出现了问题，需要一级一级地向上还原产品的生产过程，逐级查找问题出现的原因，如果客户有需求，也很难对产品进行修改。天合光能为了解决这个问题，采用项目型组织结构取代原有的组织结构，对于某些重要的项目或客户不易应对的项目，在常规的组织结构外成立一个项目型组织，一切组织结构的设计都围绕项目进行，实现项目价值最大化就是该组织的目标。这种组织结构可以实现项目的快速交付与响应，敏捷性非常高，以此作为传统组织结构的补充，实现组织的高效运营。

（5）团队沟通。

为了加强内部沟通，天合光能构建了以微信企业号为核心的团队沟通平台，平均每天推送4篇文章。在企业号中具体设置咨询、业务办理、学习、指南等板块，方便员工了解企业动态、参与活动、反馈意见、参与表决、解决个人工作需求、查阅工作流程和规章制度以及业务技能学习等。这个企业号最突出的一个设计是内置了积分系统，鼓励员工积极沟通与互动，每当员工参与活动、学习、观看和评论企业的推送时，都可以获得一定的积分，按照积分数量可换取一些礼品。积分系统直接“激活”了企业号，使员工们都乐于使用企业号进行团队沟通，从而换取礼品奖励。

3. 成本控制

2016—2021年，光伏组件行业整体技术水平和产能持续上升，而光伏组件产品的价格始终处于下降趋势，天合光能的产品价格也不例外，但企业的毛利率并没有下降，始终维持在14%～17.5%。天合光能打通了从电池到光伏整体系统的产业链，同时努力提升原材料的自产程度，规避了上游原材料价格上升导致的成本上涨。天合光能在西宁市投资建设产业园，该产业园在2023年可以扩充工业硅每年10万吨、高纯硅每年5万吨、电池每年10吉瓦、组件每年10吉瓦的产能，将原材料的自产比例提升至45%，将光伏组件的市场占有率由2021年的15%提升至2023年的20%～25%。

2020年，天合光能在义乌、宿迁和盐城三地建设了“210”超级工厂。“210”超级工厂就是可以叠加210毫米大尺寸硅片产品的工厂，这是全球第一个可以应用该技术的规模化生产工厂，代表了中国光伏产业的最高技术，针对“600瓦+和550瓦”组件采用了高组串功率设计，节省了各种电器的连接，降低了系统成本。组件生产应用完整的自动化设备，焊接速度达到每小时4000片，在行业内速度最快，节省了四分之一的员工数量，有效降低人工成本。“210”超级工厂配备有全自动视觉检验设备，可以看到产品的瑕疵情况，提升了产品的良品率，确保了产品的高质量产出，避免了废品导致的浪费。

天合光能还布局了TOPcon电池技术的专利落地，该技术将硅片原料薄片化，降低了硅原料的用量，节约了银浆原料的成本，使初始设备投资更低，同时使电池的良品率和转换率提升，该技术投产后将使企业享受到先进技术带来的成本红利。

4. 目标管理

天合光能采用目标管理方法，进行企业管理尤其是项目管理，增强组织的敏捷性，促进企业目标的顺利实现。大部分企业都会制定年度的经营目标，然后将年度目标分解为季度目标，如果某一季度的目标没有完成就把目标叠加到下一季度完成，如此长期以来，就会出现对待一年中前两个季度的目标较为懈怠放松，而在最后两个季度奋起直追的不良节奏，目标完成度不达要求，容易引起客户不满。天合光能对一些重要项目设置了3个月甚至少于3个月为一个关键周期，在每一个关键周期制定目标和具体工作任务，将关键周期继续细分为2周左右的小周期，经过讨论沟通确认在每个小周期内的工作清单，保证每个关键周期的目标能够按时按量按质完成。

在天合光能，部门领导的角色发生了转变，在目标管理的过程中，领导并不直接进行分工和任务布置，而是从领导者角色转变成了一个顾问的角色。领导需要定期了解每位员工的目标进度和工作困难情况，进行资源协调，将权力合理地在团队中进行分配，帮助不同员工定位在目标完成过程中的角色，给予一定指导。

在跟踪目标进度方面，天合光能的各个部门间进行了更加频繁的沟通，高强度跟踪目标的完成情况，有效提升了目标的完成度。天合光能建设了企业大数据平台，使经营数据、项目进度数据量化并可视化，使用目标燃尽图，将每一个目标的总进度设置为100，每当完成了一项工作，燃尽图的显示进度就会减少一点，直到减少为0（这就意味着目标全部完成了），这种形式的进度跟踪使员工们一目了然，也在一定程度上对员工起到督促、激励的作用。

5. 风险应对

目前光伏行业最大的风险就是市场需求较大，但光伏设备原材料产能不足，供不应求的状况导致原材料价格上升，挤压了利润空间，因此天合光能建立了完善的风险管理体系来应对风险。

在原材料购买方面，天合光能与光伏产业上游企业通威集团开展合作，共同投资纯晶硅、拉棒、切片和高效晶硅电池等原材料生产项目，使得原材料供应有保障，不用担忧市场原材料价格变动。

在客户方面，国内的光伏产业目前90%的业务都来自国外市场，可以说对国外市场的依赖度很高，给企业经营带来一定的不稳定因素。天合光能同步发展国内外市场，巩固与欧美日以及亚非地区企业的合作关系，同时和中国石化进行了战略合作，开始发力抢占国内市场。天合光能在国内进行了大量的渠道开发工作，在全国拥有丰富的县级服务网点，在国内光伏设备需求开始爆发的情况下，天合光能将受益匪浅。

在物流方面，天合光能把物流的稳定性提升到了企业的战略层面。2021年11月，天合光能和物流业巨头马士基集团达成合作，涉及全区域海运、端到端配送、仓储一体化合作和物流可视化等领域，为客户提供便捷高效的货运物流服务。此外，天合光能仍然不断完善物流基础设施和供应链网络，提升物流系统的稳定性，降低供应链环节的风险。

6. 发展与总结

天合光能之所以能够发展成为行业领头羊，是因为它出色的创业团队管理能力和卓越的运营管理能力，在战略层面进行前瞻性的布局，并且在运营层面进行精细的落实。目前，光伏市场前景广阔，在政策的刺激以及国内需求抬头的背景下，光伏组件以及光伏储能都将在未来很长一段时间内保持高度景气的状态，行业的集中度也会随之提升，天合光能在此背景下，凭借核心竞争优势，将成为世界范围内光伏能源领域的主导者。

资料来源

1. 贺天瑞. 天合光能：大尺寸组件龙头的核心价值 [J]. 股市动态分析，2022（10）：35–36.

2. 蒋秋霞. 天合光能：光伏行业长期战略坚守者 [J]. 经理人，2022（1）：50–53.

本章小结

变现必然是创立企业的目的之一，无法变现的企业也无法存在，如何变现自然成为创业时必须考虑和必须完成的事情。

本章从 4 个部分入手，重点阐述了如何实现企业变现。第一节从基本概念、设计、成功要素、创新 4 个方面介绍了商业模式，这是企业变现的底层逻辑。第二节抓住了变现的核心力量——创业团队，突出团队成员、组织结构和分工、团队激励 3 个关键点。第三节指出了变现的实践支撑——运营管理，包括目标管理、成本控制、风险管理、组织学习 4 个方面。第四节强调了创新变革对企业突破变现瓶颈的关键作用，创新变革可以从方法、内容、领域和生态 4 个角度进行。

参考文献

[1] 白玉杰 . 大数据企业中科闻歌逆势增长背后的故事 [J]. 中关村，2020（4）：82–84.

[2] 袁晓东，曲宝玉 . 务实的数智行业将迸发更大价值 [J]. 数据，2022（1）：30–33.

[3] Risk K F. Uncertainty and profit［M］. Boston：Houghton Mifflin，1921.

[4] Dollingers M J. Entrepreneurship：Strategies and resources[M]. 3ed. Englewood：Prentice Hall，2003.

[5] Gawke J C，Gorgievski M J，Bakker A B. Measuring intrapreneurship at the individual Level：Development and validation of the Employee Intrapreneurship Scale（EIS）[J]. European Management Journal，2019，14（2）：433–456.

[6] Lumpkin G T，Dess G G. Clarifying the entrepreneurial orientation construct and linking it to performance[J]. Academy of Management Review，1996（21）：135–172.

[7] Eckhardt J，Shane S A. Opportunities and entrepreneurship[J]. Journal of Management，2003（29）：333–349.

[8] 刘滏，龙宁斐，李宝平 . 对新时代下创新创业内涵的思考 [J]. 投资与创业，2021，32（24）：33–36.

[9] 李宇，马征远 . 大企业内部创业"裂生式"与"创生式"战略路径——基于海尔和思科的双案例研究 [J]. 中国工业经济，2020（11）：99–117.

[10] 田增志 . 论创业的时代机遇 [J]. 人才资源开发，2023（12）：29–31.

[11] 黄迎富 . 新时期大学生创业机遇、挑战与应对策略探究 [J]. 大学，2022（19）：156–159.

[12]“十四五”数字经济发展规划 [J]. 中小企业管理与科技，2022（11）：1–8.

[13] 杜延镇 . 教育技术在高校数字化建设中的应用探微 [J]. 中国多媒体与网络教学学报（上旬刊），2020（8）：1–3.

[14] 王鹏 . 电商企业多维度动态能力、企业战略定位与企业效益的互动关系 [J]. 商业经济研究，2022（16）：84–87.

[15] 张馨用 . 电子商务企业战略定位及竞争优势分析——以美团为例 [J]. 经济研究导刊，2022（18）：29–31.

[16] 李冬蕾，张凌浩，梁惠娥 . 企业战略定位与新产品开发的国际学术研究分析 [J]. 创意与设计，2020（2）：89–94.

[17] 刘晶晶 . 浅析企业定位的战略与策略 [J]. 中外企业家，2020（8）：5.

[18] 李梦圆 . 轻资产盈利模式分析——以三只松鼠为例 [J]. 产业创新研究，2023（15）：157–159.

[19] 崔莹，王馨悦，王佳妮，等 . 数字经济下三夫户外的盈利模式优化研究 [J/OL]. 经营与管理：1–11[2023–08–29].

[20] 郑泽宇 . 互联网金融企业盈利模式分析——以蚂蚁集团为例 [J]. 现代商业，2023（14）：150–153.

[21] 王柏涵 . 价值链视角下的中体产业盈利模式研究 [D]. 兰州：兰州财经大学，2023.

[22] 黄晓芸 . 全产业链布局下中影股份盈利模式优化研究 [D]. 兰州：兰州财经大学，2023.

[23] 王卉 . 电商平台供应链金融盈利模式探究 [J]. 商场现代化，2022（11）：37–39.

[24] 佛仪 . 互联网生态链下的公司盈利模式分析——以小米公司为例 [J]. 全国流通经济，2021（21）：47–49.

[25] 连晓卫 . 海尔强化后台提升场景化销售的盈利能力 [J]. 现代家电，2021（6）：19–21.

[26] 邓一平 . 传统零售企业的盈利模式创新——以 Costco 为例 [J]. 太原城市职业技术学院学报，2020（7）：50-52.

[27] 张晔 . 国产工业软件如何“强起来”“推广开”[N]. 科技日报，2023-08-23（6）.

[28] 陈志杨 . 工业软件：制造企业数字化转型的“支柱”[J]. 信息化建设，2022（10）：36-37.

[29] Teece D J，Pisano G，Shuen A. Dynamic capabilities and strategic management[J]. Strategic Management Journal，1997，18（7）：509-533.

[30] 马鸿佳 . 创业环境、资源整合能力与过程对新创企业绩效的影响研究 [D]. 长春：吉林大学，2008.

[31] 杨敏 . 传统行业的企业资源整合与商业模式创新 [J]. 市场研究，2019（10）：69-70.

[32] 里斯 . 广告攻心战略——品牌定位 [M]. 唐忠朴，刘毅志，译 . 北京：中国友谊出版公司，1991.

[33] Porter M.How competitive forces shape strategy[J].Harvard Business Review，1979（3）：137-145.

[34] Slywotzky A J，Morrison D J，Andelman B. The profit zone：How strategic business design will lead you to tomorrowI's profits [M]. New York：Three Rivers Press，2002.

[35] Hamell G. Leading the revolution：How to thrive in turbulent times by making innovationa way of life[M]. Boston：Harvard Business School Press，2002.

[36] 苗淑娟，李雪灵 . 创业企业融资行为分析 [J]. 工业技术经济，2007（3）：129-131+149.

[37] 晏文胜 . 创业融资的机理研究 [D]. 武汉：武汉理工大学，2005.

[38] 彭华涛，吴双 . 社会网络视角下内源与外源融资对创业绩效的影响 [J]. 科技进步与对策，2023，40（15）：32-42.

[39] 温瑶，李翠妮，王正斌，等 . 创业企业身份特征、组织场域对创业融资的影响 [J/OL]. 科技进步与对策：1-10[2023-08-29].

[40] 林燕彬 . 创业融资数额影响因素探析 [J]. 商业经济，2022（7）：79-

80+193.

[41] 唐德淼 . 创业企业融资及风投选择 [J]. 投资与创业，2022，33（8）：26–28.

[42] 陈金波 . 互联网金融支持融资创业策略研究 [J]. 产业创新研究，2022（7）：97–99.

[43] 许志勇，刘宗慧，彭芸 . 中小企业资产、价值、大数据与平台融资 [J]. 中国软科学，2021（12）：154–162.

[44] 欧绍华，马园园 . 社会网络、创业融资与新创企业成长绩效 [J]. 河南牧业经济学院学报，2021，34（3）：22–31.

[45] 续丽媛，蓝莹 . 生物医药行业研发支出与上市公司绩效的相关性分析 [J]. 现代营销（上旬刊），2022（10）：46–48.

[46] 孙旭然 . 生物医药行业发展趋势与机遇分析 [J]. 中国国情国力，2022（8）：25–29.

[47] 杨俊峰 .3D“打印”中国制造新图景 [N]. 人民日报海外版，2023–02–03（8）.

[48] 戴正宗 . 增材制造产业发展提速 [N]. 中国财经报，2021–10–28（5）.

[49] 宋永和，戚玥 . 基于顾客价值的线下教育培训机构价值链优化 [J]. 会计之友，2021（7）：55–60.

[50] 赵团结，刘敬波，张瀚文 . 基于价值链的产品盈利能力分析研究 [J]. 商业会计，2021（6）：15–19.

[51] 何杏瑜 .D 科技企业孵化器服务质量优化研究 [D]. 广州：广东工业大学，2022.

[52] 郭名勇 . 新发展格局下专业孵化器建设的逻辑体系 [J]. 科技创业月刊，2023，36（5）：37–41.

[53] 孙瑞敏，张英明 . 平衡计分卡下双重股权结构实施效果分析——以美团为例 [J]. 物流科技，2022，45（17）：23–28.

[54] 马宇航 . 双重股权结构的内部治理效应研究 [D]. 杭州：浙江工商大学，2023.

[55] 李连伟，吕镯，郭园园. 股权激励与上市公司治理效率——基于人力资

本视角 [J/OL]．系统工程，2022（12）：1–15.

[56] Grossman S J，Hart O D. Takeover bids，the free–riderproblem，and the theory of the corporation[J]. The Bell Journal of Economics，1980，11（1）：42–64.

[57] Shleifer A，Vishny R W. Large shareholders and corporate control[J]. Journal of Political Economy，1986，94（3）：461–488.

[58] 李亚静，朱宏泉，张明善 . 股权结构与公司价值创造——对家电行业上市公司的实证分析 [J]. 西南民族大学学报（人文社科版），2006（10）：167–170.

[59] 朱丽，卿媛媛 . 浅析企业股权架构设计 [J]. 中国律师，2023（8）：66–69.

[60] 吕佳慧，王路阳，仇冬芳 . 双层股权结构下表决权比例差异的动因及经济后果研究 [J]. 中阿科技论坛（中英文），2023（8）：72–81.

[61] 迟晓明 . 股权激励与股权架构设计的探讨 [J]. 当代会计，2020（21）：145–146.

[62] 徐成 . 上市公司股权架构与公司绩效探析 [J]. 财务管理研究，2020（8）：35–40.

[63] 朱莉 . 企业创立初期股权结构设计研究 [J]. 财会学习，2020（19）：182–183.

[64] 赵烨楠 . 浅谈创业企业股权设计与分配 [J]. 广西质量监督导报，2020（1）：133.

[65] 郭家贤 . 初创企业的股权设计与激励问题研究 [J]. 法制与社会，2020（1）：68–69.

[66] 胡曹颖 . 股权融资、双重股权结构与公司绩效分析 [D]. 保定：河北金融学院，2020.

[67] 赵茜 . 互联网企业的双层股权结构研究——基于京东案例分析 [J]. 现代营销，2020（3）：38–39.

[68] 沈凯 . 论企业股权架构的原则 [J]. 中外企业文化，2022（12）：112–114.

[69] 徐铎 . 初创企业的股权设计与激励优化对策研究 [J]. 商展经济，2022（11）：99–102.

[70] 陈杰 . 创业初期企业股权设计中的关键问题分析 [J]. 企业改革与管理，2021（20）：5–6.

[71] 张君 . 关于创业企业股权设计的实务思考 [J]. 法制与社会，2021（9）：53–54.

[72] 堪振华，高丽敏 . 股权设计与股权激励：管理工具与案例分析 [M]. 北京：中国经济出版社，2019.

[73] 郭勤贵，耿小武 . 股权设计：互联网 + 时代创业公司股权架构 [M]. 北京：机械工业出版社，2017.

[74] 顾鸣杰，周全 . 股权思维：一本书看懂股权设计与股权激励 [M]. 北京：中国纺织出版社，2017.

[75] 孙在辰，董冬冬，周晓林 . 股权架构设计与股权激励 [M]. 北京：人民邮电出版社，2023.

[76] 秦汉青 . 股权结构从入门到精通 [M]. 北京：清华大学出版社，2021.

[77] 马晨颜 . 上市公司股权激励存在的问题及对策——以海底捞餐饮公司为例 [J]. 现代商业，2022（35）：53–56.

[78] 胡士强，杜若芸 . 合理设计股权回收机制 [J]. 企业管理，2021（11）：98–101.

[79] 田金花 ."有限责任公司"的股权继承问题探析 [J]. 中国商论，2021（22）：69–71.

[80] 王玮 . 论有限责任公司的股权继承 [J]. 现代商贸工业，2020，41（2）：140–141.

[81] 马泽中 . 浅议创业公司的股权配置、控制权和退出 [J]. 商讯，2021（12）：71–72.

[82] 李唯滨，刘金奇，赵迪 . 控制权变更如何创造企业价值？——以上海家化为例 [J]. 财务管理研究，2021（11）：9–18.

[83] 鲁银梭，王璐 . 风投引入后创业企业控制权配置的影响因素研究 [J]. 生产力研究，2021（11）：95–99.

[84] 程磊，杨俊 . 论公司控制权机制的突破与重构 [J]. 河北法学，2023，41（7）：170–186.

[85] 刘俊海 . 论上市公司双层股权架构的兴利除弊 [J]. 比较法研究，2022（5）：169–184.

[86] 侯宗辰，沈国云．恶意收购、双层股权结构与企业价值 [J]. 现代商业，2022（12）：105–109.

[87] 杨鹿君，王元．双层股权结构本土化的反思 [J]. 福建农林大学学报（哲学社会科学版），2022，25（2）：97–106.

[88] 张翼翔．我国科创板双层股权架构制度探究 [J]. 大陆桥视野，2022（1）：82–83+86.

[89] 秦晓，秦添．浅论有限合伙制架构的优势与运用 [J]. 营销界，2020（50）：184–186.

[90] 胡锋，高明华，陈爱华．控制权视角的合伙企业与股权架构设计——以蚂蚁集团为例 [J]. 财会月刊，2020（17）：156–160.

[91] 杨慧．优刻得公司双层股权结构制度探究 [J]. 中国集体经济，2022（30）：88–90.

[92] 李明扬，李坷滢．董事会治理结构对内部控制有效性的影响 [J]. 怀化学院学报，2022，41（1）：47–52.

[93] 徐赢政．上市公司双层股权结构研究——以阿里巴巴集团“合伙人制度”为例 [J]. 市场周刊，2023（36）：27–31.

[94] 牛溪溪．阿里巴巴的融资历程与合伙人制度探究 [J]. 投资与创业，2021（34）：181–183.

[95] 谢丽娟．股权架构与风险防控 [J]. 中国乡镇企业会计，2023（7）：18–21.

[96] 袁景．基于哈佛框架对寒武纪公司的分析 [J]. 中国管理信息化，2022，25（23）：48–50.

[97] 关郇．“中国芯”酝酿“寒武纪”的爆发——中关村芯片企业上市启示录 [J]. 中关村，2020（8）：35.

[98] Hernando de Soto. The mystery of capital why capitalism triumphsin the west and fails everywhere else[M]. New York：Basic Books Press，2005.

[99] 付裕．浅析国有企业资本运营工作现状及优化对策 [J]. 现代营销（经营版），2021（3）：14–15.

[100] 宋李民，杨孟杰，王洪超，等．国际运营商借资本运作提升竞争力 [J]. 中国电信业，2022（1）：66–69.

[101] 曹永峰，杨俭英，孟伶云，等 . 资本运营概论 [M].2 版 . 北京：清华大学出版社，2019.

[102] 杨熹 . 扩张型资本运营模式的比较研究 [D]. 贵阳：贵州财经大学，2012.

[103] 任立群 . 探索资本运作的途径 [J]. 科技创业家，2013（7）：225.

[104] 肖松 . 企业集团资本运营模式探讨 [J]. 软科学，2006（1）：138–140.

[105] 格林美：循环经济二十载 中国绿色发展理念的实践者 [J]. 资源再生，2021（12）：28–31.

[106] Hemvichitr P. An examination of mergers and acquisitions model building：A groundedtheory approach[J]. International Journal of Business Process Integration and Management，2018，9（1）：21–25.

[107] Yifei Zhang.Qualcomm's acquisition of NXR's M&A motivation analysis[J]. Advances in SocialSciences，2018，7（8）：33–37.

[108] Healy P M，Palepu K G，Ruback R S. Does corporate performance improve after Mergers？[J]. Journal of Financial Economics，1992，31（2）：18–25.

[109] Malmendier U，Moretti E，Peters F S.Winning by losing：Evidence on the long–run effects of mergers[J]. The Review of Financial Studies，2018，31（8）：3212–3264.

[110] 畅茹 . 关于优化企业并购后财务整合的研究 [J]. 财讯，2023（12）：86–88.

[111] 郝文文 .Q 企业并购 Y 企业的绩效评价研究 [D]. 长春：长春工业大学，2023.

[112] 邵圣粲 . 企业并购类型及绩效研究 [J]. 现代商业，2022（19）：89–91.

[113] 熊婷，李春波 . 企业并购价值及其评估方法研究 [J]. 全国流通经济，2022（25）：70–73.

[114] 李奕柯 . 企业并购动因及效应分析 [J]. 商场现代化，2021（22）：67–69.

[115] 王乐 . 企业并购定价策略 [J]. 中国外资，2022（6）：112–114.

[116] 谷博颖，耿晓媛 . 企业并购绩效分析——以美的集团并购库卡集团为例 [J]. 商城现代化，2021（12）：98–100.

[117] 杨天宇 . 以美的并购库卡看企业并购效果 [J]. 北方经贸，2020（10）：53–55.

[118] 范恒山 . 资本运营 [M]. 北京：中国财政经济出版社，2000.

[119] 罗良忠，朱荣林 . 企业收缩性资本运营的涵义和方法 [J]. 广西社会科学，2003（4）：59–61.

[120] 刘亚静 . 资产剥离对企业的影响分析——以 A 集团公司为例 [J]. 中国农业会计，2022（6）：43–44.

[121] 程泳檀 . 资产剥离对 A 公司的影响研究 [J]. 会计师，2022（10）：39–41.

[122] 吴月 . 公司分立中股东权益保护问题研究 [D]. 上海：华东政法大学，2020.

[123] 李文静 . 分拆上市的动因及绩效研究——以 Y 地产公司为例 [J]. 商业 2.0，2023（3）：87–89.

[124] 楼青仙 . 分拆上市动机及对盈利能力的影响研究 [J]. 经济师，2022（3）：89–91.

[125] 赵云帆 . 海康威视拆分海康机器人 IPO 在即 工业机器人行业开启“增量博弈”[N].21 世纪经济报道，2023–04–05（9）.

[126] 张赛男 . 海康威视的资本谋局：两度分拆 机器人业务拟冲刺创业板 [N].21 世纪经济报道，2022–06–14（9）.

[127] 陈湘州，刘颖 . 聚光科技股份回购动因及效应研究 [J]. 产业创新研究，2022（20）：169–171.

[128] 臧雪晴，刘俊 . 广汇物流股份回购的动因及效应研究 [J]. 物流科技，2022，45（9）：52–56.

[129] 丁雨柔 . 我国风险投资发展现状、问题及对策分析 [J]. 老字号品牌营销，2022（14）：55–57.

[130] 谢炳光 . 风险投资管理在资本市场条件下的具体应用 [J]. 商展经济，2020（7）：24–26.

[131] 曾江洪 . 资本运营与公司治理 [M].3 版 . 北京：清华大学出版社，2019.

[132] 周永生，刘思思，吴艳，等 . 产业投资基金对半导体产业企业研发的影响 [J]. 金融理论与实践，2022（3）：71–81.

[133] 李玥，王璐，王卓，等．技术追赶视角下企业创新生态系统升级路径——以中芯国际为例 [J]. 中国科技论坛，2023（8）：97-108.

[134] 雷昌真．风险投资对高新技术企业创新能力的影响研究 [D]. 成都：成都大学，2023.

[135] 张倩．风险投资对高科技产业技术创新的影响 [J]. 投资与创业，2022，33（20）：4-6.

[136] 臧日宏．企业资本运营的风险及其防范 [J]. 中国经济评论，2022（9）：42-47.

[137] 陈佳楠．可持续发展视角下长安汽车集团资本运营模式创新研究 [D]. 上海：东华大学，2022.

[138] 刘璐．贵人鸟资本运作经济后果分析 [D]. 南昌：东华理工大学，2022.

[139] 王晴．多元化战略视角下 A 科技集团资本运营风险应对研究 [D]. 武汉：武汉工程大学，2022.

[140] 刘羽汶，罗尧．风险投资对高新技术企业发展的影响研究 [J]. 江西电力职业技术学院学报，2022，35（5）：164-166+168.

[141] 闫博．企业资本运营效率提升的基本原则和策略 [J]. 现代企业，2022（2）：97-98.

[142] 侯焰 .FG 公司发展战略研究 [D]. 厦门：厦门大学，2020.

[143] 程慧云，李燕兰，仲崇慧．中国光学元器件行业发展概况 [J]. 激光与红外，2022，52（7）：963-969.

[144] 涂景荣．企业资本运营管理中的风险与对策分析 [J]. 投资与创业，2021，32（18）：145-147.

[145] 董昆．企业资本运营风险的防范及对策研究 [J]. 商展经济，2021（15）：121-123.

[146] 叶海英．上市公司风险投资运作及管理探讨 [J]. 中国集体经济，2020（11）：93-94.

[147] 陆师禹．我国风险投资退出方式比较 [J]. 全国流通经济，2021（26）：73-75.

[148] 黄妍．科大讯飞连续并购绩效评价 [D]. 大庆：东北石油大学，2022.

[149] 李泽容，张雅．新能源汽车企业投资价值分析——以比亚迪为例 [J]. 企业改革与管理，2023（10）：61–62.

[150] 罗梨丹．比亚迪员工持股计划案例研究 [J]. 中国乡镇企业会计，2023（4）：25–27.

[151] Jensen M C，Meckling W H.Theory of the firm：Managerial behavior，agency costs and ownership structure[J]. Journal of Financial Economics，1976，3（4）：305–360.

[152] 顾斌，周立烨．我国上市公司股权激励实施效果的研究 [J]. 会计研究，2007（2）：79–84+92.

[153] Isaacs N，Berle A A，Means G C.The modern corporation and private property[J]. The Yale Law Journal，1933，42（3）：132–135.

[154] 舒尔茨．人力资本投资：教育和研究的作用 [M]. 蒋斌，张蘅，译．北京：商务印书馆，1990.

[155] Hanson R C，Song M H. Managerial ownership，board structure，and the division of gains in divestitures[J]. Journal of Corporate Finance，2000（6）：55–70.

[156] 赫茨伯格．赫茨伯格的双因素理论 [M]. 张湛，译．北京：中国人民大学出版社，2009.

[157] Maslow A H. A theory of human motivation[J]. Psychological Review，1943，50（4）：370–396.

[158] 弗鲁姆．工作与激励 [M]. 北京：中国轻工业出版社，1964.

[159] 沈小燕，王跃堂．股权激励、产权性质与公司绩效 [J]. 东南大学学报（哲学社会科学版），2015，17（1）：71–79.

[160] 许娟娟，陈志阳．股权激励模式、盈余管理与公司治理 [J]. 上海金融，2019，462（1）：42–49.

[161] MURPHY K J，JENSEN M C. Performance Pay and Top Management Incentives[J]. Social Science Electronic Publishing，1999，5（2）：14–32.

[162] 宋玉臣，乔木子，李连伟．股权激励对上市公司投资效率影响的实证研究 [J]. 经济纵横，2017，378（5）：105–111.

[163] 王婧，李田，霍梓轩，等．“研发投入—创新产出”转化差异：核心员

工股权激励视角 [J]. 产经评论，2020，11（6）：39–55.

[164] 余静怡 . 股权激励文献综述 [J]. 河北企业，2022（11）：78–80.

[165] 王熹 . 委托 – 代理理论视角下经理人激励机制与努力水平选择研究的演化 [J]. 理论学刊，2022（2）：137–143.

[166] 曾苗 . 昆仑万维持续性股权激励效果研究 [D]. 武汉：中南民族大学，2022.

[167] 杨柳 . 股权激励影响分析——以北京昆仑万维科技股份有限公司为例 [J]. 企业科技与发展，2019（12）：144–145.

[168] 陈文哲，石宁，梁琪，等 . 股权激励模式选择之谜——基于股东与激励对象之间的博弈分析 [J]. 南开管理评论，2022，25（1）：189–203.

[169] 廖佳佳 . 科大讯飞股权激励方案研究 [J]. 产业创新研究，2022（18）：154–156.

[170] 王斌，黄娜，张晨宇 . 中国上市公司股权激励：现状与讨论 [J]. 财务研究，2022（1）：23–37.

[171] 冷雪蕊，陈鹏程，林璐璐 . 股权激励及其契约要素与企业风险承担 [J]. 金融理论与实践，2022（7）：84–97.

[172] 王玮 .S 公司股权激励实施效果研究 [J]. 上海商业，2022（10）：213–215.

[173] 程浩远 . 高新技术企业股权激励对创新绩效的影响研究 [D]. 景德镇：景德镇陶瓷大学，2022.

[174] 沈怡晴 . 高新兴物联网公司投资价值分析 [D]. 广州：广东财经大学，2022.

[175] 王仕会 . 业绩型股权激励、代理冲突与企业投资效率 [J]. 财会通讯，2021（2）：77–80+85.

[176] 赵小克，邹芮 . 管理层股权激励、融资约束与企业金融化 [J/OL]. 会计之友，2023（13）：92–98[2023-07-05].

[177] 王晓炜 . 股权激励对 CDMO 企业创新的影响研究 [D]. 杭州：浙江工商大学，2023.

[178] 肖怡洁 .YS 公司管理层股权激励设计研究 [D]. 昆明：云南财经大学，

2023.

[179] 汪自梅 .2022 年中小型电机行业经济运行分析及展望 [J]. 电器工业，2023（8）：1–6.

[180] 翟世瑄 . 顺丰控股股份有限公司股权激励实施效果研究 [D]. 沈阳：沈阳大学，2022.

[181] 张彦丽 . 股权激励对企业绩效的影响研究 [D]. 石家庄：河北经贸大学，2023.

[182] 黄海燕，周明钰，季博 . 股权激励模式与企业创新绩效研究——以信维通信为例 [J]. 财会通讯，2021（22）：167–172.

[183] 宋琪，吴可仲 . 掌趣科技半年营收 8.19 亿 手握头部 IP 加速全球化布局 [N]. 中国经营报，2021–08–30（B24）.

[184] 姚霞波 . 基于 EVA 模型的掌趣科技企业价值评估研究 [D]. 南京：南京邮电大学，2020.

[185] 余慧芳 . 科技型企业实施股权激励的效果分析 [D]. 昆明：云南财经大学，2022.

[186] 刘遵虎 . 高管股权激励对企业可持续发展能力的影响研究 [D]. 石家庄：河北经贸大学，2023.

[187] 包文慧 . 科创板企业股权激励的动因及实施效果研究——以乐鑫科技为例 [J]. 财务管理研究，2023，44（5）：64–69.

[188] 杨宝慧 . 东方国信股权激励动因与效果 [J]. 合作经济与科技，2022（23）：130–132.

[189] 叶顺平 . 企业实施股权激励对企业的影响研究 [J]. 商讯，2022（23）：109–112.

[190] 鱼玥 . 中兴通讯股权激励案例分析 [J]. 合作经济与科技，2022（2）：124–126.

[191] 郭远明 . 中兴通讯股权激励动因和实施效果的案例分析 [D]. 南昌：江西财经大学，2021.

[192] 李霞 . 互联网环境下国货美妆品牌的创新营销策略研究——以“完美日记”为例 [J]. 内蒙古科技与经济，2022（22）：80–81+86.

[193] 李意璇．完美日记的品牌战略分析 [J]. 商讯，2021（17）：10–12.

[194] 德鲁克，马恰列洛．德鲁克日志 [M]. 蒋旭峰，王珊珊，译．上海：上海译文出版社，2006.

[195] 魏炜，朱武祥，林桂平．基于利益相关者交易结构的商业模式理论 [J]. 管理世界，2012（12）：125–131.

[196] Timmers P. Business models for electronic markets[J]. Journal on Electronic Markets，1998，8（2）：3–8.

[197] 罗珉，曾涛，周思伟．企业商业模式创新：基于租金理论的解释 [J]. 中国工业经济，2005（7）：73–81.

[198] 翁君奕．介观商务模式：管理领域的“纳米”研究 [J]. 中国经济问题，2004（1）：34–40.

[199] 李振勇．商业模式：企业竞争的最高形态 [M]. 北京：新华出版社，2006.

[200] 刘丰，邢小强．商业模式组合：理论框架和研究展望 [J]. 经济管理，2023，45（1）：191–208.

[201] 员宁波．商业模式的类别特征及创新演化研究 [J]. 山西大同大学学报（社会科学版），2023，37（2）：140–144+150.

[202] 刘丰，邢小强．商业模式组合：理论框架和研究展望 [J]. 经济管理，2023，45（1）：191–208.

[203] 张慧．数字经济背景下自动售货机发展影响因素及建议 [J]. 时代经贸，2022，19（4）：33–36.

[204] 徐斌毅．我国无人零售的发展现状、趋势与案例研究 [J]. 中小企业管理与科技，2022（8）：62–64.

[205] 任会朋．基于价值创造理论的商业模式四维度平衡计分评价方法的构建——以每日优鲜为例 [J]. 中国商论，2023（13）：36–39.

[206] 梁顺生．运用信息技术推进书法教育的路径研究 [J]. 教学管理与教育研究，2023，8（11）：100–102.

[207] 令军辉，李敏．小学书法教育现状调查与思考 [J]. 甘肃教育，2020（11）：113.

[208] 刘滢 . 价值管理视角下商业模式理论的新框架研究 [J]. 营销界，2023（10）：92–94.

[209] 王勇 . 商业模式创新的路径研究——基于 16 个案例的定性比较分析（QCA）[J]. 江苏商论，2023（7）：85–88.

[210] 王福，高化，刘俊华，等 . 场景如何基于供应链赋能商业模式创新？——快手和抖音的双案例研究 [J]. 管理案例研究与评论，2023，16（3）：275–290.

[211] 范天苧 . 商业模式对零售企业创新业绩的影响——基于技术信息和市场信息跨界搜索视角 [J]. 商业经济研究，2023（11）：150–153.

[212] 许琼华 . 从心理学视角看创业团队的组建 [J]. 心理月刊，2022，17（20）：185–186+192.

[213] 方颖 . 创业团队异质性、创业决策和创业绩效的关系研究 [J]. 中小企业管理与科技，2022（19）：121–123.

[214] 张洁 . 中国物料搬运的现状及未来发展趋势 [J]. 现代制造，2021（15）：7.

[215] 杨蒲 . 企业目标管理体系的构建及实施要点解析 [J]. 企业改革与管理，2022（20）：38–40.

[216] 徐晓丹 . 浅析企业目标管理 [J]. 现代商业，2020（17）：106–107.

[217] 王雪 . 浅析企业成本控制问题与策略 [J]. 中国集体经济，2023（19）：58–61.

[218] 黄建 . 企业风险管理与内部控制 [J]. 环渤海经济瞭望，2023（1）：92–94.

[219] 郑显安 . 企业风险管理问题及完善措施探讨 [J]. 行政事业资产与财务，2022（24）：37–39.

[220] 谢洁 . 国内“专精特新”中小企业战略升级研究 [J]. 中小企业管理与科技，2023（14）：41–43.

[221] 张艳 . 数字化背景下我国零售业跨界与融合创新发展研究 [J]. 北京工商大学学报（社会科学版），2022，37（4）：22–32.

[222] 李益，姚杰，周安华 . 智能网联汽车中毫米波雷达应用分析 [J]. 汽车测

试报告，2023（6）：43–45.

[223] 陈炳欣 . 毫米波雷达走出“汽车圈”[N]. 中国电子报，2021–08–31（1）.

[224] 贺天瑞 . 天合光能：大尺寸组件龙头的核心价值 [J]. 股市动态分析，2022（10）：35–36.

[225] 蒋秋霞 . 天合光能：光伏行业长期战略坚守者 [J]. 经理人，2022（1）：50–53.